58840

25 francs par an.   Etranger : le port en sus.   1 franc le numéro.

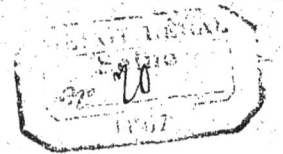

Conserver toutes les couvertures

REVUE
COSMOPOLITE

ARTS, SCIENCES, LITTÉRATURE, INDUSTRIE
COMMERCE, COURRIER DE PARIS
CRITIQUE THÉATRALE, NOUVELLES ET VOYAGES

PREMIÈRE ANNÉE
N° 17 — 9 Mai 1867

SOMMAIRE

CAUSERIE	Olympe Audouard.
LES ARTISTES	Edmond Castellan.
REVUE DES JOURNAUX	Ernest Dubréuil.
REVUE DES SALONS	Comtesse de Marly.
REVUE DES THÉATRES	Ernest Dubreuil.
L'ÉMAIL DES PEINTRES (de Claudius Popelin) . . .	Thalès Bernard.
UNE PETITE-FILLE DU ROI JEAN SOBIESKI. (Nouvelle historique.) [Suite]	Szajnocha.

Rédacteur en chef : OLYMPE AUDOUARD

PARIS
BUREAUX : 2, RUE MÉNARS

25 francs par an. Etranger : le port en sus. 1 franc le numéro.

REVUE
COSMOPOLITE

PARAISSANT TOUS LES DIMANCHES

ARTS, SCIENCES, LITTÉRATURE, INDUSTRIE
COMMERCE, COURRIER DE PARIS
CRITIQUE THÉATRALE, NOUVELLES ET VOYAGES

PREMIÈRE ANNÉE
N° 18 — 19 Mai 1867

SOMMAIRE

CAUSERIE	OLYMPE AUDOUARD.
INDISCRÉTIONS CHINOISES.	Comte ESCAMBRIOS.
CORRESPONDANCE D'ESPAGNE.	P. DE SOUZA.
REVUE DES JOURNAUX	ALEXANDRE RAYMOND.
REVUE DES BEAUX-ARTS	LOUIS DE LAINCEL.
THÉATRES	ERNEST DUBREUIL.
UNE PETITE-FILLE DU ROI JEAN SOBIESKI. (Nouvelle historique.) [Fin]	SZAJNOCHA.

Rédacteur en chef : OLYMPE AUDOUARD

PARIS
BUREAUX : 2, RUE MÉNARS

25 francs par an.   Etranger : le port en sus.   1 franc le numéro.

REVUE COSMOPOLITE

PARAISSANT TOUS LES DIMANCHES

ARTS, SCIENCES, LITTÉRATURE, INDUSTRIE
COMMERCE, COURRIER DE PARIS
CRITIQUE THÉATRALE, NOUVELLES ET VOYAGES

PREMIÈRE ANNÉE

N° 19 — 26 Mai 1867

SOMMAIRE

CAUSERIE	OLYMPE AUDOUARD.
REVUE SCIENTIFIQUE	J. DENIZET.
REVUE DES LIVRES	ALPH. PAGÈS.
ENTRÉES SOLENNELLES DES SEIGNEURS ET ÉVÊQUES A GENÈVE	F. N. LE ROY.
THÉATRES	ERNEST DUBREUIL.
SOUVENIRS DU BORD	M. P. SALVATOR.
REVUE FINANCIÈRE ET INDUSTRIELLE	DE YALOM.

Rédacteur en chef : OLYMPE AUDOUARD

PARIS
BUREAUX : 2, RUE MÉNARS

25 francs par an.   Etranger : le port en sus.   1 franc le numéro.

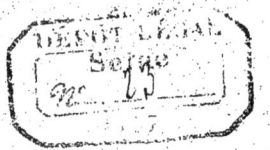

REVUE
COSMOPOLITE

PARAISSANT TOUS LES DIMANCHES

ARTS, SCIENCES, LITTÉRATURE, INDUSTRIE
COMMERCE, COURRIER DE PARIS
CRITIQUE THÉATRALE, NOUVELLES ET VOYAGES

PREMIÈRE ANNÉE
N° 20 — 2 Juin 1867

SOMMAIRE

CAUSERIE	Olympe Audouard.
CONSIDÉRATIONS SUR L'ORIGINE, LE DÉVELOPPEMENT ET LES TENDANCES ACTUELLES DE L'ART MUSICAL.	Comte Escamerios.
REVUE DES BEAUX-ARTS (Suite)	Louis de Laincel.
CORRESPONDANCE	O. Audouard.
SEMAINE SCIENTIFIQUE	J. Denizet.
PARIS-GUIDE	De Jouval.
ENTRÉES SOLENNELLES DES SEIGNEURS ET ÉVÊQUES A GENÈVE (Fin)	F. N. Le Roy.
REVUE FINANCIÈRE ET INDUSTRIELLE	De Yalom.

Rédacteur en chef : OLYMPE AUDOUARD

PARIS
BUREAUX : 2, RUE MÉNARS

25 francs par an. Etranger : le port en sus. 1 franc le numéro.

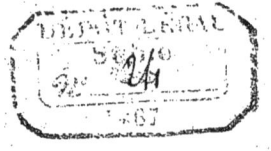

REVUE
COSMOPOLITE

PARAISSANT TOUS LES DIMANCHES

ARTS, SCIENCES, LITTÉRATURE, INDUSTRIE
COMMERCE, COURRIER DE PARIS
CRITIQUE THÉATRALE, NOUVELLES ET VOYAGES

PREMIÈRE ANNÉE

N° 21 — 9 Juin 1867

SOMMAIRE

CAUSERIE	Olympe Audouard.
CONSIDÉRATIONS SUR L'ORIGINE, LE DÉVELOPPEMENT ET LES TENDANCES ACTUELLES DE L'ART MUSICAL (Suite)	Comte Escamerios.
LES FÉNIANS (Lettre de Victor Hugo)	Journaux anglais.
QUELQUES MOTS SUR le Figaro	Salvator.
CORRESPONDANCE	O. Audouard.
BIBLIOGRAPHIE	Marc André et Le Roy.
THÉATRES	Ernest Dubreuil.
L'HOMME DE QUARANTE ANS	O. Audouard.
REVUE FINANCIÈRE ET INDUSTRIELLE	De Yalom.

Rédacteur en chef : OLYMPE AUDOUARD

PARIS
BUREAUX : 2, RUE MÉNARS

25 francs par an. Etranger : le port en sus. 1 franc le numéro.

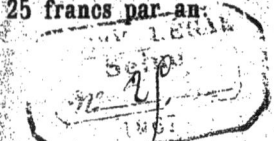

REVUE
COSMOPOLITE

PARAISSANT TOUS LES DIMANCHES

ARTS, SCIENCES, LITTÉRATURE, INDUSTRIE
COMMERCE, COURRIER DE PARIS
CRITIQUE THÉATRALE, NOUVELLES ET VOYAGES

PREMIÈRE ANNÉE
N° 22 — 16 Juin 1867

SOMMAIRE

LES DROITS DE LA FEMME, LA SITUATION QUE LUI FAIT LA LÉGISLATION FRANÇAISE	O. Audouard.
CONSIDÉRATIONS SUR L'ORIGINE, LE DÉVELOPPEMENT ET LES TENDANCES ACTUELLES DE L'ART MUSICAL (Suite).	Comte Escamerios.
COSMOPOLIS	Louis de Laincel.
LES PROFILS CONTEMPORAINS D'ARMAND POMMIER. .	O. Audouard.
THÉATRES	Ernest Dubreuil.
COURRIER DE LA MODE.	Marie d'Aulnay.
L'HOMME DE QUARANTE ANS	O. Audouard.
REVUE FINANCIÈRE ET INDUSTRIELLE	De Yalom.

Rédacteur en chef : OLYMPE AUDOUARD

PARIS
BUREAUX : 2, RUE MÉNARS

REVUE COSMOPOLITE

CAUSERIE

Enfin nous le tenons donc sérieusement, ce chaud et bienfaisant soleil qui nous boudait depuis si longtemps, ne nous montrant que de pâles rayons noyés de pluie et entourés d'un voile de brouillard, comme un cacochyme dans sa flanelle! Depuis quelques jours il a percé le nuage et il resplendit joyeusement de tous ses feux, souriant à la nature. Ah! je comprends l'adoration et le culte dont il était l'objet dans les premiers âges du monde, lorsque le divin Créateur ne s'était pas encore révélé aux hommes et que l'humanité, guidée par cet instinct puissant qui entraîne invinciblement tous les êtres pensants cherchait sa voie pour saluer le souverain maître de toute chose. Oh! oui, je comprends qu'on lui ait élevé des temples et des autels, car c'est lui qui nous éclaire et nous échauffe, donnant la vie non-seulement à notre corps, mais à notre esprit et à notre cœur; dissipant la tristesse et la mélancolie à la vivifiante chaleur de ses rayons, et faisant épanouir dans la nature entière les fleurs et le chant des oiseaux comme celui de notre cœur. Aussi, emportée par mon sujet et pleine de reconnaissance pour lui, ne pouvant pas, hélas! lui élever un temple magnifique, comme Héliogabale, ou lui dédier une statue colossale, comme à Rhodes, je me contente de chanter ses louanges et de vanter ses premières caresses, qui nous semblent si douces et si bienfaisantes aujourd'hui, et que nous trouverons sans doute fatigantes et insupportables dans quelques temps; mais enfin pour le moment je le bénis et, rejetant au loin les fourrures et les lourds paletots, j'arbore gaiement la livrée du printemps.

Tout en chantant cet hymne au soleil j'oubliais ma causerie; aussi, sans plus de digression, je m'empresse d'y revenir et de me lancer dans le tourbillon des nouvelles et des choses qui se croisent et se heurtent au milieu de cette existence à la vapeur que nous fait l'exposition.

Puisque le mot d'exposition est venu sous ma plume, je vais vous dire non pas ce que l'on y voit, quoi que ce soit un thème bien tentant et un sujet assez varié et assez vaste pour satisfaire la faconde du chroniqueur le plus bavard, mais je préfère vous raconter ce que l'on y verra sans doute dans quelques jours dans la vitrine de M. Boucheron, un de nos plus habiles orfévres et bijoutiers, qui termine en ce moment ces remarquables objets d'art.

Si d'aventure vous désirez offrir une petite glace à main

à une jeune élégante de vos amies, vous trouverez chez M. Boucheron, dans les prix de 15 à 16,000 francs, un miroir digne de refléter les plus beaux yeux et le plus gracieux minois. Ce bijou, en or incrusté d'émaux et d'arabesques, représente presque un éblouissant soleil dont les rayons constellés de diamants, de perles fines et de pierres précieuses, sont vraiment d'un magique effet. Il appelle une main aristocratique et attend le blason dont on a eu soin de réserver la place. M. Boucheron offrira encore aux riches amateurs qui adorent les belles choses une ravissante boîte de jeu, où les différentes couleurs de cartes représentées allégoriquement avec leurs attributs sont des émaux dignes de Petitot, et admirablement réussis au point de vue du dessin comme à celui des couleurs. Maintenant, si ce bijou vous plaît, je ne dois pas vous dissimuler qu'il faudra en offrir plusieurs billets de mille francs.

Enfin, M. Boucheron, sans sortir de sa spécialité, s'est mis en tête d'appliquer toutes les ressources de l'ornementation de la joaillerie à une splendide reliure de la *Vie de César* par l'Empereur Napoléon III, et je dois ajouter qu'il est parvenu a en faire un chef-d'œuvre. Les bronzes et les ciselures sont d'une remarquable pureté de style, et les moindres dorures gaufrées révèlent par leur fini tous les soins de l'artiste. D'anciennes médailles des Césars et de beaux camées antiques rehaussent encore cette riche reliure, mais je me demande si ce travail, qui n'est pas estimé moins de 20 à 25,000 francs, trouvera facilement un acquéreur. Il est vrai que ce serait un royal cadeau à faire.

Des objets d'art à une jolie femme, il n'y a pas si loin par le temps qui court, surtout quand elle expose aux regards indiscrets les formes plus ou moins heureuses que la nature a bien voulu lui accorder. Causons donc un peu des tableaux vivants de l'hôtel de la rue Spontini; il n'y a pas d'indiscrétion à le faire, puisque les grands journaux constatent avec empressement les succès plastiques de Mme *Rimky Korsakow*, qui a bien voulu se montrer dans un tableau représentant le harem de Tunis. Le chroniqueur ajoute que, revêtue d'un merveilleux et splendide costume présent du bey de Tunis, elle était étendue sur un sopha, appuyée sur un coude, et *exprimant par son attitude la voluptueuse nonchalance des femmes du harem.* Franchement, nous ne sommes pas d'une sévérité exagérée, nous aimons même beaucoup tout ce qui peut donner un charme de plus aux réunions de nos salons; mais, en conscience, quelque sûre que l'on soit de son succès, et même peut-être un peu à cause de cette conviction, nous pensons qu'il serait plus sage et plus convenable de ne pas se prêter à ces exhibitions qui rappellent un peu trop l'histoire du roi Candaule.

Un nouveau mode de billet de faire part pour naissance vient d'être lancé dans le monde. Je ne sais pas s'il aura du succès, mais enfin je me fais un devoir de le transcrire tel que je l'ai reçu :

Monsieur de X... a l'honneur de vous faire part de sa naissance, qui a eu lieu avant-hier : il se porte à merveille et sa mère aussi.

On ne dit rien de la santé du père. Pourquoi, mon Dieu?

Mettant à exécution la drôlatique et folichonne idée que le peu jovial Louis XI avait eue dans son temps, et que nous a racontée dernièrement avec beaucoup d'esprit M. Henri d'Audiguier, on assure qu'un aventureux industriel doit nous faire entendre, à l'exposition de l'île de Billancourt, bien entendu, une *harmonie* de *pourceaux*.

La virtuose, imitant *l'abbé de Baigne*, inventeur de l'excentrique divertissement, va, dit-on, réunir une trentaine de ces animaux grognants qui, suivant leur âge, leurs moyens et la force de leurs poumons, doivent parcourir toutes les notes du registre, allant du grave à l'aigu, du doux au sévère, et l'instrument sera disposé de telle sorte que le premier pianiste venu pourra vous jouer *Ay Chiquita* ou la marche du *Tanhauser*. La première audition doit avoir lieu prochainement, et une médaille exceptionnelle serait décernée à ce nouveau musicien.

Puisque nous en sommes toujours à l'exposition, je ne puis résister au désir de vous répéter une petite histoire que m'a racontée un de mes amis qui ne méprise pas l'omnibus.

L'autre jour, il se rendait à l'exposition par ce moyen de transport, lorsque tout à coup il voit entrer dans la voiture une femme fortement développée, traînant derrière elle un grand gaillard pouvant bien avoir une douzaine d'années. La brave femme s'installe tant bien que mal dans son compartiment et campe bravement sur ses genoux son fils, qui double son volume. Immédiatement le conducteur, esclave du règlement et défenseur du droit des voisins, proteste contre cet envahissement, et déclare que les enfants au-dessous de quatre ans ont seuls le droit d'être tenus sur les genoux sans payer, mais elle fait la sourde oreille et, sur l'insistance du conducteur, elle répond : « Le p'tiot n'a pas quatre ans. » Une hilarité générale éclate à cette déclaration, et une discussion des plus vives s'engage dans la voiture. L'enfant se mêle à la querelle en criant : « Je n'ai que trois ans et demi, na! » et la mère tenace résiste de toutes ses forces aux injonctions du conducteur, qui est obligé de s'incliner quand elle lui déclare que son fils est un phénomène ayant remporté le 1er prix de croissance à la salle d'asile de son village, et qu'elle le mène à l'exposition.....« de Billancourt », ajoute un voisin, où elle espère bien obtenir une médaille.

Une fois lancée dans les histoires excentriques, je ne vois pas pourquoi je ne vous parlerais pas d'une affiche que j'ai lue avec bonheur et qui, écrite sérieusement, n'en dépasse pas moins tout ce qu'il y a de plus amusant dans ce genre. Il s'agit du salon du Casino et de ses athlétiques lutteurs.

En tête, l'affiche présente *Marseille le Terrible*, meunier de Lapalud, qui, après dix années de luttes et de travail, revient à Paris pour faire assister le public ému à ses luttes mémorables, nous assurant que si ce héros digne de l'antiquité avait vécu du temps de la Grèce, les jeunes filles d'Athènes lui auraient tressé des couronnes! Allons, jeunes Parisiennes, un peu de courage, et jetez des fleurs sous les pas du terrible meunier.

Après lui vient *Vincent*, l'homme de fer, auprès duquel, dit toujours l'affiche, les belluaires et les hercules de l'antiquité ne seraient que de la Saint-Jean. Il exécutera avec grâce et facilité les jeux des Titans.

On voit encore *Dumortier*, l'invincible Lyonnais, lutteur plein d'initiative, le haut fantaisiste de la lutte. *Pujol*, le colosse de la Gironde. Puis *James*, le Farnèse africain qui traîne après lui une nuée d'enthousiaste. Enfin *Fraissinet*, l'arracheur de garance, tenace comme la racine dont il porte le nom.

Entrez, entrez, messieurs et mesdames, le spectacle commence et l'on vous prévient que les luttes sont sérieuses. Aussi l'affiche ajoute : « Tant pis pour le vaincu, tant mieux pour le vainqueur. »

Voulez-vous vous reposer sur un petit tableau de mœurs et apprendre à quoi s'occupent les sages et graves conseillers du roi de *Baiatoa*, fils de la reine Pomaré? Eh bien, il paraît que ce bon petit roi aime assez l'eau de feu et le vin de tous les crus ; aussi, comme ses sujets commençaient à trouver mauvaises ses trop copieuses libations et le menaçaient de le déposer, il fit présenter une loi l'autorisant à se griser à son aise, *toujours, partout et où bon lui semblerait*. Mais les représentants de la nation, trouvant la latitude un peu trop large, crurent devoir la restreindre, et ils ont rendu une loi qui ne permet au souverain que de se griser dans son palais. Pauvre roi, comme on le tyrannise!

Décidément, je n'ai pas été heureux dans cette longue causerie à bâtons rompus et j'ai rencontré sous ma plume plus de fâcheux tableaux que de riantes images. Parlons donc, pour finir, de quelque chose de plus gai, des courses d'hier, qui par un temps splendide terminaient les luttes de printemps sur le charmant hippodrome de Longchamps. La foule élégante, doublée d'un flot mouvant de curieux et d'étrangers, se pressait sur la pelouse, dans les tribunes et dans l'enceinte du pesage, qui ne pouvaient pas suffire à contenir les spectateurs qu'amenaient incessamment les voitures, les chemins de fer et les bateaux. La réunion a été aussi belle que possible et les toilettes les plus élégantes s'épanouissaient au soleil dans leur fraîcheur la plus printanière. Nos grandes élégantes étaient là sous les armes dans leurs toilettes les plus nouvelles, et nous sommes heureux de constater que le bon goût, abandonnant les costumes par trop bariolés de l'an dernier, a fait de notables progrès, et l'on a franchement adopté les vêtements plus simples de couleur sur couleur.

Les nuances les plus répandues parcouraient toutes les gammes des tons dans les couleurs bleue, mauve gris et surtout tabac d'Espagne. Il y avait des toilettes vraiment très-réussies et faisant valoir la grâce naturelle de celles qui les portaient. Les pauvres reines de la mode étaient bien obsédées de la gênante et impitoyable curiosité dont elles étaient l'objet, et elles ont dû maudire leur célébrité qui leur attirait un rempart mouvant d'indiscrets admirateurs.

A deux heures un quart les courses commençaient et, comme toujours, le comte de Lagrange était le grand vainqueur de la journée, remportant trois prix sur cinq dans les courses du Trocadéro, du Prix de l'Empereur et du Prix de Neuilly, avec *Photographe*, *Trocadéro* et *Airel*. Les autres prix étaient gagnés, celui des Tertres par *Rochefort*, au major Fridolin, et celui du Lac par *Gontran*, toujours au major Fridolin.

A cinq heures et demie les courses finissaient et le défilé commençait la longue et interminable procession de voitures de toutes sortes, de grands équipages et de chevaux, qui avaient peine à se frayer un passage au milieu des curieux envahissant toutes les allées du bois et les avenues des Champs-Élysées. Il est vrai que pour éclairer cette foule le ciel avait allumé son plus brillant soleil.

OLYMPE AUDOUARD.

LES ARTISTES

BELLANGÉ. — LA PASSION. — OPINION DE M. GÉROME. — SCÈNE DE L'INVASION DE 1814 PAR M. BRION.

L'œuvre de l'artiste se dissémine et se perd, et son nom n'est bientôt plus qu'un prétexte à article pour un dictionnaire biographique. Il n'en n'est pas de lui comme de l'écrivain, dont le livre se multiplie à des millions d'exemplaires et dont la pensée est jetée à tous les vents de la publicité.

Pour remédier à cette fâcheuse situation que la condition même de l'art crée à l'artiste, on a eu depuis quelques années l'heureuse idée de faire à la mort d'un peintre une exposition aussi complète que possible de ses œuvres.

Le public peut ainsi juger l'ensemble, et dire son dernier mot sur l'homme.

Bellangé meurt, et le comité de l'Association des artistes, fidèle à cette pratique, a réuni ses toiles dans une des salles du palais des Beaux-Arts. J'ai visité cette exposition avec un intérêt singulier, comme j'aurais fait d'un musée d'antiques. C'est déjà de l'histoire et de la vieille histoire, tant la génération actuelle marche vite en ce temps de progrès à toute vapeur. Du jour au lendemain l'horizon change pour nous, et les astres qui nous ont éclairés s'éteignent dans le couchant lointain.

Bellangé a peint au jour le jour l'histoire militaire de la France, et ses derniers tableaux — à part deux ou trois, un entre autres : *La Garde meurt*, dont nous parlerons, — sont déjà mûrs pour Versailles, cette nécropole de nos gloires. C'est du moins l'impression qu'ils m'ont laissée.

Le premier Empire nous a rassasiés de gloire militaire. Les esprits sont à autre chose. Quel que soit le pittoresque des costumes et le dramatique des situations, le spectacle de la guerre commence à nous attrister ; et, du reste, faut-il le dire, les artistes ont un peu trop abusé d'un genre qui prête si aisément à l'émotion. En France, l'attendrissement et l'enthousiasme touchent de bien près au ridicule, et précisément par cette facilité même que nous avons à nous enthousiasmer et à nous attendrir.

Ce qu'il y a de plus singulier dans Bellangé, et que personne n'a observé, que je sache, c'est que les derniers de ses tableaux et les premiers en date procèdent de la même manière; mais avec une perfection, une sûreté de main, une puissance d'exécution, une verve plus remarquable dans les dernières œuvres que dans les premières. A soixante ans environ, c'est-à-dire au moment de sa mort, l'artiste était à l'apogée de son talent. Il n'y a rien là d'extraordinaire, l'intelligence ne suit pas le même branle que les forces physiques. L'intelligence continue à se développer et à grandir quand la machine est sur son déclin.

On pourrait dresser à ce sujet un tableau curieux.

La Garde meurt, la dernière œuvre de l'artiste, est certainement la plus parfaite. « Waterloo, dit M. Francis Wey dans une notice biographique sur Bellangé, fut le patriotique désespoir de son adolescence, l'inspiration de son âge mûr, et le dernier mot de sa carrière. Durant les angoisses de sa maladie, harcelé par les songes de la fièvre, il revoyait toujours ces mêlées d'hommes et ces hécatombes de Waterloo. Il se fit donc traîner dans son atelier, où il ne montait déjà plus; il pria son fils de lui garnir une palette, et, prenant une toile pour y jeter l'exaltation de ses rêves, sans même esquisser au fusain, il commença à peindre avec fermeté, avec lucidité, le premier des trois grenadiers de la garde groupés sur un amas de morts, qui occupent le centre de son dernier, de son plus beau tableau, comme inspiration, comme exécution et comme coloris : *La Garde meurt*. Cet enthousiasme, cette énergie fiévreuse, le soutinrent sept jours; le dernier soir ce tableau était fini. »

Je ne veux faire qu'une remarque au sujet de cette toile,

le chef-d'œuvre de Bellangé et un des chefs-d'œuvre de la peinture française : les moindres moyens arrivent aux plus puissants effets.

Il n'y a là, pour ainsi dire, ni composition, ni couleur, ni dessin, et sous le rapport de la composition, du coloris et du dessin l'œuvre est saisissante ; bien autrement saisissante que les tableaux que Bellangé a le plus travaillés à ce triple point de vue.

Qu'y a-t-il donc dans cette toile à peine grande de quelques pouces carrés ? — Une chose qui est tout, qui ne s'aquiert point par l'étude, et sans laquelle le génie n'est qu'une faculté impuissante : la passion.

A ce propos il me revient à l'esprit un mot de M. Gérome. Après une rencontre où cet artiste fut atteint d'une balle au bras droit, le médecin examinait la fracture avec une certaine anxiété, se demandant si le blessé pourrait encore tenir les pinceaux. Le malade, devinant la pensée du docteur, lui dit en souriant : « Rassurez-vous, docteur, on peint avec la tête, et non avec la main. »

Cette expression : *on peint avec la tête*, caractérise très-justement le talent de M. Gérome, chez qui domine la réfléxion, l'étude, *la tête*, la partie géométrique de l'art.

L'œuvre qui a fait sa popularité est certainement celle où il a mis le plus de passion, *le duel de Pierrot*, mais il y a encore là une forte dose de combinaison dramatique. Ce tableau venait d'être terminé, lorsqu'un ami de l'artiste, artiste lui-même, offrit de cette toile dix mille francs. Dix mille francs étaient en ce temps-là un coup de fortune pour M. Gérome. Il remit toutefois la réponse au lendemain ; un marchand devait venir voir la même toile, et s'il ne surenchérissait pas sur les dix mille francs, le tableau restait à l'ami.

Le marchand offrit précisément cette même somme. « Vous venez trop tard, lui dit alors l'artiste, le tableau est vendu à ce prix. » Le marchand se ravise, et reprend : Je plaisante, et je vous offre vingt-cinq mille francs du tableau, à la seule condition de m'en faire une copie. Le marché est accepté.

Le marchand a exposé le tableau en Angleterre, et a fait plus de cinquante mille francs de recettes ; il l'a ensuite vendu soixante-dix ou soixante-quinze mille francs.

A-t-il vendu l'original ou la copie ? — du reste qu'importe !

Voilà un tableau qui, en dehors du grand mérite de l'exécution, était admirablement conçu et combiné pour arrêter et toucher le public. C'est, en somme, avec la tête qu'on doit peindre pour réussir.

M. Brion, dans une admirable toile qui doit être exposée bientôt au salon, a représenté une scène de l'invasion en 1814. Des paysans fuient en emportant ce qu'ils peuvent sauver du pillage. Dans le fond, la fumée d'un incendie. Là tout est passion ; rien n'est donné extérieurement à l'effet ; l'émotion est dans les entrailles même du sujet ; c'est l'œuvre d'un maître qui regarde moins au public qu'à la perfection même de son art, et qui semble l'avoir atteinte. Eh bien, qu'on expose cette toile, le public, certainement, et surtout l'Anglais, n'y viendrait pas comme au *Pierrot* : c'est trop fort pour lui. Mais que dans quelque vingt ou trente ans d'ici on rapproche l'une de l'autre ces deux toiles, l'une sera démodée et vieillie, comme ces lithographies qui portent les costumes de nos arrière-grands-pères, et l'autre paraîtra d'hier. Les grandes œuvres n'ont pas de date.

EDMOND CASTELLAN.

REVUE DES JOURNAUX

Quelques lignes de *l'Opinion nationale* sur la mort d'un de nos confrères :

M. Alfred Delvau, dont nous recommandions les deux derniers livres, il y a un mois à peine, vient de mourir, emporté par une maladie terrible : la phthisie galopante, qui ne pardonne point ; il a été enlevé en quelques jours. M. A. Delvau avait publié il y a quelques années, dans l'ancien *Figaro*, sous le pseudonyme de *Junius*, une série de lettres satiriques qui avaient produit dans le monde littéraire une certaine émotion. Depuis, il avait écrit, dans une suite d'études très-consciencieuses, certains côtés de nos mœurs : *les Cafés de Paris*, *les Barrières*, *les Dessous de Paris*, etc. Après avoir longtemps appartenu à la bohème, Delvau avait fini par se faire une place à lui dans la littérature ; il était laborieux, doué d'une volonté énergique ; ajoutons que c'était une nature droite et honnête. La mort l'a frappé au moment où il allait commencer à recueillir le fruit de ses efforts. Il était né en 1825.

*
* *

C'en est fait, les deux *immortels* défunts sont remplacés. Voici ce que dit à ce sujet M. Feyrnet dans *le Temps :*

M. Jules Favre et le Père Gratry sont académiciens depuis vingt-quatre heures.

Dix-huit voix ont porté le Père Gratry au fauteuil de M. de Barante ; dix-sept ont donné à M. Jules Favre la succession de M. Cousin.

L'imagination, le style et la poésie ont obtenu douze voix en la personne de M. Théophile Gautier.

« Voilà M. Gautier immortel *désigné* », penseront peut-être quelques personnes peu au courant des choses de l'Académie. Qu'elles ne se fassent pas d'illusion. M. Gautier, qui a eu douze voix hier, n'en aura peut-être pas six à la prochaine occasion ; peut-être aussi en aura-t-il vingt..., ce que je souhaite bien sincèrement... pour l'Académie.

Le fauteuil où va s'asseoir le Père Gratry n'est pas de ceux qui tiennent une bien grande et bien glorieuse place dans l'histoire du palais Mazarin.

Parmi les prédécesseurs du nouvel élu, Bernis, Ducis, de Sèze, Barante, me sont connus ; mais je serais en vérité bien embarrassé de me rappeler les titres à l'immortalité de Laugier, de Porchères, de Chaumont, du président Cousin, de Valon de Mimeure et de Gedoyn.

Le fauteuil où vient de monter M. Jules Favre n'est pas un des plus fameux, ce n'est pas un des plus obscurs non plus ; avant M. Cousin, il eut pour titulaire Fourier, Lémontey, Morellet, l'abbé Millot, Gresset, Danchet, Tallement et Gombault : c'est un fauteuil à mettre dans la bonne moyenne.

*
* *

Une bonne nouvelle que nous donne M. Jules Richard

dans *l'Époque*, et dont les lettres se réjouiront certainement :

Ce qui m'étonnait fort, cependant, c'est que ses nombreux amis aient poussé l'oubli de sa mémoire jusqu'à laisser éparses dans cent recueils ses œuvres aimables et charmantes, curieuses et naïves, qui font, à mon avis, de Gérard de Nerval un écrivain bien supérieur à Charles Nodier. Gérard était mort, bien mort; on ne rééditait plus ses livres depuis 1856, et l'on ne parlait même pas de les réunir en un bloc qui, sous le titre d'*Œuvres complètes*, devient le vrai monument de l'homme de lettres. J'apprends aujourd'hui que les éditeurs Michel Lévy ont entrepris cette tâche, et qu'ils ont confié à M. Théophile Gautier le soin d'écrire une introduction. Deux volumes de la première série ont même déjà été mis en vente; ce sont les volumes II et III, qui contiennent : *Les Femmes du Caire*, *Druses et Maronites*, *les Nuits du Ramazan*, *De Paris à Cythère*, *Lorely*, *les Fêtes de la Hollande*.

*
* *

Le même chroniqueur s'insurge courageusement contre cette chose inepte qu'on appelle *le pourboire*.

Un personnage officiel me disait hier qu'il considérait le pourboire non-seulement comme un impôt inique prélevé par les patrons sur les consommateurs, mais il ajoutait encore que dans l'état actuel de la législation sur les grèves, le pourboire serait une cause permanente de querelles entre les patrons et les travailleurs de certaines industries. Il caractérise par un mot fort juste le rôle du pourboire vis-à-vis du salaire : « L'accessoire, disait-il, est devenu le principal. »

Je lui racontai alors qu'on avait tenté, il y a dix ans, au restaurant du *Dîner de Paris*, fondé par Justin, d'abolir le pourboire, et qu'on y avait médiocrement réussi.

« Je me le rappelle fort bien, me répondit-il, et je me souviens même qu'y étant allé dîner, je ne trouvai pas d'autre moyen de glisser le pourboire d'usage au garçon que de cacher une pièce de dix sous dans un nœud fait à ma serviette.

— Mais, repris-je, si, au lieu de supprimer le pourboire, le patron l'exigeait; s'il mettait carrément sur sa carte : « Service, 25 ou 30 centimes »?...

— Eh bien, répliqua-t-il à son tour, cela est ainsi établi à la *Taverne* de la rue Richelieu, et les habitués donnent malgré cela et en plus un pourboire. »

De là je conclus qu'on ne supprimera pas le pourboire.

Mais moi, consommateur, ce que je puis exiger, c'est que ce que je donne à l'ouvrier ne soit pas escamoté par le patron.

Bravo! mais nous voudrions bien que ce ridicule abus disparût tout à fait.

*
* *

On mande de Londres à *la Gazette de Cologne*, dit le *Courrier français* :

Plusieurs journaux parisiens sont dans une consternation très-grande à cause d'une menace de la part de M. de Bismark. Exaspéré du ton qu'a pris vis-à-vis de lui la presse française, le ministre prussien aurait déclaré que si la guerre éclatait entre la France et la Prusse, il publierait les noms des journaux et des journalistes qui ont reçu des subsides de son gouvernement durant la guerre de l'année dernière.

*
* *

Il paraît que le vice-roi d'Égyte, enthousiasmé par l'exemple de M. de Bismark, serait disposé à le suivre en tous points vis-à-vis de certains journaux français.

Bigre!... voilà qui va bien nous faire rire!

A lire dans le *Paris-Magazine* un article de M. Denis Guibert, sur M. de Lamartine. C'est très-bien fait, et cela venge un peu le grand poëte de toutes les infamies dont on l'accable.

⁂

Une remercîment cordial à *la Renaissance louisianaise*, un confrère de la Nouvelle-Orléans, qui nous reproduit un article.

Par contre, nous lui en empruntons un qui est bien le plus réjouissant qui se puisse voir.

C'est le catéchisme garibaldien, imprimé dans les colonnes de la *Lanterna magica*, de Milan.

Le catéchisme garibaldien se divise en trois parties, la première comprenant neuf leçons, la seconde quatre, la troisième dix.

D. Faites le signe de la croix. — R. Au nom du Père de la patrie, du Fils du peuple, de l'Esprit de la liberté, ainsi soit-il.

D. Qui vous a créé soldat? — R. Garibaldi.

D. A quelle fin? — R. Pour honorer l'Italie, l'aimer et la servir.

D. Comment Garibaldi récompense-t-il ceux qui aiment et servent l'Italie? — Par la victoire.

D. De quoi jouit-on dans la victoire? — R. De la vue de Garibaldi et de toutes sortes de plaisirs.

D. Qui est Garibaldi? — R. Garibaldi est un esprit très-généreux, béni du ciel et de la terre.

D. Combien y a-t-il de Garibaldi? — R. Il n'y a qu'un seul Garibaldi.

D. Combien de personnes y a-t-il en Garibaldi ? — R. Trois personnes réellement distinctes.

D. Quelles sont ces trois personnes ? — Le Père de la patrie, le Fils du peuple, l'Esprit de la liberté.

D. De ces trois personnes, quelle est la plus grande, la plus puissante, la plus sage ? — R. Elles sont égales, parce qu'elles ont la même grandeur, la même puissance, la même sagesse.

D. Laquelle de ces trois personnes s'est faite homme ? La seconde, le Fils du peuple. Il a pris un corps et une âme, comme nous, dans le sein fortuné d'une femme du peuple.

D. Comment s'appelle le fils du peuple fait homme ? — R. Joseph.

D. Pourquoi s'est-il fait homme ? — R. Pour sauver l'Italie.

D. Qu'a-t-il fait pour sauver l'Italie ? — Il a battu les Autrichiens et les bourbonniens et s'est retiré à Caprera, d'où, après moins de deux ans, il est revenu parmi nous glorieux et triomphant.

Telle est la première leçon. La seconde roule sur les *dix commandements* de Garibaldi, parmi lesquels figurent ceux-ci : *Tu ne tueras que ceux qui s'arment contre l'Italie. Tu ne forniqueras qu'au détriment des ennemis de l'Italie. Tu ne voleras que le denier de Saint-Pierre*, etc. De la troisième à la huitième, il est question des *vertus* de Garibaldi. La neuvième parle de la *grâce* de Garibaldi. Le seconde partie traite de la *doctrine*, du *Credo*, du *Pater* garibaldiens. La troisième revient sur les *commandements* de Garibaldi.

C'est drôle.

E. D.

REVUE DES SALONS

Le succès de la semaine a été au premier jeudi de la princesse de Metternich. On y a trouvé comme toujours sa grâce, son esprit, son tact parfait, et l'on y a vu réunie l'élite du monde parisien et des étrangers qui se trouvent à Paris en ce moment. C'est un grand éloge à faire d'une maîtresse de maison, quand on peut dire qu'elle sait réunir dans son salon les mondes qui n'ont pas l'habitude de se trouver ensemble. C'est là un des triomphes de la princesse de Metternich et une des causes qui rendent son salon si attrayant. On disait l'autre soir, dans un salon où l'on a le droit de décider ces questions-là, que si l'on peut dire que *le style est l'homme,* on peut affirmer que la manière de recevoir peint la femme ; et c'est alors ce qui explique l'incomparable succès des réceptions de Mme de Metternich.

Le bal du ministère de la marine a été très-beau aussi. On y a particulièrement admiré trois jeunes Américaines, Mlles Torrante, Beckurth et Hamel, que l'on a vues souvent cet hiver dans les salons officiels, et qui ont eu partout un double succès de beauté et de bonne tenue. Les premières Américaines qui sont venues à Paris, lors de la guerre du Sud, avaient des allures peu en harmonie avec le bon goût et nos usages parisiens. Elles commencent à comprendre qu'elles peuvent être aussi gaies sans être aussi *agitées*, et sans risquer de se faire mal juger. Le bal de la marine a été honoré de plusieurs visites royales, et l'on a pu y admirer les Chinois et les Japonais, sans lesquels il n'y a pas de fête complète pour les Parisiens dans ce moment. Il vient de se produire toute une révolution dans les réceptions du matin. Autrefois on avait un jour tout simplement pour ne pas manquer ses amis. On causait, on médisait, on s'ennuyait quelquefois, on s'amusait souvent, et l'on recommençait la semaine suivante. Il y a quelques années que la mode est venue de donner du thé et des gâteaux, de trois heures à cinq ; puis, quelques mois après, il est devenu de bon genre d'avoir de la musique, ou des récitations théâtrales à ses réceptions du matin ; et enfin nous voilà arrivés aux tableaux vivants ! Si l'on a dans ses relations une femme qui ne craigne pas l'admiration publique, on l'habille, ou plutôt on la déshabille convenablement, en odalisque, on la met sur une estrade, on l'éclaire avec la lumière électrique, et comme les tableaux vivants ne sont plus muets, elle déclame modestement des vers qui la comparent au soleil, aux étoiles, au ciel bleu, et qui finissent par regretter vivement que tant de charmes soient enfouis dans un harem! Ici l'illusion cesse, parce que *tout Paris* est réuni pour admirer, et admire depuis longtemps déjà, des attraits qui n'ont rien des habitudes d'esclavage du sérail. Et le plus fort de la chose, c'est que *ces matinées drôles*, comme disait un étranger en en sortant, ont lieu dans les salons les plus corrects de Paris, et devant un public qui n'admet pas pour les jeunes filles la moindre représentation théâtrale! De temps en temps une chère effarouchée s'élance sur sa fille et l'emporte loin de cette exhibition, mais il est *trop tard*, comme pour tant de choses, et la jeune fille s'éloigne avec des idées d'autant plus persistantes qu'elle a moins compris. Ne vaudrait-il pas mieux mener les jeunes filles à des théâtres choisis et leur refuser ces réunions où la vanité trône plus ou moins décolletée?

Il y a dans ce moment une masse prodigieuse de mariages à Paris et en province. Celui du comte de Montesquieu-Fezensac avec Mlle Valentine de la Baume a été célébré cette semaine, et en outre de ceux qui sont annoncés depuis longtemps pour la fin du mois, on a communiqué ces jours-ci celui du comte Fortuné de Vaufreland avec Mlle Clary, jolie entre les plus jolies; du comte de Mirepoix avec Mlle d'Hinnisdale, du comte de Chabannes avec Mlle d'Hairaincourt, petite-fille du duc de Mortemart; du général de Maud'huy, commandant le département de la Manche, avec la comtesse de Beaulieu, parente des Tocqueville; du comte René de Causans avec Mlle Marie de Lastic; du vicomte Édouard Portalis avec Mlle Aline de Bonnechose, du comte Robert de Brimont avec Mlle de Montauban, fille du comte de Palikao et une des plus jolies personnes que l'on puisse rêver.

Pendant que toutes ces unions se préparent, les petits drames de toutes sortes vont leur train. Un des plus amusants est celui qui vient d'éclairer, à Milan, un mari de haut parage. Depuis longtemps il avait *des doutes* sur la fidélité de sa femme... Enfin il pensa, avec raison, qu'elle irait blanchir sa conscience pour Pâques. Il parvint à se glisser dans le confessionnal à la place du confesseur de sa femme, et là il apprit... ce qu'elle n'avait certes pas l'intention de lui dire et, avec des détails qui n'ont pas dû le charmer! Il est sorti avec l'intention peu bénigne d'étrangler sa femme séance tenante, mais on l'a soustraite à sa juste fureur, et aujourd'hui ils vont se séparer *à l'amiable*, c'est le terme consacré pour désigner des gens qui se quittent pour ne pas s'assassiner!

COMTESSE DE MARLY.

REVUE DES THÉATRES

Rien de bien nouveau cette semaine.

Un acte au Théâtre-Français, *les Roses jaunes;* une reprise à la Porte-Saint-Martin, *la Closerie des Genêts*.

Les Roses jaunes, c'est une petite comédie en vers, d'Alphonse Karr. L'illustre auteur de *Sous les tilleuls* et des *Guêpes* a renoncé cette fois à la prose si vive, si spirituelle, qui a fait de lui un de nos premiers, un de nos meilleurs écrivains, pour enfourcher Pégase.

Il faut dire tout la vérité, l'essai n'a pas été des plus heureux. La comédie, tirée d'une de ses plus jolies nouvelles, a perdu beaucoup en passant à la scène. Le vers est mou, quelque peu bourgeois et n'a rien de ce trait qu'on goûte si bien dans le roman.

Cela n'ôte rien à la grande et légitime réputation de l'auteur, mais n'y ajoute rien non plus.

M{}^{lle} Ramelli dit bien et juste; M. Talbot nous a fait grand plaisir.

On se préoccupe vivement de la reprise d'*Hernani*, dont la représentation est impatiemment attendue. C'est Delaunay qui joue Hernani. Nous eussions mieux aimé dans ce rôle Lafontaine ou Febvre. Delaunay en aura tous les côtés poétiques et charmants; mais sa nature fine et élégante se prêtera difficilement au caractère sauvage de l'amoureux de doña Sol. Hernani est un grand d'Espagne doublé d'un bandit, et dans toute la pièce le bandit est marqué de vigoureux traits qui ne sont certes pas dans les cordes du jeune premier de la Comédie-Française.

Doña Sol, c'est Mlle Favart.

Rien à dire. L'héritage de drame de Mlle Mars revient de droit à cette jeune actrice si intelligente et si passionnée.

La Porte-Saint-Martin nous a donné le beau drame de Frédéric Soulié suffisamment interprété. La pièce a vieilli par de certains côtés; ou plutôt, les dramaturges qui ont succédé à Soulié ont tellement pillé son héritage, l'ont si souvent et si impudemment détroussé, qu'on est tout étonné de retrouver dans *la Closerie* nombre de scènes et de situation qu'on applaudit depuis vingt ans sur toutes les scènes de drame.

Les artistes méritent des éloges ; surtout Tisserant, Brindeau et Vannoy. Mlle Rousseil est très-belle et très-applaudie; Mme Vigne joue Léona avec des rugissements bien excusables eu égard au personnage qu'elle représente, mais il lui manque la distinction. Nous nous rappelons dans ce même rôle la regrettable Lucie Mabire. Quelle différence!

Il va sans dire que le ballet est joli et la mise en scène très-soignée. On sent que M. Marc Fournier a passé par là.

Pas grand'chose à vous dire de plus.

Les théâtres se préparent à des reprises d'anciens ouvrages qu'on va présenter aux nobles étrangers, ou vivent sur d'immenses succès, comme celui de *la Grande-Duchesse* aux Variétés.

C'est vraiment très-amusant, cette folie. La pièce est vive, leste et troussée avec cette verve parisienne de MM. Henri Meilhac et Halévy. La musique est de l'Offenbach des grands crus. Joignez à cela les contorsions insensées de Dupuis, les *cascades* très-réussies de Couder, la jolie voix et l'esprit de Mlle Schneider, et vous aurez la clef de ce succès.

Ce système de grandes *machines*, comme on appelle cela, peut dans un temps donné être la ruine des théâtres, mais, en attendant, le public y court. C'est là l'essentiel pour la caisse des directeurs.

Ce qui nous console un peu, c'est que ce même public suit avec le même acharnement les représentations de *Roméo et Juliette* au Théâtre-Lyrique.

Cela rachète bien des choses.

Ernest Dubreuil.

L'ÉMAIL DES PEINTRES

PAR CLAUDIUS POPELIN

Paris, A. Lévy, 1866, in-8°, avec dessins et figures dans le texte.

L'auteur de ce livre est un amateur passionné de la vieille imagerie, de la vieille faïence, des assiettes brillamment vernissées, des majuscules fantastiques usitées au XVe siècle, du vieux français aussi naïf que pittoresque. C'est par fantaisie sans doute qu'il s'intitule maître émailleur, car, en lisant son livre, où des phrases grecques se trouvent semées çà et là, on voit qu'il est autant érudit qu'artiste, et qu'il pourrait bien n'avoir jamais dessiné le fond d'un plat. Son crayon est sûr pourtant, comme l'attestent les illustrations qui décorent son ouvrage, à la fois élégant et hardi, il se plaît à lutter avec les capricieuses arabesques de nos vieux manuscrits ; il a un faible pour les enroulements convulsionnés des guivres du blason, mais on sent que le XVIe siècle a passé dans l'âme de l'artiste, où le chaos du moyen âge est remplacé par le savant agencement du dessin de la Renaissance. Il semble que ce soit le caractère du XIXe siècle d'estimer ainsi avec impartialité toutes les époques ; le XVII⁰ siècle méprisait l'art gothique ; le XVIII⁰ changeait les palais de Mansard en grottes de rocaille. Le XIX⁰ siècle, éclectique avant tout, prétend laisser vivre les temples grecs à côté des églises féodales ; pour augmenter le bilan de l'art, il s'est même détourné du gothique fleuri, et il élève maintenant des cathédrales romanes où l'ogive est remplacée par le plein cintre. Nous ne sommes pas compétent pour parler sur le fond du livre de M. Claudius Popelin, maître émailleur. Nous nous contenterons d'indiquer ici que l'auteur commence par traiter des origines de l'émail, puis des métaux. Il passe ensuite à la composition des émaux, décrit la construction des fours, et termine par un chapitre sur les inscriptions, qui nous donne un alphabet complet où des épures nous montrent comment il faut employer la règle et le compas pour tracer ces majuscules artistiques, qui ont fait la joie de mille archéologues, et la gloire de plus d'un émailleur.

Mais ce n'est jamais dans un style technique que M. Claudius Popelin nous donne ses instructions. Partout dans son livre on voit l'artiste enthousiaste et raffiné qui regarde longtemps le même tableau, comme on savoure lentement une coupe de muscat. Son affection pour le passé lui fait retrouver cette langue pittoresque que le XV⁰ siècle créa pour l'art héraldique. Lorsque vous trouvez dans M. Popelin cette phrase : « Un milieu ingrescent de haute fantaisie légèrement égayé d'or, » ne croyez-vous pas nager en plein blason et retrouver les poissons *sanglés d'azur*, et les dauphins *entravaillés de gueules*?

Nous avons parlé de l'enthousiasme de M. Claudius Popelin ; le mot peut paraître excessif à propos d'un traité sur l'émail, mais jetez les yeux sur la nomenclature suivante, et dites-moi si, à travers le bariolage des mots, vous ne sentez pas vibrer cette passion sans laquelle il n'y a ni véritable art ni véritable artiste !

« Où réunir sur une même palette une plus copieuse moisson de couleurs? Blancs de neige, mat harmonieux des ivoires, deuil lustré des ailes du corbeau, noirs fuligineux des ébènes, gris des perles, cendres ardoisées, fraîcheur des lins et des lilas, violets profonds, outremers vibrants, sombres indigos, azur, saphir, béryl, émeraudes et malachite, fauve olivâtre des bronzes ensoleillés, gamme chromatique des feuilles mortes, ambres et citrins, splendeurs des ors, orangés de la flamme ardente, érubescences des cuivres, écarlate cramoisi de la cochenille, douce amarante, obscur nacarat, étincelles des vives escarboucles ! »

Au fond de ce volume écrit avec tant d'amour, pour parler comme les Italiens, il fallait l'étoile de la poésie; nous la trouvons dans un brillant sonnet de M. Théophile Gautier, un maître de l'art, et nous nous permettrons de reproduire ce sonnet, qui n'a pas encore été compris dans les œuvres du poëte :

> Le temps efface l'art avec un doigt trop prompt,
> Et l'éternité manque à la forme divine.
> Le Vinci sous son crêpe à peine se devine,
> Et de Monna Lisa l'ombre envahit le front.
>
> Ce que nos yeux ont vu, bien peu d'yeux le verront.
> On cherche au Vatican Raphaël en ruine,
> Michel-Ange s'éteint aux murs de la Sixtine :
> Comme Apelle et Zeuxis ils s'évanouiront.
>
> Mais toi, mon Claudius, tu fixes ta pensée ;
> Tel que l'ambre une fleur, l'immarcessible émail,
> Contre les ans vaincus abrite son travail.

Des reflets de l'iris ton œuvre est nuancée,
L'ardente transparence y luit sur le paillon,
Et chez toi l'Idéal a toujours son rayon.

Nous ne savons si M. Popelin publiera prochainement quelque nouveau livre. Il prépare sans doute un ouvrage étendu, destiné à faire connaître au public les nombreuses productions dues à l'art qu'il aime; nous le suivrons avec soin dans cette voie artistique, persuadé qu'il y marchera toujours avec le même bonheur.

THALÈS BERNARD.

UNE PETITE-FILLE

DU

ROI JEAN SOBIESKI

NOUVELLE HISTORIQUE

(SUITE)

Malheureusement les ennemis tinrent bon aussi. Les plus instantes sollicitations pour la mise en liberté des deux princesses n'aboutirent à aucun résultat. Le Prétendant et le prince Jacques Sobieski s'adressèrent en vain à Vienne; le premier fit mieux, il partit pour Rome, afin de mettre sa fiancée sous la protection du saint-siége. Le Pape Clément XI, qui avait été le promoteur de ce mariage, intercéda auprès de la cour d'Autriche, mais n'ayant pu rien obtenir, il demanda à la famille de lui envoyer par écrit la preuve que la princesse Clémentine avait donné de plein gré son consentement à cette union et qu'elle persistait dans ses intentions. Avec ces témoignages il s'adressa une seconde fois à la cour de Vienne, mais tous ses soins et ses remontrances restèrent sans effet. Les semaines et les mois s'écoulaient, on traversa tout l'hiver, survint même le printemps de l'année 1719, et les deux princesses étaient toujours retenues prisonnières à Inspruck.

A cette situation il n'y avait qu'une seule issue, la fuite. L'idée en vint au Prétendant. Déjà quelques semaines après l'arrestation des deux princesses, il y avait fait allusion dans une lettre adressée à sa fiancée, et pour en faciliter les moyens il expédia à Inspruck un homme hardi et dévoué, l'Irlandais Kogan, qu'il chargea d'organiser un enlèvement en règle. La princesse Clémentine fit dire qu'elle ne quitterait Inspruck qu'avec le consentement de ses parents. Ceux-là, par des scrupules très-faciles à comprendre, firent d'abord quelques difficultés. Il s'agissait donc de les décider.

Le prétendant employa à cet effet les moyens les plus efficaces. Dans une audience confidentielle qu'il obtint du Pape, il lui montra quelques lettres de la princesse qui faisaient mention de la sainteté des engagements qu'ils avaient contractés entre eux. Le saint-père convint qu'en présence de promesses aussi solennelles, aucun obstacle ne pouvait être légitime, et qu'il était de leur devoir d'arriver aux pieds de l'autel, pour consacrer l'union de leur cœurs par la bénédiction de l'Église. Deux lettres furent écrites dans ce sens, l'une à l'Empereur demandant l'élargissement de la princesse; l'autre à son père le prince royal de Pologne; dans cette dernière, le pape disait au prince Sobieski que non-seulement il n'avait pas le droit d'empêcher sa fille d'aller en Italie, mais qu'il était de son devoir de l'aider à rejoindre son fiancé *n'importe par quel moyen.*

Cette lettre est datée du 10 décembre 1718.

La princesse Clémentine remercia son parrain Clément XI,

par une lettre datée du 25 décembre, en renouvelant les assurances de sa fidélité envers son fiancé. Cette lettre valut à la princesse une réponse autographe du saint-père (13 janvier 1719). Le pape approuva les sentiments de sa filleule, et l'encouragea à tenir bon : car, selon l'expression de la lettre apostolique, « les promesses qu'elle avait faites étaient tellement importantes qu'elles devaient être remplies à tout prix..... » — « Quant à nous, dit plus loin le saint-père, Votre Altesse peut compter que nous ne cesserons de la soutenir dans cette grave affaire de tout notre prestige et de tout notre pouvoir, ainsi que l'exigent les mérites incomparables du roi d'Angleterre, et les services rendus jadis à l'Église et à la religion par votre glorieux aïeul le roi Jean, d'immortelle mémoire. »

Il fallait une voix ayant cette autorité pour lever les scrupules des parents de la princesse Clémentine. Ils se soumirent à la volonté de Rome et consentirent au projet d'évasion.

Cette héroïne de dix-sept ans, prête à tout sacrifier pour remplir ses engagements, ne demandait pas mieux aussi que de fuir, pour quitter une prison qui l'empêchait de rejoindre son amant. Mais avant d'y arriver il surgit un événement imprévu qui donna au dévouement de Clémentine une valeur bien plus grande encore.

Pendant les sept mois que dura l'emprisonnement des deux princesses, une guerre fut sur le point d'éclater entre l'Espagne et la Grande-Bretagne. Comme il était dans l'intérêt de toute puissance hostile à l'Angleterre de nouer des relations avec le Prétendant, l'Espagne se garda bien d'y manquer, et déclara bien haut qu'elle avait l'intention de le rétablir sur le trône de ses ancêtres. Or, tandis que le prince était occupé à obtenir la liberté de sa fiancée, il lui vint une invitation de Madrid qui l'appelait à la cour, en lui promettant une réception brillante, avec une couronne en perspective. Un Stuart ne pouvait repousser une offre de ce genre, et il fallait se hâter, car le moindre retard pouvait tourner contre lui. Il comprit cependant qu'en s'éloignant de l'Italie il abandonnait sa fiancée, et cela juste au moment où elle allait risquer, pour le rejoindre, sa vie et sa réputation. Cette fausse situation le tourmentait beaucoup, et il n'avait d'espoir que dans la grandeur d'âme et la justesse d'esprit de la princesse Clémentine, qui pouvait seule sauver la cause du trône sans compromettre les exigences de la passion. Ignorant quel serait le sentiment de sa fiancée à cet égard, le prince Jacques soutenait une lutte douloureuse entre les devoirs de sa position et les aspirations de son cœur. Cette lutte se dévoile dans les angoisses avec lesquelles il annonce à la princesse, dans une lettre datée du 7 février 1719, son départ pour l'Espagne.

« Quelle triste et affreuse nouvelle, bien chère Clémentine, me vois-je obligé de vous annoncer, et comment faire pour vous dire que, juste au moment où votre père, par une conduite d'une loyauté sans exemple, me donnait la plus grande preuve de son amitié héroïque et de sa persévérance, où vous-même, par une fuite semée de périls sans nombre, veniez combler la mesure de vos bontés, au moment où votre fermeté devait resplendir d'un nouvel éclat et s'affirmer d'une manière si tendre et si bienveillante pour moi; comment vous dire que, juste à ce moment, j'ai l'air de vous abandonner pour me diriger vers d'autres contrées!!

Voilà la nouvelle qu'il me faut vous annoncer pourtant. Armez-vous, je vous en supplie, de toutes vos forces, de tout votre courage et écoutez-moi avec patience. Je ne veux pas entrer dans des considérations politiques, et je suis sûr que vous me croirez sur parole, lorsque je vous dirai que je suis sous le poids d'une si pressante nécessité, qu'il serait insensé de ma part si je ne voulais pas m'y soumettre. Mon amour pour vous ne connaît pas de bornes; mais quel que soit cet amour, j'aimerais mieux y renoncer que de me mon-montrer indigne de vous en hésitant de me rendre au poste d'honneur où mon devoir m'appelle. C'est avec ce sentiment que je me soumets aux tristes conséquences d'une situation qui aurait toutes les apparences d'un roman, si elle n'en avait la réalité écrasante!!... »

Ne pouvant confier au papier les véritables raisons de son départ pour l'Espagne, le jeune prince ne s'occupe, dans la fin de sa lettre, que des détails de l'évasion projetée. C'est à Rome que la princesse devra tâcher d'arriver; à la frontière des États pontificaux elle trouvera le sieur Murray, le premier messager d'amour envoyé à la cour d'Olaw, qui aura l'autorisation de l'épouser en son nom. Dans les articles de la procuration délivrée à cet effet, le prince s'occupe de toutes les garanties auxquelles la princesse peut prétendre, relativement à sa dot et à son avenir. Un testament fait par lui assure le douaire. Comme anneau nuptial, il envoie à sa fiancée la bague de son père, qui a déjà, dit-il, servi à Sa Majesté le roi Jacques II en pareille circonstance. Arrivée à Rome, la princesse s'établira dans le palais de son mari ou, si elle le préfère, dans un couvent ou tout autre lieu à son choix qui la mettre à l'abri des importuns. Pour son service, la princesse aura plusieurs grandes dames anglaises établies à Rome, entre autres, la princesse de Mar, dont le mari est un des chefs principaux de la cause du Prétendant, la comtesse de Nithdall, et Mme de Hay. MM. Murray et Wogan veilleront à son évasion et à son séjour en Italie. Au cas où l'évasion ne réussisse pas, on verra plus tard ce qu'on aura à faire.

« Je crois, dit Jacques en terminant, que je n'ai plus rien d'autre à ajouter à cette lettre déjà si longue, que de tendres adieux qui partent d'un cœur plein d'amour pour vous, et vous recommander à la divine protection de la Providence, à laquelle je confie aussi mes destinées. Votre innocence et votre vertu (j'en ai le ferme espoir) me vaudront la bénédiction du Ciel, que je n'ai pas méritée moi-même. Partout où je serai, je vous appartiendrai toujours. Votre fermeté sera ma consolation ; que ma constance et ma fidélité soient un soutien pour vous. Pourvu que vous soyez à moi, ma félicité sera complète. Sans vous, la grandeur, la couronne même, seraient un fardeau pour moi. Le droit m'ordonne de ne pas les repousser, mais elles n'ont en réalité de charme à mes yeux qu'en tant que je les partagerais avec vous. Pardonnez à l'expansion d'un cœur qui ne bat que pour vous, qui n'aime que vous et qui ne trouvera de repos qu'à vos genoux, ce qui arrivera bientôt, je l'espère. Je pars dans quelques instants, en vous disant adieu encore une fois ; je vous conjure de vous hâter d'arriver à Rome, et d'avoir confiance dans mon amour. »

Il fallait d'aussi tendres paroles pour raffermir le cœur de la jeune princesse, qui, à peine sortie de l'enfance, se voyait en proie à des chagrins et des contrariétés qu'une âme d'une trempe plus éprouvée aurait eu de la peine à supporter. Condamnée, pour ainsi dire, à unir son sort à un nom illustre, mais malheureux, elle se voyait dans la nécessité d'exposer sa personne aux hasards d'une aventure dont elle ne pouvait même pas prévoir la portée. En consentant à une évasion dont les dangers étaient incalculables pour une jeune fille de dix-sept ans, seule, au milieu d'étrangers, elle n'avait même pas la consolation de se dire, qu'après toutes les fatigues auxquelles elle s'exposait, elle atteindrait le toit hospitalier de son fiancé. Car, tandis qu'elle se préparait à le rejoindre, lui s'éloignait d'elle pour veiller à d'autres intérêts. La correspondance même fut interrompue, les lettres cessèrent d'arriver et elle fut complétement privée de ses nouvelles.

L'espoir de se réunir à lui se perdait donc dans une ténébreuse incertitude; de plus, des bruits malveillants se mirent à circuler sur son compte. On disait, comme chose certaine, qu'avant de partir pour l'Espagne, l'ingrat fiancé était tombé amoureux d'une des filles de la puissante maison des *Caprara* de Bologne, qu'il avait même fait des démarches pour l'épouser.

Ce bruit fut démenti par le prince lui-même, dans une lettre qu'il écrivit au père de la princesse Clémentine; mais cela fut à peine suffisant pour apporter quelque soulagement dans le cœur de la princesse.

Cette triste situation se prolongea pendant trois mois, mais elle n'atténua en rien les sentiments de la princesse Clémentine. Elle attendait toujours avec anxiété l'arrivée des agents secrets de Jacques qui devaient venir pour l'enlever. Différents obstacles les retinrent en route. Il est temps de faire connaissance avec eux. Nous avons dit que six mois avant l'époque où le projet de fuite fut agréé par la princesse et ses parents, le Prétendant avait confié à son compagnon d'exil, le sieur Wogan, le soin de préparer l'évasion. Malgré l'opposition que ce projet avait rencontrée dès le début, l'espoir qu'il serait accepté plus tard fit que le dit Wogan se mit à l'œuvre immédiatement. Il alla, pour commencer, visiter différentes cours princières et souveraines en Allemagne, dans l'espoir d'y trouver des auxiliaires, ce qui était assez difficile, même parmi les subalternes, pour une œuvre de ce genre. Il les trouva, en effet, non sans peine, en Alsace, dans une petite ville nommée *Schelestadt*, près de Strasbourg, parmi les officiers du régiment français *Dillon*, tous Irlandais.

Ce furent les capitaines Foul, Misset et le major Gaydon,

l'auteur du mémoire sur l'évasion de la princesse, que nous avons déjà cité plus haut, et auquel nous empruntons tous ces détails.

Comme le plan tracé par ces messieurs demandait la coopération de deux femmes, on fit entrer dans la conspiration la femme de l'un des deux capitaines, Mme Misset, laquelle associa à ses projets sa femme de chambre. Tous étaient dévoués corps et âme à la cause des Stuarts, et l'idée de rendre service à leur souverain légitime par leur adresse et leur courage, et de contribuer à consolider sa dynastie en assurant en même temps le bonheur de leur patrie et de leur religion, les mit à la hauteur d'une entreprise qui avait à leurs yeux une importance considérable. Les bons rapports qui existaient alors entre la France, l'Angleterre et les différents États de la Confédération germanique forcèrent les conjurés à beaucoup de mystère.

Il s'agissait avant tout d'avoir le consentement des parents de la princesse : ce consentement une fois obtenu, les agents du Prétendant exigèrent du père de la princesse une autorisation par écrit pour l'enlèvement de sa fille, et une lettre pour la princesse Clémentine et sa mère, qui leur enjoindrait de se conformer en tout aux ordres de M. Wogan. Lorsque ces papiers furent arrivés d'Olaw, Wogan les expédia à Inspruck, en demandant qu'on lui fixât l'époque de l'évasion. Après quoi tout le groupe des conjurés se transporta (6 avril) par des chemins différents de *Schelestadt* à Strasbourg, pour y attendre la réponse des deux princesses. Après dix jours d'attente arriva une lettre de M. de Chateaudoux, confident intime des princesses à Inspruck, qui appelait les conjurés au plus vite sur le terrain d'action. On se munit donc d'une solide berline, avec tous les accessoires nécessaires, et l'on se mit en route par les montagnes du Tyrol. Par mesure de prudence les six conjurés se divisèrent en petits groupes. Le capitaine Misset faisait ordinairement l'avant-garde, accompagné d'un valet de chambre du Prétendant, nommé Mitchell, tous les deux déguisés en marchands italiens. Le major Gaydon, ayant pris un passe-port sous le nom de *comte de Cernesse*, voyageait avec Mme Misset, qui passait pour être sa femme, accompagnée d'une sœur que la femme de chambre représentait. Le capitaine Foul suivait le comte en qualité de régisseur de ses biens. Wogan, qui pouvait le plus éveiller des soupçons, voyageait presque toujours seul. On s'arrêtait à différentes stations pour rafraîchir les chevaux ou passer la nuit, et lorsqu'on se rejoignait par hasard, on faisait mine de ne pas se connaître. De cette manière les conjurés, après huit jours de voyage, arrivèrent tous à la frontière du Tyrol, et convinrent de s'arrêter dans la première petite ville de cette province, nommée *Nazaret*.

Le capitaine Misset et Mitchell, prirent les devants pour annoncer à Inspruck l'arrivée de la petite troupe : mais ils poussèrent plus loin et allèrent jusqu'au village de *Brenner*, situé au sommet de la montagne, pour y attendre les événements. Ils prirent pour prétexte de leur séjour dans ce village une indisposition, afin de ne pas être inquiétés.

En attendant, le corps principal des conjurés, resté à *Nazaret*, fut informé par M. de Châteaudoux que la princesse mère désirait remettre l'évasion au jour suivant, c'est-à-dire au jeudi 27 avril. Ce désir leur sembla bien naturel au moment d'une séparation dont on ne pouvait pas prévoir le terme. Aussi, malgré le danger qu'il y avait à accorder ce retard, Inspruck n'étant qu'à quelques heures de Nazaret, on l'accorda sans difficulté, et l'on mit le temps à profit pour initier la femme de chambre Jeanne au rôle qu'on lui destinait.

Jusque-là Jeanne n'avait su qu'une chose, c'est que, pour des raisons qui lui étaient inconnues, elle devait passer pour la sœur de sa maîtresse : ce rôle lui convenait assez, et on ne put lui reprocher que quelques accès de mauvaise humeur qui disparaissaient dès qu'on la faisait rire un peu. Mais au dernier moment, il fallut bien lui en dire davantage sans se livrer cependant tout à fait. On lui fit donc accroire qu'il s'agissait d'arracher une jeune fille très-riche aux persécutions d'un vieil oncle despote qui voulait la forcer à épouser un autre vieillard de ses amis ; que la jeune fille aimait le capitaine Foul, une ancienne connaissance à elle, et que, avec le consentement de sa tante, chez laquelle elle demeurait, elle avait résolu de fuir avec lui ; qu'il fallait par conséquent une remplaçante pour la nuit de l'évasion, et que cette remplaçante devait être Jeanne. Pour l'engager à remplir ce rôle consciencieusement, on lui promit d'assurer son sort pour la vie entière, et on représenta à la pauvre fille sous des couleurs si sombres les dangers auxquels ses compagnons seraient exposés si le projet venait à être découvert, que l'honnête Flamande consentit à tout. On l'affubla d'une belle robe de damas, Mme Misset la coiffa de son mieux, et Wogan lui donna une lettre ouverte pour M. de Chateaudoux, dans laquelle il le priait de s'occuper du sort de Jeanne et de la renvoyer chez sa maîtresse dès que la chose serait possible. Ce fut aussi avec M. de Chateaudoux qu'on se concerta pour savoir l'heure à laquelle on devait arriver au rendez-vous. Une fois ces détails réglés, la petite caravane se mit en marche vers Inspruck (qui est situé sur les deux rives de l'Inn). On suivit la rive gauche, sachant que la prison des deux princesses se trouvait sur la rive droite, à deux mille pas de la rivière. Ce fut ce terrain intermédiaire entre la prison et le pont, qui fut indiqué aux conjurés comme leur base d'opération. Ils devaient s'y trouver à huit heures du soir. Le capitaine Foul, envoyé en éclaireur, retint auprès du pont une petite hôtellerie tranquille et isolée, à l'enseigne de *l'Agneau*. Il devait, dans la porte cochère de cette maison, attendre l'arrivée de la berline. Sur le pont était posté un domestique de M. de Chateaudoux, pour l'avertir immédiatement lorsque MM. Wogan et Gaydon avec les deux dames seraient là. Lorsque les voyageurs aperçurent Foul posté dans la porte cochère d'une auberge, ils donnèrent au postillon l'ordre d'arrêter immédiatement. Mme Misset et sa prétendue sœur descendirent de voiture au plus vite, et entrèrent dans la chambre qui était retenue pour elles au premier étage. Jeanne, sous le prétexte d'un très-fort mal de dents se jeta sur un lit, mit un voile épais sur son visage, et déclara qu'elle ne voulait ni boire ni manger. En attendant, les hommes se mirent à arpenter le pont, mais inutilement, en cherchant M. de Chateaudoux. Son domestique ne s'étant pas présenté à l'heure convenue ; la nouvelle de l'arrivée de la berline ne parvint aux deux prisonnières, qu'en retard de deux heures. M. de Chateaudoux ne vint lui-même que vers les onze heures de la nuit ; là il apprit aux conjurés que la princesse mère demandait de remettre l'enlèvement à quatre heures du matin, ce qui les contraria beaucoup. Il leur fut impossible d'y consentir aussi, M. de Chateaudoux fut obligé de prendre la chose sur lui et de décider au nom de la princesse qu'on tenterait l'évasion immédiatement. On fit donc venir Jeanne sur le pont, en laissant les prétendus comte et comtesse *de Cernesse* dans leur chambre. Foul continua de veiller à l'entrée pour empêcher qu'on ne fermât la porte, et Wogan avec M. de Chateaudoux, suivis de Jeanne et du domestique, se dirigèrent vers la prison.

Il était déjà près de minuit. Après une belle soirée de printemps, une forte neige s'était mise à tomber. A mi-chemin, dans une petite ruelle transversale, on s'arrêta. M. de Chateaudoux, n'ayant pas le courage d'aborder la princesse dans un pareil moment, lui écrivit quelques lignes au crayon, en disant qu'il fallait fuir à l'instant même. Le Français, tremblant d'émotion, envoya ce billet par son domestique. En attendant, Wogan eut un nouveau déboire avec Jeanne. Comme elle entendit prononcer le mot de *princesse*, elle fut saisie d'épouvante.

« Il est impossible, dit-elle à son compagnon, que des princesses se laissent enlever par M. Foul. Il y a donc un mystère là-dessous ! »

Wogan, pour cacher son embarras, lui mit une bourse dans la main, ce qui donna fort heureusement un autre cours à ses idées. Elle n'eut plus qu'une seule préoccupation, celle de savoir ce qu'elle ferait avec cet argent. Wogan répondait à toutes les questions qu'elle lui faisait avec la plus grande complaisance, pour détourner son attention de ce qui se passait autour d'elle. Dans l'intervalle, le domestique revint avec une réponse de la princesse. Elle faisait dire qu'elle était prête à partir.

M. de Chateaudoux s'empara du bras de Jeanne, et, après avoir pris congé de Wogan, le pria d'attendre la princesse à l'endroit même où il se trouvait. Tous les trois, Jeanne, M. de Chateaudoux et le domestique, disparurent bientôt après dans la direction de la prison, et Wogan resta seul dans la ruelle. La tourmente de neige continuait si bien qu'on aurait dit que le ciel semblait favoriser cette évasion. La sentinelle, qui d'ordinaire ne quittait jamais la porte de la prison, s'était abritée dans une encoignure où la neige ne pouvait l'atteindre. Toute mesure de précaution avait été négligée ce soir-là à cause du mauvais temps et de l'heure avancée. La grande porte même, qu'on fermait ordinairement, resta ouverte. Le domestique qui avait apporté le billet en avertit la princesse ; mais elle était si bien décidée à profiter de la circonstance que, lors même que cette porte eût été close, elle aurait essayé de franchir le mur de la cour au moyen d'une échelle. Voulant voir cependant par elle-même si la sortie principale était libre encore, elle courut vers l'escalier; mais ayant aperçu M. de Châteaudoux avec Jeanne, qui le gravissaient, elle se retira vivement. Il ne lui restait que quelques minutes pour faire ses adieux à sa mère. Une courte bénédiction remplaça les larmes et les paroles. La princesse revint vers Jeanne, qui l'attendait sur l'escalier. Une douleur poignante se peignait sur son visage. Cette douleur attendrit tellement le cœur de l'honnête fille que, lorsqu'elle eut échangé ses vêtements couverts de neige contre ceux de la princesse, elle l'embrassa cordialement et lui dit pour la consoler :

« Vous partirez avec des messieurs fort galants et une bonne dame qui ne vous laisseront pas faire de mal. Soyez donc tranquille et ne vous tourmentez pas. »

Après ces paroles échangées, Jeanne entra dans la prison à la place de la princesse, et la belle fugitive sortit par la porte cochère et se trouva dans la rue. A une heure de la nuit, malgré la tourmente qui ne cessait pas, Wogan vit apparaître le profil d'une femme marchant vers lui d'un pas accéléré; sous ce manteau gris, sous ce voile baissé, il ne put reconnaître à la première inspection celle qu'il attendait. Était-ce Jeanne qui revenait à lui après une vaine tentative d'évasion, ou était-ce en effet la princesse déguisée? Ce fut avec une joie inexprimable qu'il apprit la vérité; mais le moment était trop solennel pour entrer dans de longues explications.

On se hâta d'arriver à l'auberge en gardant le plus profond silence, mais on avançait avec peine; la neige qui ne cessait de tomber alourdissait les pas des fugitifs et pesait sur les vêtements de la princesse, sans compter que les cinq ou six poches du petit tablier que Jeanne avait échangé avec elle étaient pleines de différentes provisions qu'elle y avait entassées. Wogan faisait son possible pour soutenir la princesse dans cette pénible traversée ; mais soit qu'il eût la vue basse, soit à cause de l'émotion qu'il éprouvait, il prit pour des pavés des trous remplis de neige fondue ; il entraîna la pauvre fugitive dans des mares pleines d'eau, au lieu de les lui faire éviter.

On arriva cependant heureusement au port. Là, Wogan fut obligé de quitter la princesse pour un moment et de la devancer à l'auberge, pour s'assurer si l'entrée n'était pas fermée. « C'est ainsi, ajoute le mémoire dont nous extrayons ces détails, que nous voyons pour la première fois la princesse seule dans la rue, fatiguée par une marche pénible et exposée à toutes les intempéries d'un rude climat. »

Fort heureusement, l'absence de Wogan fut courte, et au bout de quelques minutes la princesse se trouva sous le toit hospitalier de l'hôtellerie dans une modeste chambre au premier.

On la débarrassa de son lourd vêtement tout imprégné d'eau, et ce ne fut qu'alors que tout le groupe des conjurés, transporté d'un élan d'enthousiasme, tomba à genoux aux pieds de la jeune et belle souveraine pour rendre grâce à Dieu de son heureuse délivrance.

Quelques instants après, vers deux heures après minuit, on entendit le cor d'un postillon, et la fameuse berline achetée à Strasbourg fut emportée au galop de quatre chevaux fougueux sur la route de Vérone. Dans cette berline se trouvaient Mme Misset et la princesse dans le fond, sur le devant MM. Gaydon et Wogan et le prétendu amant de la nièce enlevée aux persécutions d'un oncle cruel, le capitaine Foul, sur le siége, à côté du postillon. Tout d'un coup, à une certaine distance de la ville, on se rappela qu'on avait oublié un nécessaire de la princesse avec des bijoux, nécessaire envoyé par la princesse mère à sa fille déjà après l'évasion. Foul sauta sur un cheval et revint à l'auberge qu'on venait de quitter. Il trouva le nécessaire à la place où on l'avait laissé et le rapporta en triomphe! Cette heureuse circonstance fut envisagée comme de bon augure pour le reste du voyage.

A la première station on ajouta deux chevaux de plus et, vers le matin les fugitifs se trouvèrent au sommet du mont Brennet, qui est à six lieues d'Inspruck. Là ils rejoignirent MM. Misset et Mitchell, qui les y attendaient depuis quelques jours sous prétexte de santé. Au moment où l'on changea de chevaux, les forces qui jusque-là avaient soutenu la princesse l'abandonnèrent un instant. Elle s'évanouit dans les bras de Mme Misset. « La crainte de la voir mourir, dit l'auteur du mémoire, nous causa une vive terreur. » Après quelques gouttes qu'on lui administra elle revint à elle, et donna sur-le-champ l'ordre du départ.

Ce fut, pendant tout le voyage le seul moment de défaillance qu'eut la princesse, et encore qui oserait l'en accuser en songeant à cette nuit pleine d'émotion passée en plein air, au manque de sommeil, aux fatigues du voyage, sans compter que le matin même elle refusa toute nourriture pour faire honneur au vendredi, où elle faisait maigre d'habitude?

Sous tous les rapports, notre héroïne se montra digne du grand nom qu'elle portait. Rien ne l'effraya, ni l'isolement, ni la tourmente de la nuit, ni la crainte de tomber entre les mains de ses persécuteurs.

Rien ne troubla sa tranquillité, comme par exemple la perte momentanée de son nécessaire, et plus tard un accident sérieux arrivé à la voiture. La route qui suit les bords de l'Adige présentait à cette époque des passages très-dangereux. Mme Misset mourait de peur en côtoyant les précipices, et ne savait nullement s'en cacher. Ces terreurs faisaient sourire la princesse et avaient le don de l'égayer un peu.

Après son évanouissement, la princesse, silencieuse depuis son départ, échangea quelques paroles avec ses compagnons qu'elle ne connaissait même pas.

Ceux-là, enhardis par sa bienveillance, et étonnés de voir en elle une énergie au-dessus de son âge, ne purent s'empêcher d'en témoigner leur admiration.

« Ce que Votre Majesté vient de faire aujourd'hui pour le Roi notre maître, s'écria le major Gaydon, lui assure une gloire immortelle dans les annales de l'histoire. Devant sa grandeur d'âme tomberont en poussière tous les obstacles et contrariétés qui ont jusqu'à présent entravé le succès de la cause sacrée que nous défendons. Votre Majesté sera le salut et la consolation de notre souverain. »

Ces fidèles serviteurs des Stuarts prouvèrent par leurs actes la sincérité de leurs paroles, car ils mirent tout en œuvre pour amener intact à sa destination le trésor qu'on leur avait confié. L'exagération de l'étiquette et l'emphase qui caractérisaient l'époque dont nous parlons entraînaient quelquefois les gens de cour à un excès de soins qui semblerait risible aujourd'hui : la responsabilité leur faisait perdre la tête, et leur ôtait ce calme et cette présence d'esprit qui sont si nécessaires au milieu du danger. Le Français Chateaudoux ne put, comme on le sait, supporter dans un moment décisif la vue de la princesse fugitive, à cause de son émotion. Pour la même raison, l'Irlandais Wogan prenait des mares d'eau pour des pavés. En voyage, pendant la nuit, lorsque Mme Misset et la princesse dormaient, chaque cahot de la voiture remplissait d'épouvante les hommes qui croyaient que la sûreté et l'intégrité « des Trois Royaumes Unis » en dépendaient. Avoir un essieu cassé, et se voir responsable de la vie d'une Reine dont le sort intéresse toute la chrétienté, » s'écrie le major Gaydon dans son mémoire, « c'est plus qu'il n'est possible à un homme de supporter. » Aussi l'énergie de la princesse se détache avec éclat sur ce fond d'exagération. Elle avait le courage d'une nature vive, innocente, portée même à la gaieté, d'une âme naïve ne pouvant comprendre les inquiétudes d'un courtisan.

(Traduit du polonais.)

(*La suite au prochain numéro.*)

CAUSERIE

LES COCHERS DE BREST. — LA CUISINE BRETONNE. — LES PRIX DE PROVINCE ET CEUX DE PARIS. — LE GREAT-EASTERN. — UN MARI QUI NE VEUT PAS CONVENIR DE LA TRISTE VÉRITÉ QUE SA FEMME EST MORTE ET ENTERRÉE DEPUIS HUIT MOIS.

Les cochers parisiens tiennent depuis quelque temps la corde... de la publicité; chacun se complaît dans le récit des hauts faits de ces autocrates du siége. Eh bien, je certifie que ceux de Brest les distancent d'une longueur de tête... Voyez plutôt. L'autre jour, j'étais dans cette ville, j'envoie chercher une voiture; au bout de demi-heure, le garçon d'hôtel revient et me dit :

« J'ai trouvé un cocher qui *veut bien* conduire madame, mais à condition qu'elle payera cinq francs l'heure.

— Comment, cinq francs! me récriai-je; mais n'avez-vous pas un tarif?

— Si, madame, il y en a un.

— Et il est de cinq francs l'heure?

— Non, de deux francs.

— Eh bien alors, je donnerai deux francs, mais nullement cinq francs.

— Oh! madame est parfaitement libre, seulement le cocher aussi est libre de ne pas marcher.

— Trouvez-m'en un autre, lui dis-je.

— Avec les autres ça sera la même chose, me répondit-il avec calme, car il y a aujourd'hui un *pardon* près d'ici, la plupart des voitures y sont allées; les cochers des autres profitent de leur petit nombre pour faire payer ce qu'ils veulent; c'est à prendre ou à laisser. Du reste, quand il y a une fête, une noce, une arrivée, ou que le beau temps donne envie au monde d'aller à la campagne, les cochers augmentent leur prix : le tarif est pour les jours ordinaires. »

Comme je tenais à voir les ports et la ville de Brest, il m'a fallu me résigner à payer cinq francs l'heure!...

*
* *

La cuisine bretonne, ouf!... On voit bien qu'aucun journal de la localité ne possède un baron Brisse!... De plus, on m'a servi un déjeuner, avec accompagnement de vert-de-gris, dont je me souviendrai longtemps... Il y a une société protectrice pour les bêtes : je voudrais bien que, considérant l'homme comme la première bête de la création, il s'en formât aussi une pour le protéger un peu, et que cette société commençât par visiter tous les huit jours les casseroles, voire les fourchettes et les couteaux des restaurants; qu'elle interdît le cuivre, prescrivît comme casserole la terre ou le fer battu, comme plat l'argent massif ou la porcelaine, voire même la terre de pipe, comme cuillers et fourchettes l'argent ou le bois de buis. Oui, ce serait là une mesure de haute prudence, car payer huit ou dix francs un déjeuner au vert-de-gris, qui vous met à l'agonie dix heures et vous fait faire des frais de médecin, cela manque complétement de charme.

Les provinciaux prétendent qu'ils sont exploités à Paris, que c'est une ville où la moindre chose coûte un argent fou : eh bien, je constate qu'à Brest une voiture coûte cinq francs l'heure, un déjeuner quatre francs, un dîner six francs, tandis qu'à Paris une voiture vous coûte deux francs l'heure, qu'on déjeune fort bien avec deux francs quatre-vingts centimes, qu'on dîne parfaitement avec quatre francs dans de bons restaurants de Paris, chez Vuillemot par exemple, place de la Madeleine, et qu'en plus, Vuillemot ne sert pas de vert-de-gris, mais des sauces excellentes dont Alexandre Dumas lui a donné les recettes. Notre grand romancier, fort gourmet comme chacun sait, a même offert un couteau d'honneur à Vuillemot, pour lui prouver le cas qu'il fait de sa cuisine. Vive Paris, sous tous les rapports, même sous le rapport de l'économie !

* * *

La consternation a été grande à Brest à l'arrivée du *Great-Eastern*. On avait compté sur trois mille passagers, et il en a débarqué cent quatre-vingt-onze. Les pertes éprouvées sont très-fortes : songez que ce bateau avait été pourvu de vivres et de literie pour trois mille personnes. Ses cinq cheminées brûlent 3,000 fr. de charbon par jour.

La seule ville de Brest avait souscrit pour 250,000 fr. d'actions sur ce colosse de la mer; chacun attendait avec impatience son arrivée, comptant sur un fort gain. Que de péripéties, que de pots au lait cassés il y a eu ! Ce chiffre, cent quatre-vingt-onze passagers, volait de bouche en bouche et produisait l'effet d'un glas funèbre.

Le *Great-Eastern* s'est tenu au large : voulant se rattraper un peu, il a fait payer 1 franc à ceux qui se sont aventurés à aller le visiter; ensuite il s'est éloigné en disant au revoir, mais ce revoir n'a trompé personne.

*
* *

Un mari qui refuse de se rendre à la triste évidence que sa femme n'est plus de ce monde, cela va paraître invraisemblable à bien des gens, pourtant je connais un mari qui soutient que sa femme n'est pas morte, alors qu'elle est enterrée depuis huit mois. Il est vrai qu'il a pour cela des raisons toutes particulières.

Laissez-moi vous conter cette petite histoire, qui pour être vraie n'en est pas moins intéressante. C'est un roman, car tout y est, héroïne sympatique, Anglais chevaleresque, mari comme on en voit, dénoûment dramatique, et procès pendant.

Il y a dix-huit mois, j'entendais la messe dans une église de Cologne. Devant moi était agenouillée dévotement une dame. A sa tournure, je la devinais jeune et jolie; à sa mise simple et élégante, je la soupçonnais Parisienne. Je ne pouvais voir sa figure, car son front était courbé pieusement vers la terre. La messe terminée, elle se leva. Alors deux exclamations se croisèrent, « Juliette!... — Olympe!... » C'était une amie de pension à moi. Elle me prit vivement le bras, m'entraîna hors de l'église, et sa première phrase fut celle-ci :

« Je t'en conjure, ne m'appelle pas de mon nom de Bertonne : pour tout le monde, je suis ici Mme de Mirvill. »

Ceci m'étonna quelque peu.

« Viens déjeuner chez moi, me dit Juliette, je te conterai *tout*. »

J'y allai, car j'avais du plaisir à la voir, et ce *tout* m'intriguait.

Voici le récit qu'elle me fit :

« Tu le sais, un an après ton mariage, je me suis mariée, moi aussi, avec M. de Bertonne. Nous nous sommes fixés à

Bordeaux; l'été nous allions habiter une villa située au bord de la mer.

« Je n'étais pas heureuse, car mon mari était violent, emporté, ombrageux, se créant des rivaux imaginaires, et me faisant pour eux des scènes très-réelles, hélas ! Un jour, il y a de cela quatre ans, des circonstances firent que je me trouvai compromise avec un Anglais, mon voisin de campagne ; mon mari pouvait me croire coupable, et pourtant je te jure que je ne l'étais pas. Lord Mirvill était pour moi un confident, un ami, rien de plus. Une scène orageuse eut lieu entre mon mari et moi. Regarde, j'en porte les traces encore. »

Et Juliette me montra une cicatrice à sa tempe gauche.

« Je fus prise de peur, je me sauvai du domicile conjugal, sans réfléchir à rien : la peur m'avait tourné la tête. J'allai en Angleterre. Lord Mirvill, ayant appris ma fuite, vint me rejoindre, n'écoutant d'autres conseils que ceux de son amitié alarmée. Mon mari me poursuivit, sans me découvrir pourtant, cria par-dessus les toits que j'étais coupable, que je m'étais fait enlever par un Anglais. Bref, aux yeux du monde ma réputation était dûment perdue !

« Je m'adressai à ma famille, elle me repoussa, ne croyant pas à mon innocence. J'écrivis à mon mari que je vivrais loin de lui, mais que je le priais de me servir comme pension les intérêts ou une partie des intérêts de ma dot. Il me fit répondre qu'il n'en ferait rien, qu'il avait la loi pour lui ; qu'une femme qui se sauve ainsi du domicile conjugal n'a droit à aucune pension. Et en effet, depuis lors, il mange tranquillement les intérêts de ma dot, il parle de moi comme de la dernière femme du monde; mais, mettant le proverbe en action, mon argent lui paraît propre et bon.

« Mon embarras était grand. C'est alors que lord Mirvill me prouva, avec une délicatesse infinie, qu'il devait réparer le mal qu'involontairement il avait commis. Il déposa une somme égale à ma dot à la Banque d'Angleterre; les intérêts devaient m'en être servis ma vie durant; ensuite il m'a fait faire un passeport sous son nom, il est venu m'établir ici, et il m'a quittée en me disant :

« Il faut que nous ne vivions plus dans le même pays, « sans quoi on croirait que vous êtes ma maîtresse. Restez « ici, voyagez quand le cœur vous en dira. Je ne puis mieux « vous prouver mon estime qu'en vous confiant le nom de « ma famille. »

« Il vient me voir quelquefois, il m'écrit souvent, jamais il n'a essayé d'être pour moi autre chose qu'un ami. Vois plutôt ses lettres. »

Et Juliette prit au hasard des lettres dans un tiroir et me les montra. Elles me donnèrent la meilleure opinion de cet Anglais et de la noblesse et de l'élévation de ses sentiments.

« Es-tu heureuse? lui demandai-je.

— Autant qu'on peut l'être quand un mariage vous lie à un homme qui vous est antipathique. Les violences de mon mari m'épouvantaient, j'éprouve à présent le sentiment qu'on ressent quant on est parvenu à fuir un danger. »

Pendant mon séjour à Cologne, je vis souvent Juliette. Personne dans cette ville ne soupçonnait son vrai nom ni son histoire; tout le monde la croyait la femme de lord Mirvill, forcé de voyager beaucoup et laissant sa femme à Cologne pendant ses pérégrinations.

Je lui gardai moi-même le secret le plus absolu. L'an passé elle est venue à Paris, toujours sous le nom de Mirvill. A son retour à Cologne, une attaque de choléra foudroyant l'a emportée en quelques heures. On l'a enterrée sous le nom de Mirvill, son acte mortuaire porte ce seul nom. Pendant cette dernière année elle avait fait son testament : elle léguait l'usufruit de sa fortune à lord Mirvill; après la mort de celui-ci, l'argent devait revenir aux enfants des sœurs de Juliette.

Ce testament a été ouvert, car sa famille a été prévenue de sa mort par un mot qu'elle lui a écrit de son lit d'agonie. L'Anglais, en apprenant cette disposition testamentaire, s'est empressé de renoncer à cet usufruit en faveur des enfants légataires. Mais, on s'en souvient, la fortune est restée entre les mains du mari, et maintenant, aux sommations qu'on lui fait d'avoir à la restituer il répond : « Je m'empresserais de rendre cet argent si ma femme était morte, mais elle est, grâce en Dieu, encore de ce monde. » Alors les parents lui donnent preuves sur preuves pour lui démontrer que Mme de Mirvill, décédée à Cologne, était bel et bien sa femme. Il répond : « C'est possible, mais tant que vous ne me montrerez pas l'extrait mortuaire de Juliette de Bertonne, je garderai son argent. »

De là procès. La famille de la défunte dit : « Votre femme est morte, bien morte... » Le mari répond : « Ma femme n'est pas morte. Elle vit, et je garde son argent. »

Moi, je désire faire une simple observation à ce mari, faire observer à ce nouveau saint Thomas que rien n'excuse son si vif désir de garder l'argent de sa femme, car certes ceux à qui il en a parlé ne pourront pas croire que c'est par amour d'elle qu'il garde ce souvenir de vingt mille francs de rente !

OLYMPE AUDOUARD.

INDISCRÉTIONS CHINOISES

On a aboli depuis nombre d'années en France la loterie et les jeux publics, deux sources intarissables de revenus pour l'État, car elles étaient basées sur l'exploitation d'une passion qui ne connaît guère que des faits accomplis : l'appât du gain. Mais aujourd'hui, si la loterie a cessé d'exister, nous avons l'agence des poules qui la remplace agréablement ; et quant aux jeux publics, nous avons mieux que cela un peu partout. Et puis, grâce aux chemins de fer, nous pouvons varier nos émotions : le baccarat à Paris, la roulette et le trente-et-quarante à Bade, à Wiesbaden, à Hombourg, à Ems, à Nauheim. Qu'on dise après cela que nous ne sommes pas civilisés ! Et les paris sur les chevaux, grand Dieu ! j'allais les oublier. Et le *betting room*, et le *betting book !* n'est-ce pas un jeu tout comme un autre ? Mais on joue partout aujourd'hui : on joue à la Bourse sur les fonds publics, on joue au *betting room* et sur le *turf* sur les chevaux, on joue dans les cercles sur des tapis verts, on joue dans bien d'autres lieux. Si nous avions encore à côté de cela la loterie et les jeux publics, tout le monde jouerait, jeunes, vieux, imberbes, chauves, hommes, femmes, enfants, vieillards; chacun voudrait tenter la fortune et saisir l'occasion par les cheveux, et je crois que le monde finirait sur un saut de coupe. Croyez-vous que l'existence à grandes guides dans laquelle tout le monde se trouve quelque peu lancé aujourd'hui ne soit pas une conséquence de cette fièvre de gain? Croyez-vous que le renchérissement croissant de tout ce qui se consomme et se consume n'ait pas son origine dans le baccarat? Croyez-vous enfin que l'on aurait inventé le baron Brisse pour nous dresser des menus, si l'on ne jouait pas avant et après le dîner?

Établissons un principe pendant que nous y sommes. L'homme qui est à même de gagner ou de perdre facilement et prestement de grosses sommes d'argent ne regarde à aucune dépense : celui qui les gagne, pour la simple raison qu'il les gagne; celui qui les perd, parce qu'il espère en gagner quand même.

Je défie ici le casuiste le plus endurci de me prouver le contraire.

Cela posé, il est tout simple que cette classe de gens qui manient de très-grosses chances et de très-grosses sommes, qui éprouvent journellement des hauts et des bas à côté desquels les fluctuations de la marée ne sont que d'insipides plaisanteries, il est tout simple, dis-je, que ces gens-là ne regardent ni à l'addition que leur présente le garçon, ni à la note de leur tailleur et de leur bottier, ni à d'autres dépenses qu'il est de bon goût de ne pas énumérer ici. Toujours est-il que s'ils n'y regardent pas, le restaurateur, le tailleur, le bottier et les autres ne sont pas aveugles, eux, quand ils prennent la plume pour dresser leurs guets-apens et préparer leurs embuscades. Or, voyez ici l'injustice du sort! si vous appartenez à la catégorie des gens paisibles, peu importe, vous êtes plumé quand même, sans avoir, comme les autres, cette heureuse faculté, fruit des émotions du jeu, qui laisse l'homme indifférent aux attaques continuelles dirigées contre son porte-monnaie.

Les gens forts et fortement trempés résistent à la tentation de se lancer eux aussi dans le grand courant ; mais combien en est-il qui se disent : « Bah ! faisons comme les autres, tentons la fortune, courons au-devant des émotions poignantes ! Il est un fait avéré aujourd'hui, c'est que pour continuer à vivre de la sorte il nous faut des ressources extraordinaires. Or, un capital, quel qu'il soit, qui ne donne que 8 à 9 pour 100 de revenus par an est un capital enterré ; 8 ou 9 pour 100 par heure, ou la mort ! »

Et combien en est-il aussi qui meurent et qui sautent en l'air !

Les conséquences probables de ces tendances de la société actuelle sont incalculables et peu rassurantes pour les gens qui voudraient suivre les conseils du baron Brisse et ne se nourrir que de rossignols ; ces tendances mènent tout droit à une révolution sociale qui rétablira l'équilibre au profit de tout le monde, et qui apprendra un jour aux générations futures étonnées qu'il y a eu en France et un peu partout des gens assez naïfs pour payer ingénument vingt francs ce qui valait vingt sous, — et cela pendant assez longtemps.

Chacun a certainement le droit d'employer son argent comme bon lui semble ; mais que doit-on penser de certains personnages qui trempent dans tous ces tripotages, qui mettent la main dans la pâte et ne la retirent vide que fort rarement et seulement quand ils n'ont pas pu emporter un assez gros morceau ?

C'est vraiment le cas de s'écrier avec Calchas : « Les dieux s'en vont ! les dieux s'en vont ! »

Et pourtant il en existe de ces personnages-là, de ces dépositaires de la morale publique, comme dirait Joseph Prudhomme ; il en existe... en Chine surtout.

J'ai connu un mandarin très-haut placé, très-lettré et fort bien en cour à Pékin, qui avait une passion insensée pour le baccarat. Celui-là n'était que facétieux, aussi puis-je vous raconter une petite histoire qui le concerne.

Le jeu du baccarat, à ce que prétendent les Chinois, a été inventé par Confucius.

Dans l'origine, on ne *filait* pas les deux premières cartes, ou plutôt on ne les donnait pas couvertes. Confucius, qui avait la manie de jouer ce jeu-là fort prestement, avait établi l'usage de les donner découvertes, de sorte que l'émotion empoignait d'emblée le ou les ponteurs et que le banquier — je note en passant que le baccarat tournant ne fut inventé que plus tard — n'était point obligé de dire toujours sur le même ton : *J'en donne, donne,* ou tout simplement : *Oui,* quand il avait sept, six, cinq, quatre, trois, deux, un ou *bac.* Il ne disait rien du tout, et on ne donnait couverte que la troisième carte. Enfin ce n'était jamais dans les attributions du ponteur ou du banquier de la retourner : là était tout le charme du jeu. Un commissaire impérial délégué assistait à chaque partie et retournait cette carte avec une petite baguette d'ivoire — les plus experts la prenaient au vol, au moment où le banquier la jetait, et la faisaient tourner pendant quelques secondes autour de cette même baguette et au-dessus des mains des spectateurs, avec cette habileté qu'ont toujours démontrée les Chinois dans tous les jeux d'adresse. Ce petit manége impatientait bien quelquefois les joueurs, mais on cachait sa mauvaise humeur jusqu'au moment où le commissaire impérial annonçait tout haut les points et distribuait lui-même l'argent.

Ce commissaire, comme on le voit, était tout bonnement un croupier, et ce fait seul prouve une fois de plus que les Chinois ne nous ont pas devancés seulement dans l'invention de la poudre à canon et des caractères d'imprimerie.

Le mandarin dont j'ai parlé plus haut était gouverneur d'une province, et comme il tenait à se conquérir l'estime de ses administrés, il ne manquait jamais de jeter feu et flamme en public contre les cartes et les joueurs. Il poussait même le zèle jusqu'à interdire la vente des cartes dans sa province, et se bornait à jouer à l'oie avec ses invités quand il donnait une fête et que les plus intimes d'entre eux lui reprochaient sa rigidité de mœurs et sa sévérité à l'endroit du baccarat. On découpait alors innocemment une petite oie, on agitait bruyamment les dés dans un cornet que l'on se passait de main en main, et cet insipide divertissement se prolongeait jusqu'au lever du soleil, heure à laquelle, chez les Chinois, les pertes de jeu se trouvent annulées par le fait même que les joueurs se sont laissé surprendre par l'astre du jour.

Cet usage, qui date aussi de Confucius — on n'est pas un sage pour rien, — servait merveilleusement la haute réputation de vertu farouche du gouverneur de la province.

Seulement, voilà ce qui se passait régulièrement tous les mois : le mandarin faisait des disparitions subites, et l'on apprenait un beau matin qu'il était parti la veille pour Pékin, probablement dans le but de faire sa cour au souverain du Céleste Empire.

Les mauvaises langues de l'endroit prétendaient bien que le gouverneur ne se rendait dans la capitale que pour pouvoir se livrer à son aise à sa passion insensée pour le baccarat; et comme ce jeu était fort répandu à Pékin, ces malveillantes insinuations auraient aisément trouvé un écho dans toute autre ville, mais les habitants de celle dont il est question ici se bornaient à hausser les épaules, et cette calomnie-là ne portait pas bonheur à ceux qui cherchaient à la répandre. Les malheureux se virent en peu de temps mis à l'index, on leur tourna le dos, on ne leur rendit plus leur salut et on leur renvoya leurs cartes de visite.

Que faire en pareil cas ? Rien de plus simple : s'associer, opposer le dédain aux dédains, visser son couvre-chef sur son crâne, faire un auto-da-fé de toutes ses cartes de visite et fonder un cercle tous ensemble et comme un seul homme.

C'est ce que firent nos Chinois, avec l'autorisation préalable du gouverneur, qui fut nommé président honoraire du cercle.

Mais on ne fonde pas un cercle pour le plaisir de fonder quelque chose, ce serait par trop naïf.

Un beau jour, six membres se rencontrèrent dans le même salon, six jeux de cartes furent tirés respectivement de six poches, et on mit une banque à l'enchère. La banque venait d'être adjugée au plus offrant, et l'on s'était déjà installé devant un tapis vert, lorsque les six joueurs se frappèrent simultanément le front.

« Nous n'avons pas de commissaire ! s'écria-t-on en chœur.

— C'est vrai.

— Que faire ?

— En faire chercher un.

— Cette charge a été abolie dans la province par le gouverneur.

— C'est encore vrai.

— J'ai une idée, s'écria le plus entreprenant de la bande.

— Voyons cette idée ?

— Nous pouvons nous en passer.

— Ah bah !!!

— C'est pourtant comme je vous le dis, nous pouvons nous en passer.

— Comment cela ?

— Rien de plus simple. J'ai la main, c'est-à-dire mon voisin de gauche a les cartes ; il dit d'avance ce qu'il met en banque, j'ai le droit de tenir le coup ; si je ne le tiens pas, mon voisin de droite hérite de mon droit, et ainsi de suite.

— Tout cela est fort joli, hasarda un sceptique, mais si personne ne tient?

— Alors nous nous en allons.

— Cela valait bien la peine de venir!

— Au fait, un moment! Si personne ne tient le coup, commençons par verser chacun dix roupies dans ce plat de porcelaine, et faisons jouer le plat comme si c'était un septième joueur.

— Tiens, c'est une idée! Mais si le plat gagne?

— Si le plat gagne, nous gagnons tous un sixième de la somme gagnée, et si le plat perd, nous perdons tous un sixième de la somme perdue.

— C'est plein de finesse, votre invention; mais le commissaire?

— Attendez donc. Voici ce que je propose : le banquier ne donnera plus qu'une carte, à quoi serviraient désormais les deux côtés? Cela ne ferait que compliquer le jeu. Les deux premières cartes seront couvertes, personne ne les verra, la troisième seule sera montrée, et cette fois-ci nous nous moquerons du commissaire, et chacun sera banquier à tour de rôle et chacun prendra son argent. Que dites-vous de mon invention?

— C'est tout bonnement renversant! hurla le chœur. Commençons de suite. »

On commença, on hésita un peu, tant est grande la force de l'habitude; on fut obligé d'interrompre de temps à autre le jeu pour éclaircir des points en litige et pour établir des règles; mais au bout de douze heures consécutives d'exercice, la partie finit par devenir intéressante. La *cagnotte* s'emplissait à vue d'œil, la face des gagnants s'épanouissait, les perdants faisaient bonne contenance et tâchaient de sourire; enfin, malgré de très-grosses différences, la séance fut levée avant l'aurore, et chacun s'en retourna chez soi se promettant de recommencer le lendemain.

Le baccarat *chemin de fer* venait d'être inventé.

Pendant que ces événements importants se passaient dans le cercle, le gouverneur s'était derechef absenté, et j'ajouterai même que les membres avaient un peu profité de son absence pour introduire des jeux de cartes dans la province et pour inaugurer le nouveau jeu. Le mandarin, de son côté, ne perdait pas son temps dans la capitale. A peine débarqué, et sans même avoir changé de costume et réparé le désordre de sa toilette, il s'était rendu en toute hâte dans une maison, fort bien hantée du reste, où l'on jouait un jeu d'enfer, et avait commencé par y passer une partie de la nuit à jouer au baccarat. Le lendemain, après avoir présenté ses hommages au souverain et assisté au Conseil de l'empire, dont il était membre, il était retourné derechef dans cette maison et avait gagné comme la veille; le surlendemain il avait perdu, et ainsi de suite alternativement pendant dix jours. Malheureusement dix jours passent vite, et force fut au gouverneur de reprendre au bout de ce temps le chemin de sa résidence.

Il y arriva après vingt-quatre heures de voyage.

La première visite qu'il reçut fut celle du chef de sa police secrète.

« Excellence, lui dit ce digne employé, je suis sur la trace d'un crime abominable.

— Un crime! Quel crime? le nom des coupables?

— Il sont si nombreux!

— Combien sont-il? Mais non, de quoi s'agit-il d'abord?

— Je n'ose vous le dire, Excellence.

— Ose, ose! S'agit-il d'un assassinat?

— C'est bien plus affreux, on a...

— Achève, malheureux!

— On a joué au baccarat dans le cercle autorisé par Votre

Excellence; un jeu abominable, car on l'a joué sans commissaire et sans retourner les deux premières cartes.

— Allons donc! pas possible. Comment ont-ils fait?

— Oh! pour cela, Excellence, je n'en sais rien; je constate seulement ce point.

— Qu'on aille me chercher les membres de la direction du cercle.

— Ils sont tous là arrêtés.

— Fais-les entrer. »

On introduisit les malheureux accusés plus pâles que s'ils avaient passé trois nuits consécutives autour d'une cagnotte; le gouverneur les reçut avec affabilité et les fit asseoir.

« Messieurs, leur dit-il, ce que vous venez de faire est fort grave; mais il est un point que je dois éclaircir avant tout. Qu'on m'apporte une table de jeu et des cartes! »

L'ordre fut exécuté.

« Maintenant, messieurs, asseyons-nous autour de cette table et que l'un d'entre vous m'initie aux mystères de ce nouveau jeu et m'explique comment on peut se passer de commissaire impérial au baccarat. »

On donna les explications demandées au gouverneur.

« Mais c'est fort joli cela, messieurs, c'est un jeu ravissant, quoique horriblement dangereux; on peut y faire des différences énormes en fort peu de temps. Il faut que je me montre à cet égard moins tolérant que jamais; mais c'est égal, c'est un joli jeu. Voulez-vous que nous fassions quelques tours sérieusement?

— Mais comment donc, Excellence! c'est pour nous un véritable honneur. »

On constitua séance tenante la cagnotte à vingt-cinq roupies par tête, et le jeu commença. Le gouverneur eut une de ces veines inouïes, incroyables, insensées, et gagna plus de 4,000 roupies en deux heures; après quoi il se leva et congédia la direction du cercle, fort désappointée et qui plus est décavée.

Le lendemain, une ordonnance affichée sur tous les murs de la ville fermait le cercle pour trois mois et mettait tous ses membres sous la surveillance de la police.

Le surlendemain, le mandarin partait pour Pékin.

Huit jours après, tout Pékin jouait au baccarat tournant.

Le digne fonctionnaire s'était empressé d'apprendre le nouveau jeu à tous les joueurs de la capitale.

Comte Escamerios.

CORRESPONDANCE D'ESPAGNE

La *Correspondencia de Espana* dit que parmi les prélats espagnols qui vont à Rome, on compte l'évêque des Canaries, l'archevêque de Tarragone, l'évêque de Barcelone et quelques autres illustrations du haut clergé espagnol. Il paraîtrait que le gouvernement de Sa Majesté a l'intention de mettre un vapeur de la marine royale à la disposition des archevêques et évêques espagnols qui iront assister à la fête centenaire de Saint-Pierre.

— L'association des dames qui dirigent à Madrid les écoles dominicaines a envoyé au saint-père un don de 21,000 réaux, destiné à subvenir aux besoins les plus urgents de l'Église. Le chiffre 21 fait allusion au nombre d'années écoulées depuis l'exaltation de Pie IX. (*Epoca* du 8 mai.)

— A lire dans *la Epoca* du 8 mai un compte rendu détaillé et intéressant de la fête lyrico-dramatique donnée le 7 courant par S. Exc. Mme la comtesse del Montijo. L'auditoire était des plus brillants. On y remarquait l'infante Dona Isabel avec sa fille, les duchesses de Higar, Sotomayor, Fernandina, de la Roca, Médina-Céli, etc. Parmi les hommes se trouvaient les ducs de Valencia y Tamames, le marquis de la Havane, le marquis de Caceres, l'ambassadeur de France, les ministres de Russie, des Pays-Bas et des États-Unis, ainsi que le chargé d'affaires de Portugal.

Les filles du duc d'Albe étaient aussi présentes à cette soirée, où se sont fait entendre Tamberlick et quelques autres artistes de mérite.

Mme la comtesse Nava de Tajo a fait les honneurs de la soirée avec une grâce et une amabilité parfaites.

— Le célèbre père *Passaglia* vient de rentrer dans le giron de l'Église. L'ancien jésuite a déclaré qu'il abjurait ses erreurs et qu'il était disposé à faire pénitence dans un monastère de l'ordre des Chartreux pour le reste de ses jours.

— *Un mot de statistique.* Le nombre des artistes chanteurs et danseurs italiens engagés en Italie et à l'étranger est de 392 *prime donne*, 227 ténors, 179 barytons, 144 basses profondes, 78 bouffes, 81 danseuses et 91 mimes chorégraphes.

Le nombre total de tous les artistes du théâtre italien est de : sopranos, mezzo-sopranos et contraltos, 800 ; ténors, 380 ; barytons, 290 ; basses, 220 ; bouffes, 90 ; danseuses, 180 ; danseurs, 80 ; mimes chorégraphes, 190.

En ajoutant aux 380 ténors italiens les ténors français, allemands, et même les ténors anglais — s'il s'en trouve, — cela fait encore un régiment de ténors assez raisonnable. Cependant, les impresari chantent sur tous les tons que le ténor devient plus rare que le merle blanc, qu'ils n'en ont jamais sur la planche et qu'il faut le payer plus que son pesant d'or, etc., etc.

P. DE SOUZA.

REVUE DES JOURNAUX

La Revue Cosmopolite, *désireuse de justifier son titre et de tenir par conséquent ses lecteurs au courant de tout ce qui paraît de curieux dans la presse étrangère, a organisé un service de correspondances et de traductions qui lui permettra, toutes les semaines, de donner un extrait des meilleurs journaux de chaque pays.*

E. D.

On lit dans le *Day* de Londres une singulière anecdote sur le poëme du *Paradis perdu* de Milton.

Voici deux cents ans (27 avril) écoulés depuis qu'un certain éditeur acheta un poëme immortel au plus bas prix peut-être qu'ait jamais été vendu un volume. Ce jour-là, en 1667, M. Samuel Simons paya à M. John Milton la somme de cinq livres sterling (125 francs) pour le *Paradis perdu*, avec promesse de lui donner la même somme le jour où il en aurait écoulé treize cents exemplaires. L'auteur a touché en tout pour son œuvre une valeur de vingt-sept livres sterling (675 francs).

*
* *

Une nouvelle qui ne doit pas faire plaisir à l'évêque de Londres, l'un des plus riches évêques de la chrétienté.

Il est question, dit le *South London Press*, de créer un second évêché de Londres, qui comprendrait dans son diocèse toute la partie de la métropole située au sud de la Tamise. Il est absurde, en effet, de voir la direction religieuse de la capitale partagée entre les évêchés de Winchester, de Rochester et de Londres, et cependant un seul évêque ne peut pas diriger seul les consciences de trois millions d'habitants.

*
* *

Les excentricités de nos braves voisins d'outre-Manche sont devenues proverbiales. Elles ont le don de nous faire rire, mais il paraît que nos alliés prennent souvent la chose moins plaisamment que nous. Ils devraient cependant y être un peu plus habitués.

L'*Era* s'élève ainsi contre un fait qui se produit en ce moment en Angleterre.

Nous apprenons qu'un jeune garçon de onze ans, natif du Pays de Galles, parcourt tous les comtés de l'Ouest en faisant des prêches. Il étonne, nous dit notre correspondant, ses auditeurs par la clarté et l'éloquence avec laquelle il explique et développe les grandes vérités du christianisme. Son nom est Enoch Probert, et ses amis se servent de tous les moyens mis à la disposition des *puffistes* modernes pour exalter ce jeune prodige. Il est déjà question de l'*exhiber* dans Hanover-Square Rooms, à Londres, et certes il se trouvera quelque entrepreneur assez audacieux pour en faire matière à spéculation. Nous protestons de toutes nos forces contre ces sortes d'exhibitions. Un enfant de onze ans peut à peine connaître la valeur des mots qu'il emploie, et c'est un péché contre nature de lui permettre de parler en public des choses sacrées.

L'*Era* a bien tort de se fâcher. Il devrait envoyer le moutard à l'école chansonnée par Béranger.

*
* *

Le *Cornhill Magazine*, revue ordinairement sérieuse, s'est amusée cette semaine à faire une excursion dans le domaine de la fantaisie. Ne nous en plaignons pas. Son article, intitulé *les Saints du Théâtre*, est plein de jolies anecdotes.

Nous en extrayons la suivante à l'usage de Thérésa et des sapeurs de la garde :

Il existe dans le Tyrol un petit village du nom de Castelruth. Une jolie chapelle, située sur le flanc d'une colline verdoyante, y attire tous les ans, pendant la saison d'été, une foule de visiteurs, car cette chapelle possède les reliques et la statue d'une des plus illustres canonisées de la scène.

Mlle Kummernitz jouait, il y a bien longtemps de cela, les emplois de première ballerine aux théâtres d'Inspruck et des villes avoisinantes. Elle était délicieusement adorable Mlle Kummernitz, plus adorable que son nom, je vous assure, car il n'était ni prince ni haut baron qui la vît sans immédiatement déposer à ses pieds ses titres, ses principautés et ses baronnies; tout ménestrel lui dédiait ses lais d'amour, tout chevalier errant aurait voulu rompre des lances pour elle avec les plus braves de la blonde Germanie ; et il n'était pas un marchand, pas un juif qui n'eût donné ses trésors pour un des regards de la belle danseuse.

Mais Kummernitz était sage et pieuse. A toutes les tentations que lui envoyait l'esprit malin, elle se signait et se réfugiait dans son oratoire ou dans une église pour demander à la Vierge Marie de la protéger contre les séductions de Satan.

Il paraît cependant qu'un jour la pomme qui lui fut présentée eut de si brillantes couleurs, un parfum si séduisant, que la jeune ballerine fut sur le point d'imiter madame Ève et de la croquer.

Effrayée, elle se réfugia auprès de son confesseur. C'était un gros moine bien gourmand et bien libertin, tel que l'Arétin et Boccace nous ont dépeint les moines du moyen âge.

Messer Pancrace avait déjà depuis longtemps jeté des yeux de convoitise sur la jolie danseuse. A cette époque, l'habit de moine n'empêchait pas d'aller au théâtre et de rêver à ses pompes et à ses œuvres... Au contraire!

« Qu'avez-vous, mignonne? demanda-t-il à sa pénitente en la voyant se précipiter vers lui comme une jeune biche effarouchée.

— Mon père, je suis perdue... j'aime... je suis aimée... Un miracle seul peut me sauver. »

Le moine prit le menton de la jeune fille.

« Un miracle, ma toute belle, c'est bien difficile, mais rien n'est impossible à Dieu, car il est dit dans saint Matthieu... »

Je ne sais quels exemples maître Pancrace eût tirés des livres saints pour prouver à sa pénitente qu'un miracle pouvait se faire en sa faveur, lorsque la danseuse s'échappa de ses bras.

« Je le tiens! s'écria-t-elle en faisant un joyeux jeté battu.

— Quoi? dit le moine.

— Mon miracle.

— Votre miracle !

— Oui. La Sainte Vierge m'a promis dans une apparition que le jour où un homme me prendrait le menton je ne serais plus soumise aux tentations qui m'ont poursuivie jusqu'à présent. Vous venez de me le prendre, le miracle va se produire. »

En effet, à mesure qu'elle parlait, une longue barbe s'épaississait autour de ce menton si doux et si poli, et une formidable moustache venait ombrager ces lèvres si pures qu'eût enviées le ciseau de Phidias.

La chronique ne dit pas si Kummernitz fut heureuse de ce changement qui naturellement éloignait d'elle les hommages du sexe fort. Toujours est-il qu'elle comprit qu'il lui était impossible désormais de jouer les rôles de reines de ballets, et qu'elle se retira dans un couvent, au grand scandale des nonnes ses sœurs, qui la nommaient la *Femme à barbe*.

La chapelle de Castelruth conserve les os et possède la statue de Kummernitz. Et les habitants du village sont tellement persuadés du miracle, qu'ils affirment qu'une assez longue contemplation devant la statue de la sainte permet de voir pousser l'appendice de la bienheureuse *sapeur*.

Entre nous, je vous dirai toute ma pensée : les lauriers de *la Femme à barbe* devaient empêcher le rédacteur du *Cornhill Magazine* de dormir sur ses deux oreilles.

* *

M. John Stuart Mill est l'un des écrivains les plus distingués et le philosophe le plus profond de l'Angleterre. Il vient de faire paraître des *Critiques sur la Psychologie* de Bain et *sur le Platon* de Grotius. Bonne chance à son livre dans les régions scientifiques !

Mais ce qui nous intéresse beaucoup plus que les abstractions de la psychologie critiquées par M. Stuart Mill, c'est l'amendement au bill de réforme qu'il a présenté en sa qualité de membre du Parlement.

Le *Globe* nous apprend que d'après cet amendement le droit de vote serait acquis à toute « *personne qualifiée sans distinction de sexe* ».

Si cet amendement était adopté, il entraînerait comme conséquence la complète émancipation civile et politique de la femme en Angleterre.

Le *Globe* plaisante assez lourdement l'idée de M. John Stuart Mill. Pourquoi? Les reines Élizabeth, Anne et Victoria n'ont-elles pas su régner en Angleterre, et Mme Sand ne possède-t-elle pas une somme d'idées un peu plus sérieuses que celles de certains membres de la Chambre des Communes?

Alexandre Raymond.

REVUE DES BEAUX-ARTS

Si l'on s'en rapporte à M. Taine, l'Art doit *nécessairement* se plier aux goûts d'une époque, puisque, selon lui, il est le résultat, l'expression du milieu où il se produit. Cette doctrine n'est point exacte, historiquement parlant, et elle n'est point d'ailleurs d'un bon enseignement. Nous croyons, nous, et nous le croyons fermement, que l'Art est une manifestation supérieure de la pensée humaine et spécialement appelée à éclairer les foules ; la mission, le but de l'Art, consistent avant tout à ramener vers les splendeurs de l'intelligence tous ceux qui vont du côté de l'ombre. A quoi bon le génie, si fatalement, inexorablement, l'initiative lui était refusée ? En quoi serait-il appréciable, s'il était condamné par des lois niaisement fabriquées par quelques pédants philosophes à se mettre au niveau de la multitude des sots, infinie, chacun le sait ?

Toutefois, au Salon de cette année, il serait impossible de méconnaître que l'Art s'est réduit aux mesquines proportions des idées d'un siècle conduit à l'abrutissement par le matérialisme, et qu'il vise avant tout à s'adapter aux goûts d'un public peu délicat dans ses jouissances.

Rien de généreux, rien de grand dans les productions de l'Art en 1867, tout y est petit, petit et très-petit. Grâce à Dieu, cependant, c'est toujours de l'art; la flamme vacille, le flambeau luit toujours, et il brille encore assez pour ne paraître point prêt à s'éteindre de sitôt! L'Art s'affirme au Salon par une profusion de peintures mignonnes et charmantes ; seulement on constate avec regret qu'une puissance fatale le pousse à son amoindrissement; et il ira s'amoindrissant de plus en plus, si devant lui de nouveaux horizons ne se révèlent point, si les nuages qui surplombent sur lui ne se dissipent pas. Peut-être à la fin de cette étude dirons-nous quelques mots sur les principales causes qui conduisent ainsi l'Art vers sa décadence ; pour le moment, nous ne voulons considérer que la plus infime de ces causes. Nous avons entendu des visiteurs du Salon faire l'observation que cette année on voyait très-peu de toiles de grande dimension ; or c'était là un fait qui pouvait aussi bien être observé dans les expositions qui ont précédé celle-ci. A quoi bon aujourd'hui des tableaux conçus, exécutés dans de vastes proportions, comme l'étaient ces belles peintures sur lesquelles autrefois un artiste concentrait, durant des années entières, toute sa pensée, tout son talent, tout son génie? Je n'en doute pas, même parmi ce public changeant qui applaudit avec le même enthousiasme les hémistiches de Corneille et les couplets de Thérésa, on admirerait encore des œuvres faites dans de pareilles conditions ; mais cette admiration ne serait-elle pas à la fois furtive et stérile? quel résultat en sortirait-il pour l'artiste, et celui-ci se trouverait-il rémunéré d'un travail qui aurait produit une œuvre magnifique? Dès le lendemain, cette admiration se porterait vers quelque nouvelle invention du progrès, car l'utile aujourd'hui passe toujours avant ce que l'on considère niaisement comme n'étant qu'*agréable* pour les yeux. Ce qu'il faut pour nos maisons aux grandes façades, mais dont les appartements sont en général exigus, ce sont de jolis, gentils, petits tableaux de chevalet, qui, logés dans des cadres élégants, peuvent faire partie d'un riche mobilier. Les dimensions de ces ornements sont donc déterminées à l'avance, et le genre des sujets que l'artiste doit traiter est également indiqué, fixé à l'avance par ceux qui aiment encore assez les produits de l'art pour vouloir les faire servir à décorer leur hôtel ou leur château. Et de plus en plus ces sortes de mécènes deviennent rares : par malheur, en général, nos grands seigneurs fréquentent davantage les écuries des maquignons que les ateliers des peintres. Ce n'est donc point sans motifs que les tableaux de chevalet sont en immense majorité cette année, comme ils l'étaient l'année dernière, et les *grandes* peintures, celle de M. Doré en 1867, comme celle de M. Dubuffe en 1866, comme *Roma* par M. Smits, en 1865, ne sont pas autre chose que des tableaux de chevalet ; on dirait seulement qu'on les voit à travers un verre grossissant.

Bien plus nombreux, dit-on, seraient les tableaux exposés, sans la sévérité rigoureuse d'un jury que j'ai trouvé bien complaisant pour lui-même à l'exposition du Champ-de-Mars ! Le nombre de ces tableaux est cependant encore assez considérable, car, sans compter les dessins, leur nombre s'élève au chiffre de 1,581, si j'en crois le livret. Parmi ces peintures, s'il en reste encore de faibles et de médiocres, en dépit des rigueurs du jury, on peut affirmer qu'il en est beaucoup d'excellentes, et, en résumé, on emporte du Salon une impression très-favorable. Nous le démontrerons sans doute, les artistes français n'ont rien à redouter de la comparaison faite avec ce que les nations étrangères ont étalé à l'exposition universelle.

— Sur une toile énorme, colossale même, M. Doré a groupé de nombreux personnages autour d'une table de jeu. — Sont-ce bien là des personnages ? cela n'a-t-il pas plutôt l'air de poupées (article de Paris) et de mannequins automatiques dont les ressorts se seraient tout à coup arrêtés ? Comment un dessinateur si fantaisiste et si original dans ses fantaisies, lui dont le crayon a d'habitude tant de fougue, a-t-il pu laisser sans expression, sans mouvement, impassibles, autant de marionnettes richement costumées ? Cette impassibilité est-elle concevable en présence des rouleaux d'or qui luisent sur le tapis vert ? Pourquoi parer ces marionnettes de toilettes si élégantes, si riches, si excentriques même, que l'on croirait volontiers qu'un tel tableau n'est pas autre chose qu'une gravure de modes coloriée et destinée à *illustrer* un journal spécial ? Le dessin laisse beaucoup à désirer, le relief manque, l'ensemble a une teinte morne, l'effet général est complétement nul. Où M. Doré semble plus particulièrement avoir visé à l'effet, c'est dans un autre tableau (*la Fille de Jephté*) : un ciel bariolé de vives couleurs étendues par bandes superposées, quelques figures sombres se détachant en silhouette sur ce ciel lumineux, voilà en quoi consiste l'effet recherché. C'est pittoresque, j'en conviens, mais ce qui serait trouvé parfait dans un dessin destiné à l'*illustration* d'un livre réussit infiniment moins dans la peinture sérieuse. Décidément M. Doré est trop porté au bizarre, au fantastique, aux singularités, pour pouvoir réussir complétement dans la peinture sérieuse.

M. Auguste Clément, un ancien prix de Rome, a représenté la mort de César. Ce sujet, si souvent traité par les artistes, se retrouve en moindres dimensions dans le même Salon. M. Clément a mis dans sa composition du mouvement et de la vigueur ; ses figures sont énergiquement posées, elles ont du style et de l'expression. César a peur, il a la peur d'un Vitellius ; ses assassins paraissent pénétrés de l'horreur du crime qu'ils commettent, et ce tableau serait excellent si la couleur trop uniforme des vêtements, qui se confond avec la teinte des murailles, ne nuisait profondément à l'effet général. L'exactitude dans les reproductions des choses d'un autre temps a du bon, évidemment, mais cet archaïsme, auquel ne songeaient point les grands artistes des XVe et XVIe siècles, n'a-t-il pas quelquefois de graves inconvénients? On peut en juger par le tableau qui nous occupe. Rigoureusement adopté, l'archaïsme n'est pas plus profitable pour l'art que ne l'est, en définitive, le réalisme poussé à outrance par quelques artistes et appliqué aux reproductions des choses du temps actuel. Pour pouvoir s'élancer à de grandes hauteurs, l'Art a besoin de n'être gêné par aucune entrave, toutes les libertés lui sont nécessaires, hormis la licence morale. N'en déplaise aux débitants de théories absurdes, l'Art ne doit avoir d'autres règles que celles qui sont imposées par le sentiment du Beau. L'amour du Beau, la recherche du Beau, doivent à eux seuls guider le pinceau, le ciseau d'un artiste ; arrière les systèmes et les théories qui se produisent du haut d'une chaire ou ailleurs ! — Qu'importent à la fantaisie, à l'imagination, les rogues sentences de Trissotin passé philosophe? Celui-ci est bien capable de faire peser sa prose sèche sur les fables de La Fontaine, comme du plomb qu'on mettrait sur des dentelles au risque de les déchirer, il peut donc bien vouloir en faire autant sur les œuvres d'art, cela est sans conséquence.

L'anachronisme est détestable dans l'histoire, mais même l'histoire ne se préoccupe que très-peu du costume des personnages dont elle reproduit les actes. Quel inconvénient y aurait-il, je le demande, à ce que dans le tableau de M. Clément les meurtriers de César ne fussent point tous absolument gris, d'un gris jaunâtre qui détruit le relief et qui déplaît à l'œil? Les uniformes, quels qu'ils soient, font un assez piteux effet quand ils encombrent un tableau, mais ici les robes, les manteaux, ont tellement une apparence de linceuls que tous ces acteurs d'un drame sinistre ressemblent à des fantômes.

Depuis quelque temps on use et on abuse de Jules César, il devient fatigant par la persistance monotone avec laquelle il se présente à nous. M. Hippolyte Debon nous le montre venant traiter avec les Druides. Ce César-ci, drapé dans la pourpre, a tout l'air, par sa tenue et sa pose académiques, d'avoir pris des leçons d'un Talma de son époque; il ressemble à un tragédien débitant des alexandrins! — M. Gianneti a également reproduit un épisode de l'histoire de Jules César, mais en vérité, je le répète, nos expositions pourraient se passer d'autant de Césars.

Le Marchand d'esclaves, par M. Victor Giraud, est un des meilleurs tableaux du Salon de 1867. Quel adorable sentiment de pudeur et quelle tristesse dans la pose de la pauvre femme qui se penche, toute nue, sous le regard scrutateur d'un chaland! Celui-ci d'ailleurs paraît attacher une importance extrême au choix qu'il va faire : il est sombre, soucieux, son front est sévère, son regard farouche; on plaint l'infortuné qui tombera sous la puissance d'un tel maître. Le costume de cet homme, le paysage qui se dessine dans le fond du tableau, indiquent que la scène se passe en Grèce. En dehors de l'intérêt qui est inhérent à un sujet traité avec le sentiment qu'il comporte, un coloris harmonieux, la délicatesse et la grâce de la touche distinguent ce tableau, dont l'aspect général laisse une véritable impression de tristesse, car le commerce qu'il rappelle n'a point encore absolument cessé.

Abandonnée! tel est le titre d'un tableau de M. Schreyer, et cette peinture a le pouvoir de faire s'arrêter la foule, comme *la Charge de cavalerie à Traktir*, du même artiste, le fit en 1865. Ne croyez pas qu'il s'agisse d'une Ariane antique ou moderne, l'aspect d'une Ariane dans sa situation d'abandon inspirerait-elle autant d'intérêt? J'en doute. Mais figurez-vous une pauvre bête, seule, isolée, attelée à un lourd chariot surchargé d'armes et de bagages militaires, qui, retenue par les liens qui l'attachent, paraît condamnée à périr dans la solitude où inutilement elle fait entendre un hennissement plaintif. Sans doute elle revient d'une grande bataille; son camarade d'attelage est tombé mort à ses côtés; il en est de même du militaire qui conduisait le chariot. Tout autour s'étend à perte de vue un désert implacable; la plainte de *l'abandonnée* se perd dans une immensité muette : cela fait frissonner! M. Schreyer sait donner aux sujets les plus simples une grandeur incontestable : avec un seul acteur il fait rêver à un drame grandiose. Qui ne songe aux horreurs de la guerre en face de son tableau?

La Postérité à Jeanne d'Arc, par M. Glaize, est d'une conception bizarre. Jeanne d'Arc manifeste d'abord un étonnement curieux, — de l'étonnement, pas de la modestie. La Postérité est représentée par un Hercule à large encolure, aux muscles très-accentués, qui d'une forte poigne traîne violemment un moine et un juge terrifiés aux pieds de Jeanne d'Arc; un roi baissant les yeux, quelques chevaliers consternés, ahuris, des Anglais dont les lèvres paraissent serrées de dépit; puis, au-dessus de ce groupe étrange, le Temps, la Justice (Thémis, mais non Némésis), la Vérité dans son costume primitif : tels sont les personnages qui figurent dans ce tableau. Pourquoi la Postérité est-elle assez maligne pour imposer à une héroïne chrétienne cet attirail mythologique? Cela rappelle *la Henriade* de Voltaire. Le mélange de la croix et des attributs païens a quelque chose de trop heurté, puis les groupes sont confus, la couleur est trop généralement assombrie : les apothéoses, j'en prends à témoin la *Cendrillon* de M. Hostein, doivent être baignées de lumière. — Une mention suffit pour les fleuves musculeux de M. Bin.

M. Puvis de Chavannes est-il en progrès? Suffit-il d'adopter toujours des toiles immenses pour qu'un tableau soit de la *grande peinture?* Où sont cette fois encore la couleur et le dessin dans l'œuvre de M. de Chavannes? Il représente des gens qui dorment après une journée de moisson, et tout un groupe de dormeurs est tellement confus, que d'un peu loin on peut le confondre avec les mottes de terre sur lesquelles il s'est étendu. Les figures du premier plan sont laides, sans grâce aucune; l'ensemble est terne, indécis : on dirait une fresque moisie et à moitié détruite par la vétusté. Il serait pourtant facile d'achever et d'animer cette esquisse gigantesque, car nul ne conteste à M. Puvis de Chavannes un talent réel, et ses défauts ont l'air d'être le résultat d'un parti pris.

Pourquoi M. Ribot n'exige-t-il pas quelque peu de propreté de la part des modèles qui, à ce qu'il paraît, vont poser dans son atelier sans avoir fait auparavant quelques ablutions salutaires? Des jambes et des mains sales n'ont aucun agrément, il devrait bien en être convaincu. Des types affreusement laids, des hommes dépenaillés, du noir mis en opposition avec du blanc très-vif, des empâtements épais, des chairs mates et sans transparence, un supplicié qui n'accuse point la souffrance, mais bien plutôt un abrutissement complet : voilà ce qu'on peut observer dans *le Supplice des coins.* M. Ribot persiste à ne viser qu'à certains jeux de lumière qui étaient à l'usage de quelques peintres de l'école espagnole; mais, en dépit de tous ses efforts, M. Ribot reste loin de Ribeira : l'imitation est un moyen qui réussit aussi peu dans les beaux-arts que dans la littérature. Je suis convaincu que cette propension vers l'imitation est cause que depuis son *Saint Sébastien* (1865) et son *Christ au milieu des docteurs* (1866), M. Ribot n'a point fait un pas en avant, au contraire. M. Ribot a du talent, son pinceau possède une vigueur de touche qui lui permettrait d'être lui-même. Qu'il veuille donc être lui-même, et le succès répondra, j'en suis sûr, à cette tentative.

Il faut se borner à mentionner la peinture religieuse, elle n'a rien produit de saillant cette année. Il en est de la peinture religieuse comme de la peinture dite *officielle*, toutes deux sont au même niveau dans le moment présent; chez elles, point d'élans, le scepticisme éteint l'inspiration, les artistes sont comme paralysés. Parmi les meilleurs tableaux appartenant à la peinture religieuse, je dois citer une *Mater dolorosa*, par M. de Rudder : on y trouve des qualités sérieuses ; *les Funérailles de la Vierge*, par M. Alexandre Grellet ; *le Sacrement de Mariage*, par M. Doze, qui, de même que M. Grellet, ne saurait être accusé de manquer du sentiment chrétien; *le Christ bénissant les enfants*, par M. Giacomotti ; *le Sommeil de l'enfant Jésus*, par M. Douillard, etc. *Le Renoncement*, par M. Michel, et quelques autres peintures du même genre, ne méritent point qu'on s'y arrête. M. Michel pense-t-il que le christianisme exige que l'on renonce même à sa chemise? J'ai vu ailleurs un *Christ au tombeau* vêtu d'une robe presque rose, et qui ressemble à une femme mal réussie... Et l'on dit que le jury a été sévère !

Je ne puis ranger dans la série des peintures religieuses quelques tableaux qui pourtant s'y rattachent, et qui sont plus ou moins remarquables. Je veux cependant les citer à part.

On remarque parmi eux une vaste composition ayant pour titre : *les Cavaliers de l'Apocalypse*, par M. Cluysenaar, et rappelant d'un peu loin le même sujet traité par Cornélius ; *les Premiers Chrétiens en prière à l'entrée d'une grotte*, par

M. Joseph Meynier : ceci est d'un effet d'ensemble excellent ; *la Mort d'un trappiste,* par M. Dauban ; *l'Enfance de sainte Rose,* par M. Coubertin ; et finalement un tableau de M. Jules Garipuy, représentant saint Trophime, suivi des trois Marie, qui arrive à Arles au milieu de la fête de Vénus. Cette composition est vraiment digne d'attention : les tons en général sont un peu trop vagues, le pinceau n'est point sans quelque mollesse, mais les expressions et les poses de tous les personnages sont excellentes ; Marie-Madeleine est très-belle, saint Trophime a réellement l'air inspiré ; rien ne heurte les yeux, rien ne produit un effet choquant dans l'ensemble du tableau, et les Arènes et divers monuments d'Arles qu'on aperçoit dans le fond ajoutent de la grandeur à une scène déjà solennelle. — N'oublions pas M. Brion, qui s'est contenté de grouper de gros nuages blancs. La conception de ce tableau est d'une simplicité vraiment merveilleuse : d'un amas de nuages sort, à ce que je crois, comme une tête de vieillard dont la barbe se fond dans ces nuages. Est-ce le chaos qui sort de la volonté d'un dieu, ou un dieu qui sort du chaos ? Cette énigme peinte est d'un aspect bizarre, c'est tout ce que l'on peut en dire de mieux : l'étrangeté n'est pas toujours un mérite.

Après avoir mentionné encore les belles esquisses de peintures murales de l'église de Notre-Dame de Clignancourt, par M. Romain Cazes, les cartons pour vitraux de MM. Emile Hirsch et Joseph Hussenot, il est temps que nous abordions un autre genre.

Louis de Laincel.

THÉATRES

THÉATRE-FRANÇAIS. — MADEMOISELLE DE BELLE-ISLE.
NOUVELLES.

Ce nous a été une grande joie de revoir cette jolie pièce, une des meilleures du maître, une des plus charmantes du répertoire. Quand Alexandre Dumas a fait ce bijou, il était dans toute la séve et la verdeur d'une jeunesse triomphante.

C'était l'auteur acclamé de *Henri III*, de *Christine*; tous les yeux étaient fixés sur lui. Les classiques rongeaient leur frein, les romantiques, ornés des chapeaux les plus extravagants, l'applaudissaient à outrance. Merveilleuse époque! Dumas écrivait *Henri III*, Hugo *Hernani*, Musset préparait les *Contes d'Espagne et d'Italie*, Mérimée la *Chronique du temps de Charles IX*, Lamartine avait soupiré ses *Méditations*, Gautier portait des gilets rouges, Balzac s'habillait en moine, Maquet se faisait appeler *Mac-Keat*, et chacun, qui pour ce polisson de Racine, qui pour ce butor de Shakespeare, s'envoyait des défis homériques.

Il y avait bien là dedans un peu de gaminerie, mais on était si convaincu, on disputait de si grand cœur, on avait une telle foi dans ses dieux, il y avait de part et d'autre tant de talent, de génie, d'enthousiasme de dépensé, que vraiment on ne peut qu'applaudir et admirer ces hommes, maintenant que nous voilà si pleutres, si mous, si pâles, si énervés, si indifférents aux grandes voix qui descendent du ciel et que nos aïeux écoutaient si émus et si pénétrés.

Mademoiselle de Belle-Isle est donc de la belle époque de Dumas. L'ouvrage est mené avec une habileté prodigieuse. Au moment où la scène devient difficile, parfois même impossible, crac! un coup de baguette de l'enchanteur, et tout s'éclaire. Se jouant à plaisir des situations les plus tendues, les plus délicates, Dumas jongle avec ses personnages comme un escamoteur avec ses muscades. Une! deux! passez Richelieu! passez Mme de Prie! passez d'Aubigné! passez Mlle de Belle-Isle! Et ils y passent tous!... et vous avec, charmés, éblouis, émus!

Les amis de l'auteur étaient un peu inquiets l'autre soir : on craignait que certaines parties de l'œuvre, atteintes par le temps, n'eussent, comme on dit en style d'atelier, *poussé au noir*. Il n'en a rien été, et les enfants ont applaudi comme leurs pères l'avaient fait il y a trente ans.

Les seuls côtés qui aient légèrement souffert se remarquent dans certains passages un peu déclamatoires du rôle de d'Aubigné. Il y a par-ci par-là un petit clair de lune d'*Antony*. Mais cela s'efface bien vite dans la teinte chaude et vivace de l'ensemble. Quant à l'esprit, rien de plus vif, de plus net, de plus adorable.

Le XVIIIe siècle y est tout entier.

La pièce a été bien jouée, avec beaucoup d'élégance et de passion, par Febvre. Le nouveau sociétaire ne nous a nullement fait regretter Maillart, qui cependant avait trouvé dans d'Aubigné son meilleur rôle. Bressant est très-grand seigneur, très-charmant, très-aimable ; mais il n'a pas saisi le caractère incisif, l'insolence parfaite de Richelieu. Il manque de relief dans plusieurs scènes et ne marque nullement cette nuance de son rôle.

Les deux sœurs Brohan sont vraiment excellentes, belles et disant à ravir.

Intelligente reprise qui fera de l'argent.

⁎
⁎ ⁎

Thiron, l'excellent comique de l'Odéon, quitte ce théâtre pour entrer aux Variétés.

L'Odéon a grand tort de le laisser partir, et le comédien a plus tort encore d'aller aux Variétés, où il ne fera rien, à moins de jouer les queues rouges, ce qui n'est ni dans ses allures ni dans son talent.

La place de Thiron était aux Français, au Vaudeville ou au Gymnase.

Tant pis pour les directeurs qui ne l'ont pas compris.

L'Opéra prépare une splendide reprise de *Guillaume Tell*, avec Faure, Villaret, Belval, Mmes Bloch, Battu et Levieilli.

L'Opéra-Comique continue depuis un mois à annoncer « très-prochainement » *l'Étoile du Nord*. Crosti, qui devait jouer le rôle de Peters, a été obligé, par suite d'un enrouement obstiné, de le céder à Bataille.

Ernest Dubreuil.

UNE PETITE-FILLE

DU

ROI JEAN SOBIESKI

NOUVELLE HISTORIQUE

(SUITE)

Fort heureusement la Providence la préserva des épreuves qui auraient été au-dessus de ses forces. Les péripéties du voyage n'eurent rien de bien sérieux. Grâce aux prières, peut-être, de cette famille si bien méritante devant Dieu, ce voyage de quelques jours, dont on redoutait tant les dangers, fut à peine troublé par quelques légers incidents. On fut devancé de quelques stations par la margrave de Bade, qui allait aussi en Italie et suivait la même route avec une suite nombreuse. Cela fut une des plus grandes contrariétés, car on ne trouvait partout que des chevaux fatigués, et souvent on n'en trouvait pas du tout. On fit cependant quinze milles le premier jour. Le lendemain, deux des voyageurs, Toul et Misset, restèrent en arrière dans le but de surveiller, et au besoin d'empêcher, le passage des courriers qui pourraient être expédiés d'Inspruck avec un ordre d'arrestation. Ils s'établirent dans le petit bourg de *Welsch-Milik*, situé non loin de la ville de *Trente*. Cette précaution ne fut pas inutile, car tandis que nos fugitifs partaient après midi de *Trente* pour aller à *Roveredo*, arriva à *Welsch-Milik* un courrier d'Inspruck, porteur de dépêches pour le commandant de Trente. Mis en éveil, Toul et Misset nouèrent sur-le-champ connaissance avec le courrier, lequel, accablé de fatigue, fut bien aise de se reposer en causant. Des paroles on en vint aux verres, et quand, après avoir vidé plusieurs bouteilles, le courrier demanda qu'on lui mît de l'eau dans son vin, on fit mine de le faire et on remplaça l'eau par l'eau-de-vie. En peu de temps le pauvre diable s'endormit profondément, et ses nouveaux amis se crurent obligés de veiller à ses côtés pour l'empêcher de se dégourdir trop tôt.

En attendant, la princesse quittait *Roveredo* en se dirigeant sur *Ala*. On causait gaiement sur les qualités éminentes de la berline, qui depuis Strasbourg n'avait pas éprouvé la moindre avarie, lorsque tout à coup l'essieu se brisa, comme pour en donner le démenti. On fut obligé de descendre. Wogan et Mitchell s'occupèrent à remettre la voiture en état, Gaydon et Mme Misset emmenèrent la jeune princesse à travers champs. Arrivée à un village, elle voulut prendre du lait : la cloche de l'église annonçait justement la prière du soir, on ne trouva pas de lait, mais la princesse entra dans la petite église et se mit à genoux devant l'hôtel. Wogan arriva bientôt après, pour annoncer que le mal était réparé et qu'on pouvait continuer le voyage.

On partit donc, mais on n'avança que lentement, car la roue n'était pas bien à sa place et les chevaux de poste étaient très-fatigués. Heureusement on approchait de la dernière station qui séparait les États autrichiens de la frontière de la république de Venise, au delà de laquelle on n'avait plus rien à craindre. C'est alors, dit le major Gaydon dans ses mémoires, que survint, à onze heures de la nuit, un incident qui devait rendre le nom de la princesse à jamais glorieux dans l'histoire.

L'essieu se brisa une seconde fois, et la voiture versa. La princesse dormait si profondément qu'elle ne sentit même pas la chute. Wogan se précipita vers elle et l'enleva dans ses bras pour la mettre en sûreté. Apercevant une grosse pierre blanche sur son chemin, il la déposa sur cette pierre. Mais au brusque mouvement que fit la jeune fille, encore à moitié endormie, il s'aperçut qu'il l'avait plongée de nouveau dans une mare d'eau. « Où est ma mère? » furent les premières paroles de la princesse. Après cet incident il fallut aller à pied jusqu'à la station suivante, cela prit une bonne demi-heure, par une nuit sombre et humide. « Pendant que nous étions plongés dans la stupeur, écrit Gaydon, la princesse riait et plaisantait. »

Dans la petite ville d'*Ala*, où la voiture brisée n'arriva qu'après minuit, on apprit qu'elle ne pouvait être réparée avant le matin ; mais comme on n'était plus qu'à une demi-heure de la frontière, on ne voulut pas s'arrêter et s'exposer à un retard qui pouvait tout compromettre. On craignait toujours une poursuite, d'autant plus qu'on ne voyait pas arriver Toul et Misset, qui étaient toujours à veiller sur leur courrier endormi. On craignait qu'ils n'eussent fait une fâcheuse rencontre. On loua donc un simple chariot, le meilleur qu'on put trouver, on le garnit de tous les coussins de la voiture et on y mit les deux femmes. Les hommes les suivirent à pied. Mitchell seul resta près de la berline, qui devait les rejoindre le lendemain matin. La fatigue de la course à pied et du voyage fit retomber la princesse dans un profond sommeil, dont elle ne fut tirée que par le cri de joie que poussèrent ses compagnons lorsque le chariot traversa la frontière vénitienne, à trois heures et demie du matin.

A cinq heures toute la caravane arriva à *Peri*, première petite ville sur le territoire de la république. Elle y fut saluée par la cloche matinale qui appelait les fidèles à la messe. Les voyageurs abandonnèrent leur petit chariot au milieu de la ville et allèrent tous à l'église. Après avoir remercié Dieu de sa protection visible, on trouva une modeste hôtellerie, où l'on alla se reposer un peu. Dans le courant de la journée arrivèrent Mitchell avec la voiture et Toul avec Misset. Il y avait trois jours qu'on avait quitté Inspruck. Deux autres journées furent encore employées au voyage; mais comme on n'était plus sur le qui-vive, la fatigue fut moins sensible. On crut cependant plus prudent de conserver un strict incognito jusqu'à la fin. Grâce à ces précautions, on franchit heureusement la frontière des États pontificaux, et on arriva à Bologne, qui était le premier terme du voyage.

Après son fiancé, que la princesse ne devait pas trouver en Italie, la personne qu'elle désirait voir le plus à Bologne était, sans contredit, la fille de l'illustre maison des *Caprara*, que de méchantes langues prétendaient être sa rivale. Par conséquent, après avoir reçu la visite officielle du cardinal-légat, qui vint la féliciter sur son évasion, et après avoir fait une tournée dans les principales églises de la ville, elle se fit conduire au palais Caprara. On lui fit les honneurs de la galerie; mais l'intendant avait beau lui montrer avec orgueil les différents trophées pris sur les Turcs par un des ancêtres de la famille, la princesse ne demanda qu'à voir le portrait de la demoiselle. Une vive rougeur colora son visage quand elle l'aperçut. Les compagnons de la princesse se regardèrent avec étonnement, ne sachant comment expliquer cette émotion.

Revenons maintenant à Inspruck, et voyons ce qui s'y était

passé. Ce ne fut que lorsque la princesse avait déjà franchi la frontière vénitienne que le bruit de sa fuite se répandit dans la capitale du Tyrol. Le courrier que Toul et Misset avaient grisé à *Welsch-Milik* n'était nullement porteur d'un ordre d'arrestation. Pendant deux fois vingt-quatre heures la princesse mère put, au moyen de Jeanne, déclarer sa fille malade. Mais le troisième jour elle fit dire aux autorités que la princesse Clémentine, pour faire honneur à ses engagements, à un vœu qu'elle avait fait entre les mains de l'Église, était partie furtivement pour rejoindre son mari. Grand émoi en ville qui attira de grands désagréments à la famille entière.

L'empereur d'Autriche, très-irrité de l'évasion de la princesse, fit sentir au prince royal de Pologne le poids de son déplaisir. Il lui fit signifier par le commandant de Breslau, ou de ramener immédiatement la princesse à Inspruck, ou d'avoir à quitter, dans le délai de huit jours, le territoire autrichien, avec le séquestre de ses revenus. Comme il était impossible au prince de satisfaire à la première sommation, le 6 juin deux compagnies d'infanterie entrèrent en ville et occupèrent le château.

Le prince royal partit pour la Pologne et s'établit dans le célèbre couvent de *Czestochowa*, où il resta pendant quelques années. Ce ne fut que plus tard, après s'être réconcilié avec l'empereur, qu'il obtint la permission de retourner à Olaw.

En attendant, l'aventure de la princesse Clémentine approchait de sa fin. Quelques jours après son arrivée à Bologne, M. Murray, venant de Rome, la rejoignit. On se rappelle qu'il avait été désigné par le Prétendant pour épouser la princesse en son nom. Ce mariage par procuration se fit le 9 mai, dix jours après le départ d'Inspruck. A cause du strict incognito que la princesse voulait conserver, malgré l'accueil bienveillant que lui avaient fait les autorités pontificales, et surtout le cardinal-légat *Origo*, cette cérémonie se fit sans aucune pompe. A sept heures du matin, la fiancée, vêtue d'une simple robe blanche, se rendit, en compagnie de Mme Misset, à l'église voisine et s'approcha d'un confessionnal. De retour chez elle, elle entra au salon, où l'attendait avec respect toute la société réunie. On y voyait M. Murray avec un prêtre anglais qu'il avait amené pour la circonstance; un certain marquis Monti, représentant le père de la princesse; Wogan, représentant le prince Prétendant; puis tous les compagnons de voyage, pour lesquels la permission d'assister à un acte aussi solennel fut peut-être la plus douce des récompenses. Après la lecture faite de la procuration et le consentement formulé par le remplaçant de l'époux absent, le prêtre anglais demanda à Clémentine si elle n'avait rien à dire de son côté. « Je puis certifier, dit Gaydon, que les grâces parlèrent par sa bouche lorsqu'elle prononça le *oui* sacramentel. » La bénédiction nuptiale mit fin à la cérémonie.

Huit jours après la princesse arrivait à Rome et descendait au couvent des Ursulines, où elle établit son domicile provisoire. On la reçut aux bords du Tibre en lui offrant une médaille frappée en mémoire de son heureuse évasion. Sur un des côtés de cette médaille on voyait le buste de la princesse avec l'inscription suivante : *Clementina, Magnæ Britaniæ, Franciæ, Scotiæ et Hiberniæ Regina.* Sur l'autre, un char splendidement orné, traîné par quatre chevaux fougueux, conduits par Clémentine, et se dirigeant vers la ville éternelle, qu'on apercevait dans le lointain. Au haut se trouvait l'inscription suivante : *Fortunam causamque sequor* (je poursuis le bonheur et la justice). Au bas : *Deceptis custodibus*, A. 1719 (après avoir trompé mes geôliers). Cette médaille ne fut que le préambule des honneurs qui vinrent combler la princesse, tant de la part du pape que de celle de tout le peuple romain. Malgré l'impatience avec laquelle elle attendait le retour de son époux, le temps lui parut court entre les audiences du saint-père, les réceptions officielles, les visites que la société romaine se crut en devoir de lui faire et les excursions que sa piété lui ordonnait.

Enfin le Prétendant annonça son arrivée prochaine ; après s'être embarqué sur deux bâtiments espagnols, il arriva en vue de Livourne vers la fin du mois d'août. La princesse alla à sa rencontre jusqu'à *Monte Fiascone*. L'évêque du diocèse confirma l'union des deux époux par une bénédiction donnée au nom du pape. Vers la fin du mois d'octobre les deux époux arrivèrent à Rome, où ils s'installèrent dans un palais préparé pour eux sur la place des Saints-Apôtres.

Dans les murs de ce palais se renferma désormais la vie de Clémentine. Elle mit au monde deux fils, dont l'un devait plus tard reconquérir son trône d'Écosse et y régner même pendant quelques mois. Mais le chemin du trône devenant pour elle de jour en jour plus douteux, la princesse dirigea ses pensées vers un but plus élevé. Fille d'un père d'une piété tout exceptionnelle, qui assistait tous les jours à plusieurs messes et qui trouvait le couvent de *Czestochowa* un asile plein de charmes, la jeune reine se consacra exclusivement à la vie religieuse. Il lui sembla qu'en se dépouillant de toute grandeur terrestre, en renonçant à tous les plaisirs de ce monde, elle les assurerait d'autant mieux à ses enfants. Elle se renferma donc dans un isolement complet, se livrant aux jeûnes et à la prière, communiant plusieurs fois par semaine, ne négligeant même pas les retraites annuelles dans les couvents. La cour apostolique la prit en grande affection, elle devint l'objet de l'admiration générale. « *C'est une sainte,* » disaient les sœurs du couvent de Sainte-Cécile, où elle s'était momentanément retirée, lorsque son mari vint l'y voir. Le bruit de sa sainteté se répandit au loin et parvint même jusqu'en Pologne.

Mais bientôt ces paroles ne retentirent que sur un cercueil. Les grandes macérations auxquelles se livrait la princesse altérèrent sa santé ; elle mourut le 18 janvier 1735, après avoir vécu trente-trois ans et six mois. Une douleur inexprimable s'empara de la capitale. Pendant une semaine tous les théâtres furent fermés, toutes les fêtes contremandées ; Rome prit le deuil de sa bien-aimée. Pour donner plus de pompe à son enterrement, on remplaça la robe de dominicaine qu'elle portait ordinairement par des vêtements royaux. C'est avec une couronne sur la tête et un sceptre à la main qu'elle fut déposée dans les caveaux de Saint-Pierre.

Deux années plus tard (19 décembre 1737), son père, le prince Jacques, l'unique fils restant du grand Sobieski, mourut à *Zotkiew*, propriété de ses aïeux. Son frère, le prince Constantin, l'avait devancé de onze ans ; il ne resta plus d'héritier de son nom. Trois années plus tard mourut aussi la dernière des filles du roi Jean, la princesse Caroline de Bouillon.

C'est ainsi que dans le courant d'un siècle cette race illustre, qui avait ébloui le monde par l'éclat des armes, disparut sans laisser de traces. Pour couronner l'œuvre, une pieuse jeune fille déposa sur la tombe de ses ancêtres une auréole de sainteté que l'histoire, dans sa justice, ne devra lui contester jamais.

FIN.

(Traduit du polonais.)

MAISONS RECOMMANDÉES

Par la REVUE COSMOPOLITE.

COMPAGNIE DES INDES, rue de Grenelle-Saint-Germain, 42. — Grand choix de foulards dans toutes les nuances, faisant des toilettes charmantes. Le foulard est très en vogue cet été.

BAILLY, boulevard Sébastopol, 107. — Jupon impérial pour remplacer le jupon-cage ; il n'a rien de sa laideur disgracieuse, il se resserre à volonté, au moyen d'une tirette. Ce jupon a obtenu l'approbation de toutes nos élégantes.

CONSTANTIN, rue d'Antin, 7. — Grand choix de magnifiques fleurs défiant la nature par leur fraîcheur, pour robes de bal et coiffures.

AUX STATUES DE SAINT-JACQUES, rue Saint-Denis, 191-193. — Maison réputée par son honorabilité et la façon consciencieuse dont elle fait les affaires, la seule qui fasse 2 p. 100 d'escompte sur tout achat de 100 fr. — Soie, étoffes de tous genres. — Riches confections.

VIOLET, Parfumeur, rue Saint-Denis, 317. — Là se trouvent réunies toutes ces choses ravissantes, ces parfums exquis qui prêtent à nos élégantes tant de charmes. — Assortiment complet de savons de toilette, odeurs pour le mouchoir, etc., etc. SUCCURSALE : *Boulevard des Capucines*, en face du Jockey-Club.

PARIS, IMPRIMERIE JOUAUST, RUE SAINT-HONORÉ, 338.

CAUSERIE

Il me semble que c'est le cas de dire : « Les rois s'amusent ! » L'année 1867 aura donné aux Parisiens le singulier spectacle de voir dans leurs murs à peu près toutes les têtes couronnées de l'Europe ; l'Orient même nous envoie ses souverains : le schah de Perse, le sultan de toutes les Turquies viendront. Nous pourrons contempler les descendants des héros des *Mille et une Nuits*. Le roi de Perse est un souverain ami des arts et du progrès ; il envoie chaque année des jeunes gens des meilleures familles de Perse faire leurs études en France ; il a à sa cour des médecins français, entre autres l'excellent docteur Tholozan, qui se loue beaucoup de la bienveillance de ce roi ; il a aussi des ingénieurs français. Il y a quatre ans, il avait même l'intention de fonder en Perse une vaste école de sciences, arts, littérature et arts et métiers, et de placer à la tête de cette institution des professeurs français.

Je ne sais s'il a réalisé ce projet. Abdul-Aziz, empereur de Turquie, est aussi un homme de progrès et d'une grande intelligence. Il vient dernièrement de prouver sa haute bienveillance aux Européens en leur accordant, ce qu'ils n'avaient jamais pu obtenir, de pouvoir être propriétaires en Turquie. Ce sultan est un chasseur intrépide, un des meilleurs tireurs du monde. Je pense bien qu'on le fera assister à quelques grandes chasses impériales dans nos forêts si belles et si giboyeuses. La polygamie ne lui est pas sympathique, ce qui doit le rendre sympathique aux femmes. A ce sujet, une petite indiscrétion. Il y a trois ans, une jeune et belle fille grecque de Constantinople, à l'esprit romanesque, vit passer le sultan dans sa gondole. La noble figure de ce souverain fit rêver la demoiselle. Elle se dit : « Il doit être doux d'être son esclave, » et, sans consulter sa famille, elle écrivit de sa blanche main une respectueuse déclaration à Abdul-Aziz. Elle terminait sa missive en suppliant Sa Hautesse de l'agréer comme esclave.

Le souverain, touché de ce tendre sentiment, lui fit répondre une lettre bienveillante et paternelle et lui fit remettre une somme assez forte. « Ce sera votre dot, lui disait-il : cherchez un homme capable d'apprécier votre tendre cœur, et mariez-vous. » Je ne sais si ce cadeau a consolé la belle amoureuse de ne pouvoir entrer au sérail, et si elle a trouvé un mari qui lui ait fait oublier ce premier amour.

Le sultan viendra avec une suite de cinq cents personnes. Les Parisiens auront à admirer de beaux costumes ; celui que porte le souverain les jours de grande cérémonie est fort beau : c'est une redingote coupée à la militaire, c'est-à-dire droite par devant et boutonnée ; elle est toute recouverte de riches broderies en or le plus pur ; une épée pend toujours à son côté, retenue par un ceinturon ruisselant de brillants et de pierres précieuses. Il porte sur la tête le fez rouge; une plaque en or où se trouve au milieu un diamant gros comme une noix et une aigrette en plumes blanches ornent ce fez. Si j'avais sinon le bonheur, du moins l'honneur d'être le sultan de toutes les Turquies, à coup sûr je ferais comme lui, je viendrais à Paris; mais je sais bien que je choisirais le moment où mon confrère, qui n'est nullement mon cousin, l'empereur de Russie, s'y trouverait : on doit aimer à connaître ses ennemis.

Abdul-Aziz sera le premier sultan turc venu à Paris et aussi le premier sultan ayant quitté l'empire turc. Nous sommes loin du temps où la demi-reine de Maintenon, ne sachant plus que faire pour distraire son royal amant, inventait une fausse ambassade, de faux ambassadeurs turcs et les faisait parader à Versailles.

A coup sûr, on ne pouvait s'attendre à cela... Eh bien, le pays qui fournit le plus d'exposantes à notre exposition, c'est... la Turquie. La fille d'Aali-Daghi, de Smyrne, expose de très-beaux tapis; Aïché, de Smyrne, Fatmé et Fatma sont aussi exposantes de tapis; Gulfem, femme de Moussa, a également sa vitrine; enfin, j'ai compté jusqu'à trente femmes turques exposantes. On voit en tous cas que la liberté du commerce est laissée à ces dames et qu'elles en usent avec intelligence.

Les produits de l'Orient ont un grand succès; la foule s'y presse, tout le monde veut acheter quelques-uns de ces jolis objets. La Turquie a de très-belles choses, entre autres les moelleux tapis, les broderies or fin. Il y a une couverture de lit molleton blanc, toute recouverte de guirlandes d'or, qui est magnifique. On y voit aussi une bibliothèque avec incrustations de nacre et d'écaille, qui est d'un joli travail, et des petits guéridons tout incrustés de nacre qui sont coquets au passible. Le filigrane argent et or est représenté par des *zarfs* à café, des aiguières, des plateaux; l'ambre s'étale dans les vitrines à profusion. On peut assurer que l'exposition de la Turquie aura fait un plaisir immense aux Parisiennes, à celles surtout qui auront pu y acheter quelques objets. La Perse nous a envoyé une foule d'objets curieux, des tapis tissés par des mains de fées, des broderies or et argent sur des étoffes fines et souples, qui font rêver d'un appartement à l'orientale. J'ai remarqué que les femmes, de préférence, s'arrêtent dans les sections turque, persane, tunisienne et chinoise.

*
* *

A propos de la Chine, les Chinoises sont arrivées, elles sont installées dans leur pavillon et elles assistent à la vente du thé. Cette foule qui vient les regarder, les détailler, a l'air de les ennuyer beaucoup, et aux mouvements de leurs lèvres, à leurs sourires malicieux, on comprend qu'elles trouvent ces gens bien badauds, bien Chinois, comme nous dirions nous autres.

Décidément, la beauté n'existe pas, c'est une affaire de pure convention, car j'ai trouvé ces trois Chinoises parfaitement laides, et pourtant il paraît qu'une d'elles surtout est une beauté accomplie aux yeux des Chinois.

*
* *

Bravo et merci à M. Stuart Mill, qui a proposé à la Chambre des communes d'admettre à la franchise électorale les femmes.

M. Laing et sir John Bowyer ont protesté. S'ils ont cru par là établir la supériorité de l'intelligence des hommes, ils ont fait fausse route, et ils n'ont prouvé qu'une chose, c'est que leur esprit n'est pas mûr pour le progrès civilisateur.

Je vote un bouquet de violettes à M. Stuart Mill, et une botte de foin à ses deux contradicteurs.

L'amendement de M. Stuart Mill a été rejeté par une majorité de 194 voix contre 73.

Ces 73 voix doivent cependant consoler nos sœurs d'Angleterre : en France, je crains bien que pas un membre de la Chambre n'oserait présenter cet amendement, et qu'en tout cas il serait rejeté à l'unanimité.

M. A. Fagnan, dit à ce sujet dans *la Liberté* :

« Les Laing, dont les yeux sont couverts par le bandeau de la routine, trouvent monstrueux que les femmes votent, et ils trouvent naturel et parfaitement simple qu'une femme règne! O inconséquence humaine! ô contradiction sociale! »

Aurions-nous un défenseur de nos droits dans M. A. Fagnan?

Moi, je propose aux dames de France, veuves et vieilles filles, de refuser carrément de payer leurs impôts. Pourquoi diable nous fait-on payer et patentes et mille sortes d'impôts, puisque nous n'avons pas même le droit d'envoyer un représentant à la Chambre ?

L'inégalité de la loi est une chose absurde; la femme et l'homme doivent être traités par elle de la même manière. Dès ce jour, je me laisse saisir chaque année pour mes impositions. Si toutes les femmes suivent mon exemple, ça ne laissera pas que d'ennuyer qui de droit.

* * *

Je termine ma causerie par deux petits cancans. Les femmes les aiment, les hommes n'y sont pas indifférents.

Le comte de X*** épouse Mlle Dubois, fille unique d'un riche mercier du boulevard Saint-Denis. Sa future est jeune, jolie, elle a une dot superbe; le comte devrait se déclarer l'homme le plus heureux de la terre, et pourtant son front est soucieux...; il trouve ce nom de Dubois horriblement vulgaire. Je ne puis pas vraiment avouer que j'épouse Mlle Dubois, se dit-il. Que faire ?

Comment arriver à rendre ce maudit nom un peu plus aristocratique ? Voilà ce à quoi il songe, voilà ce qui le rend rêveur.

L'autre jour, un vieux dictionnaire lui tombe sous la main. Machinalement il le feuillette, il tombe sur le mot *bois*, qu'il voit écrit *boys*. C'est pour lui un trait de lumière, son front se rassérène, il sort gaiement, et à tous ceux qu'il rencontre et qui lui parlent de son mariage, il répond d'un air dégagé : « Oui, j'épouse une jeune fille charmante, Mlle Du Boys (qu'il prononce : *Du Boïs*). » Le soir même, il va dîner dans le faubourg, chez une de ses cousines ; il y avait de nombreux convives. Sa cousine, tout en savourant un potage reine, lui dit avec une petite nuance de malice :

« A propos, cher, je vous fais mon compliment sur votre mariage : il paraît que Mlle Dubois est jolie, très-riche, ce qui doit l'embellir encore à vos yeux.

— Oui, répondit le comte, Mlle Du Boys est jolie, bien élevée.

— Mais, répond la cousine, on dit M. Dubois très-riche. »

La conversation continue un instant, le comte prononçant avec affectation *Du Boïs*, et la cousine Dubois. Enfin, celle-ci change de sujet de conversation, mais au moment où l'on sert sur la table des petits pois au sucre, elle prend le plat et dit à son cousin : « Cher, vous offrirai-je des petits *poys* ? »

Depuis ce soir-là, dans une petite coterie du faubourg, on ne peut plus voir un plat de petits pois sur la table sans être pris d'un fou rire. Les petits *poys* ont beaucoup de succès.

Si je ne craignais pas d'être désagréable à des femmes que j'estime sans les connaître, je vous conterais un certain souper au café Anglais, qui a eu lieu le soir du bal de l'ambassade anglaise. Quatre dames du meilleur monde ont commis la légèreté d'aller souper là, en très-haute compagnie du reste. Mais le salon à côté était occupé par des dames d'un tout autre monde... et..., Enfin, je veux être discrète, et faire seulement observer qu'une femme honnête ne met pas le pied dans ces temples des déesses du plaisir et des amours légères... sans s'exposer à quelques impertinences.

Olympe Audouard.

BULLETIN SCIENTIFIQUE

DE L'INFLUENCE DU PHYSIQUE SUR LE MORAL

Depuis un demi-siècle on sait que les nerfs, dans l'animalité, sont de deux sortes : nerfs conducteurs du mouvement seulement, et nerfs conducteurs de la sensibilité seulement aussi. On savait déjà depuis longtemps que la force et la sensibilité résident dans les nerfs. On savait également que le mouvement et la sensibilité sont indépendants l'un de l'autre.

Partant de ces principes, M. Rambosson a voulu, expérimentant sur lui-même, connaître quelle pouvait être *l'influence des aliments sur le physique et le moral.*

Chacun de nous a bien certainement été plus d'une fois à même de se rendre compte d'expériences analogues faites sans parti pris et pour ainsi dire involontaires ; mais combien peu ont soumis à l'analyse de la pensée et de l'observation les résultats d'une alimentation quelconque, continue ou même passagère !

Il est depuis longues années hors de doute qu'une nourriture lactée — par exemple le café au lait — prise le matin atténue les forces de l'organisme ; il en est de même du chocolat. Tel ou tel vin influe de telle ou telle façon, selon le tempérament de celui qui l'absorbe. Telle ou telle viande aussi contribue selon ses éléments absorbables au caractère de l'individu qui s'en nourrit. Mais jusqu'à présent, soit apathie, soit incurie, personne n'avait tenté de poser des bases à cette science. M. Rambosson a commencé ; il est à souhaiter qu'il trouve des imitateurs, car il y a là une complexité de résultats qui ont besoin d'une grande quantité de faits pour asseoir une doctrine.

M. Rambosson dit :

Il y a des aliments qui agissent spécialement sur les *nerfs du mouvement*, et des aliments qui agissent spécialement sur les *nerfs de la sensibilité*. Les aliments qui agissent spécialement sur les nerfs du *mouvement* influent aussi spécialement sur l'*intelligence;* et les aliments qui agissent spécialement sur les nerfs de la *sensibilité* influent de même spécialement sur les *sentiments*.

Voilà la règle générale posée ; elle peut servir de base aux lois physiologiques et psychologiques.

M. Rambosson dit encore :

Il y a des aliments qui agissent en même temps sur les

nerfs du *mouvement* et sur ceux de la *sensibilité* ; conséquemment ils influent simultanément sur l'*intelligence* et les *sentiments*. Chaque aliment occupe une place intermédiaire entre ceux qui agissent le plus, soit sur les nerfs du mouvement, soit sur ceux de la sensibilité.

Voilà une théorie parfaite résultant de la pratique exécutée sur un seul homme ; il ne manque plus maintenant que de cataloguer boissons et aliments selon les divers tempéraments qui se partagent l'espèce humaine. Ce sera long, bien long, à cause de l'insouciance qui nous paralyse tous, du moment qu'il ne se trouve en jeu que l'intérêt général ; car on ne rencontre pas des foules de gens qui, par amour de la science ou de l'utilité publique, voudront bien se condamner à répéter les expériences du jeune savant. Et pourtant, tout bien considéré, quelles immenses ressources ne tirerait-on pas d'un système appuyé sur ces bases d'alimentation !

Il y a quelques années déjà, un savant quelconque (son nom n'est pas présent à ma mémoire) venait affirmer à l'Académie des sciences que tel homme se nourrissant exclusivement de viande de mouton, ou de viande de bœuf, ou de chair de volailles, subissait dans son caractère l'influence directe des animaux qu'il ingérait.

C'était logique, et, justement à cause de cela, l'Académie des sciences n'y apporta pas d'autre attention que de consigner le fait en deux lignes dans son procès-verbal.

Il est vrai aussi d'ajouter que les effets peuvent être différents selon que l'on se nourrit de viande provenant de telle ou telle contrée. De même pour les boissons : vins, bières, cidres. Sans cela, comment expliquer les caractères généraux des habitants de chaque province, et les caractères quasi-uniformes, à force de mélange, des habitants de Paris que la France tout entière approvisionne?

C'est assurément une question de haute philosophie, très-complexe pour l'instant, et que l'avenir se chargera d'élucider pour le plus grand bien de l'humanité. En attendant, voici comment M. Rambosson décrit les expériences qu'il a faites sur lui-même ; puissent-elles suggérer à nos lecteurs (ceux à qui le temps appartient, tranchons le mot, les oisifs) l'idée de contrôler leurs résultats, il en restera toujours quelque chose.

Prenons seulement les expériences sur le café et sur le vin, et laissons la parole au chercheur :

« Je prenais, après trente ou quarante heures de diète rigoureuse, à l'effet de pouvoir percevoir tous les phénomènes dans leur plus grande netteté, je prenais, dis-je, pendant plusieurs jours de suite et pour toute nourriture : du pain et du café noir, — ou du pain et du vin, — ou du pain et du thé, — etc., et voici ce qui se passait en moi :

« Si je prenais du café, lentement et par petites gorgées, mes sentiments s'éteignaient, mon intelligence prenait un développement inaccoutumé ; il me semblait que toute ma vie, toutes mes forces se transformaient en intelligence aux dépends de mes autres facultés : je cessais d'être communicatif, bienveillant ; je devenais froid, cassant, maussade, inaccessible à la pitié, égoïste, en un mot je prenais des instincts tout contraires à ceux que j'ai naturellement. Mon intelligence travaillait sans peine et malgré moi ; sur un sujet donné, elle voyait loin et tirait des conséquences à l'infini. Si j'écrivais, mon style était correct, mais froid. Si je restais longtemps en cet état, mon esprit ne pouvait plus reproduire, mais il était toujours agité ainsi que mon corps... Je n'étais plus que mouvement et intelligence. »

Notez qu'en cet état il y avait alimentation exclusive de café. Peut-être y aurait-il là un traitement, une médication bonne à expérimenter sur les aliénés qu'une exagération de sentiment a privés de la raison. Puisse cette idée que nous émettons tomber sous les yeux d'un spécialiste! Le café a déjà prolongé tant d'existences, guéri tant de maladies, entre autres l'obstruction des vaisseaux sanguins, et l'apoplexie même, et la paralysie, que sais-je!...

Rendons la parole à M. Rambosson :

« Dans cet état, si je prenais un peu de nourriture avec du bon vin, le calme revenait en moi avec tout un cortége de sentiments généreux; je me sentais redevenir bon, sensible; je cessais, comme par enchantement, d'être cassant, maussade, etc. Je sentais que toute ma vie, toutes mes forces prenaient une nouvelle direction et se transformaient en sensibilité, en sentiments. Si je repassais tout ce que j'avais écrit ou pensé sous l'influence spéciale du café, j'étais étonné d'avoir eu des pensées aussi profondes; et cependant, lorsque je les écrivais, elles me paraissaient toutes naturelles.

« Chaque fois que j'expérimentai le café, malgré mon intention fortement arrêtée de réagir contre ces tendances égoïstes, fières, lucides, je ne pus m'empêcher jamais de les trouver toutes naturelles, toutes légitimes. »

(Je parierais que dans ces moments M. Rambosson devenaît voltairien plus que M. Havin, et que ses feuilletons scientifiques — les seuls ornements des journaux catholiques, — écrits sous cette influence, auraient été accueillis à colonnes ouvertes au *Siècle* et à *l'Opinion nationale*.)

« Sous l'influence du vin pur et de bonne qualité, tout en restant bien loin de l'ivresse et en conservant tout mon sang-froid, les phénomènes que j'avais constatés en en prenant après le café s'exagèrent ; l'esprit s'obscurcit au point d'être embarrassé pour les moindres choses ; on ne peut saisir les rapports les plus simples ; on craint de froisser tout le monde involontairement, — exactement le contraire de ce qui a lieu sous l'influence spéciale du café. — L'influence exagérée du vin continuant, on devient lourd, somnolent, porté au repos ; on n'est plus que sensibilité et sentiment. Cependant, si l'on est sous l'influence de quelque mauvais sentiment, on est porté à le manifester grossièrement. »

Cette description est à coup sûr d'une vérité inniable, et l'on rencontre dans la vie des exemples flagrants du vin pleureur et du vin grossier chez les ivrognes dont l'estomac est plein de ce liquide à l'exclusion de tout autre aliment.

On peut aussi citer des faits qui semblent cependant contredire ces observations, mais si l'on veut bien tenir compte de toutes les observations, on y démêlera au contraire une confirmation de plus.

Il aurait été bon de savoir si M. Rambosson avait expérimenté sur du vin de Bordeaux, ou de Bourgogne, ou de Champagne (non mousseux) : assurément les effets de ces trois crus ne doivent pas être identiques, témoin le naturel des habitants de ces contrées. Il serait intéressant aussi d'avoir le résultat des expériences que ce jeune savant a dû faire sur les divers aliments solides, gras ou maigres, chair, poisson ou légumes, farineux ou aqueux. Nous nous en informerons près de lui et vous en reparlerons ici, car la question nous semble très-sérieuse et pleine d'avenir.

De cela il résulte à ce jour que :

1° Il y a des aliments qui agissent spécialement sur les nerfs du mouvement, et des aliments qui agissent spécialement sur les nerfs de la sensibilité ;

2° Les aliments qui agissent spécialement sur les nerfs du mouvement influent spécialement sur l'intelligence ;

3° Les aliments qui agissent spécialement sur les nerfs de la sensibilité influent spécialement sur les sentiments ;

4° Il y a transformation de mouvement : les forces qui agissent sur les nerfs locomoteurs et les forces intellectuelles peuvent se transformer en sensibilité et en sentiment, et réciproquement.

Vous voyez par ce simple aperçu quelles conséquences immenses peuvent tirer de ces lois la physiologie, l'hygiène, la pathologie, la thérapeutique, la psychologie, etc., etc.

J. Denizet.

REVUE DES LIVRES

« Les livres sont aujourd'hui (1764) multipliés à un tel point, dit Voltaire dans son *Dictionnaire philosophique*, que non-seulement il est impossible de les lire tous, mais d'en savoir même le nombre et d'en connaître les titres. »

Nous pouvons aujourd'hui (1867), grâce à la *Bibliographie de la France*, journal hebdomadaire publié sur les documents fournis par le ministère de l'intérieur, savoir le nombre et connaître les titres de tous les livres nouveaux. Le petit travail de statistique que je viens de faire en feuilletant ce journal démontre surabondamment qu'il est plus impossible encore en 1867 qu'en 1764 — si toutefois l'impossible a des degrés — de lire tous ces livres.

Les auteurs ou éditeurs ont déposé, en l'an de grâce 1866, au ministère de l'intérieur, 13,883 ouvrages en un ou plusieurs volumes, ce qui fait une moyenne de 266 par semaine, ou de 38 par jour !

Dans ce nombre il n'y avait pas moins de 156 volumes

de poésie — trois par semaine ! — et de 372 romans — plus d'un par jour !

Quant aux mois écoulés de l'année courante, le chiffre de leurs produits typographiques est déjà fort respectable. Janvier a vu naître 858 ouvrages ; février, 925 ; mars, 945 ; avril, 865 ; ce qui fait, en tout, 3,593... Et comme les quatre derniers mois sont toujours beaucoup plus productifs que les quatre premiers, tout porte à croire que le nombre 13,883 sera atteint, sinon dépassé.

Le même Voltaire dit dans le même ouvrage : « On n'est pas obligé de lire tout ce qui s'imprime... Un petit nombre de livres choisis suffisent. » Je m'empresse de me ranger à cette opinion qui me dispense de lire chaque soir, avant d'éteindre ma lampe, 38 ouvrages en un ou plusieurs volumes, pour vous en rendre compte chaque matin en vingt ou trente lignes.

Un petit nombre de livres choisis... Choisissons.

LE CALVAIRE DES FEMMES, par Mme Gagneur. 1 vol. in-18. Faure.

Encadrer une idée sociale dans un ouvrage d'art ou de littérature n'est pas chose facile. Rien de plus tentant néanmoins. Il serait si doux de pouvoir se dire : « J'ai fait œuvre plaisante et utile ; j'ai tenu, moi aussi, le public sous le charme de mon talent ; mais ce public ne conserve pas de mon œuvre que le vague souvenir d'une impression triste ou gaie : il en subira longtemps l'influence, une influence qui se fera sentir dans ses réflexions, dans ses sentiments, voire même jusque dans ses actes. »

Mme Gagneur a tenté cette entreprise et l'a menée à bonne fin. Son *Calvaire des femmes* est tout à la fois une étude de mœurs intéressante et un haut enseignement social. Et je prédis au livre le succès que les feuilletons ont obtenu dans *le Siècle*.

Nombreux sont les personnages de ce drame complexe. C'est d'abord Jacques Bordier, l'ouvrier abruti par la misère, et ses quatre filles, Madeleine, Marie, Amélie et Claudine. Madeleine, l'héroïne principale, a été recueillie et adoptée par Mlle Bathilde Borel, la sœur d'un des plus riches fabricants de soieries de la ville de Lyon. Mlle Borel, intelligence d'élite, toute préoccupée du triste sort que notre civilisation fait à la femme, se livre aux plus hautes études économiques et sociales, et se trouve perpétuellement en désaccord sur ces graves sujets avec son frère. Avant de partir pour un voyage d'étude qui doit durer deux ans, elle place sa protégée comme institutrice chez Mme Daubré, femme d'un grand tisseur lillois. Madeleine, avant de prendre cet emploi, fait venir de Lyon sa sœur Claudine, qui se lie, dans son nouveau logement, avec Geneviève Gendoun, une jeune ouvrière lilloise séduite et enlevée par Lionel de Lomas, frère de Mme Daubré, et Fossette, charmante grisette parisienne maîtresse d'un riche Hongrois nommé Léopold de Barnolf.

L'intrigue roule sur les dangers que courent à Paris ces quatre jeunes filles. Maxime, fils de M. Borel, et Lionel de Lomas, essayent de séduire Madeleine. Ce dernier abandonne Geneviève au moment où elle va être mère. Une célèbre courtisane sur le retour, Lucrèce de Courcy, dont le vrai nom est Catherine Lemoine, place Geneviève chez Mme Thomassin, lingère, où elle essaye de la livrer à un vieux noble pour la séparer de Lionel, son amant depuis longues années. *Le Calvaire des femmes*, qui n'est qu'une exposition, se termine au moment où Geneviève apprend le malheur qui vient de frapper son frère, condamné à Lille, selon l'ancienne loi sur les coalitions, à une année d'emprisonnement, pour avoir tenté d'organiser une grève contre son patron, M. Daubré.

Ces diverses intrigues se dénouent dans la seconde partie, *les Réprouvées,* dont je compte vous donner prochainement une plus complète analyse.

Il y a dans *le Calvaire des femmes* nombre de scènes qui rappellent les bons romans d'Eugène Sue. Je citerai par exemple le chapitre dans lequel Madeleine, qui, en venant chercher à Lyon sa sœur Claudine, a porté à sa pauvre mère, de la part de Mlle Borel, un billet de mille francs, se voit dépouillée de cet argent par son père Jacques Bordier, et va le lui reprendre la nuit, à la Croix-Rousse, dans le bouge d'un gueux nommé Tribouillard. La description du logis habité, rue de Venise, à Paris, par Geneviève, Claudine et Fossette, restera dans toutes les mémoires. Celle de l'atelier de Mme Thomassin n'est peut-être pas moins remarquable.

Merci donc, de la part de tous ceux qui veulent l'amélioration du sort des ouvrières, merci à Mme Gagneur de consacrer à cette noble tâche un talent incontestable et qui ne peut que grandir employé à de tels sujets.

Alphonse Pagès.

ENTRÉES SOLENNELLES

DES

SEIGNEURS ET ÉVÊQUES

A GENÈVE

Aujourd'hui, qui que nous soyons, à quelque contrée que nous appartenions, nous jouissons de certains droits, de certaines libertés : libertés et droits civils, moraux, intellectuels; droit et liberté de penser, d'agir, d'écrire, de parler, d'acheter, de vendre, de tester, et mille autres. Il n'en était pas ainsi au moyen âge. Dans un village, dans une cité même, deux individus seuls jouissaient de la plénitude de ces droits, deux individus seuls possédaient le pouvoir, deux individus pouvaient commander; tout le reste devait obéir. Dans un village ou une bourgade, ces deux individus s'appelaient le curé et le seigneur; dans une ville, ils se nommaient, pour le spirituel, l'archevêque, l'évêque ou l'abbé; pour le temporel, le prince, le duc, le marquis, le comte ou le baron.

Arrière, vile multitude ! arrière, vassaux, manants et serfs ! arrière !

Découvrez-vous, inclinez-vous, tombez tous à genoux ! voilà monseigneur qui passe !

Apportez argent et redevances ! apportez froment, œufs, fruits, chapons, faisans dorés ! apportez présents de toutes sortes !

C'est aujourd'hui la fête de votre châtelaine, c'est l'entrée de monseigneur dans sa bonne ville, dans son fief, dans son château, dans son palais, dans sa cathédrale ! Monseigneur part pour la guerre ! Monseigneur arme son fils chevalier ! Monseigneur marie sa fille ! Monseigneur fait un grand festin !

— Vite de l'argent, vite des écus au soleil, des florins, des agnelets ! Vite, garnissez les écuries, la basse-cour, le cellier, la table de monseigneur !

Apportez ! si vous ne voulez encourir la colère de monseigneur, et, vous le savez, elle est terrible la colère de monseigneur !

Tels étaient le pouvoir spirituel et le pouvoir temporel qui gouvernaient nos bons aïeux du bon vieux temps !

Et c'était chose si naturelle, si profondément enracinée dans les coutumes et dans les mœurs, chose si juste et si raisonnable, que pendant des siècles jamais personne n'y trouva à redire, personne ne dut s'en plaindre, personne qui songeât à s'en étonner ! Bien au contraire, on aimait à courir au-devant de monseigneur pour lui faire un respectueux salut et implorer un regard de miséricorde ! on aimait, le dimanche, à se presser autour de la famille du châtelain en se rendant à la messe et aux vêpres ! on aimait à s'ébattre, à danser sur la pelouse, devant les avenues du château; on aimait à fêter le châtelain, la châtelaine et leurs enfants ; on aimait à les servir, à les honorer, à les célébrer !... pour un simple sourire !

Ainsi :

Au moyen âge, les évêques étaient fort respectés, et les seigneurs fort redoutés. Le respect qu'inspiraient les uns et la crainte qu'imposaient les autres se traduisaient, en maintes circonstances, de façons très-diverses ; mais ces sentiments ne se manifestaient jamais d'une manière aussi profonde et aussi générale que dans la prise de possession, par les évêques et les seigneurs, de leurs évêchés et de leurs fiefs. Genève nous en fournira plus d'un exemple. Procession, feux de joie, histoires dramatiques et comiques, réceptions officielles, présents ruineux, tout était mis en œuvre pour gagner les bonnes grâces d'illustrissime et révérendissime père en Dieu monseigneur l'évêque, ou de très-redouté prince, très-haut et très-puissant seigneur monseigneur le duc de Savoie, seigneur de la ville et cité de Genève.

Mais il me tarde d'administrer mes preuves et d'exhiber mes documents.

Et d'abord, parlons de l'entrée des évêques.

Charles de Seissel avait été promu à l'évêché de Genève, et il fit son entrée le 2 juin 1510, avec le cérémonial usité en pareil cas. Les clefs de la ville lui furent présentées par un des syndics, sur un plat d'argent à ce destiné ; on alla le recevoir en grande pompe jusqu'au pont d'Arve, et on lui offrit un don de 500 florins. Le Conseil avait décidé qu'au lieu de vin on présenterait à Sa Grandeur douze quarterons d'hypocras et autant de malvoisie, « car il estoit bien plus honorable d'en donner que du vin. »

« Entre quatre et cinq heures, le révérend prince et évêque entra dans la ville avec un grand triomphe ; une multitude presque infinie de peuple luy alla au-devant, se réjouissant extrêmement à cause de la venue de leur prince, en faisant mille vœux pour luy, et en publiant sa bonté, sa douceur, sa noblesse et ses vertus.

« On donna un florin à Perrotin pour avoir composé certaines *gaillardises* en la venue de monseigneur, et quatre florins à Humbert Bernard et au fils du Grand Jacques, qui ont complimenté l'évêque en récitant les *histoires* faites par la ville. »

De son côté, l'évêque, suivant une tradition immémoriale, vendit la mule sur laquelle il était monté, et en distribua aussitôt le prix, qui fut de vingt-quatre écus, aux compagnons de la ville qui avaient formé son escorte.

« Le nouvel évesque, dit Bonivard, estoit estimé d'ung chascun ung bon hommeau, tendant plus tost à simplicité qu'à finesse, pour quoy sembloit au duc qu'il en jouiroit mieulx que d'ung aultre, mais il espreuva bien le contraire. »

Ceci se passait en 1510; trois ans après, un nouvel évêque est élu. Le 19 août 1513, le Conseil ordonne qu'on fasse un présent à M. l'évêque et prince de Genève, et « qu'on sache de luy s'il aimera mieux que ce présent soit en or comptant ou en vaisselle d'argent. » Il fut de même ordonné qu'on ferait un dais comme on avait fait à ses prédécesseurs, « attendu notamment qu'il est de la très-noble famille de Savoye. »

Le 25 août, le Conseil des Cinquante, touchant le présent qu'on fera à l'évêque en sa première venue, ordonne qu'on lui donnera six gobelets d'argent, pesant 20 marcs; une bassine d'argent, pesant 7 marcs; et, en outre, de l'hypocras, de la malvoisie et de la dragée. La vaisselle coûta 859 florins.

Et afin que les compagnons de la ville fussent plus magnifiquement équipés pour aller au-devant de Sa Grandeur, il fut arrêté qu'on leur accorderait 60 florins, et un florin à chacun des guets.

Le 30 août, on publia partout dans les rues l'ordonnance suivante : « Que tous ceulx qui ont des tapisseries les mettent au devant de leurs maisons, et à deffault de tapisseries, qu'on mette des feuillages. »

Le jour que M. l'évêque et prince de Genève dut célébrer sa première messe, on lui fit de nouveaux cadeaux. Le Conseil délibéra qu'il lui serait offert « 12 chapons et aultant de perdrix. » C'était le jour de la Toussaint, fête très-solennelle, où le prélat serait revêtu de tous ses habits pontificaux.

En 1523 devait avoir lieu une nouvelle entrée épiscopale. Aussi, « le 27 février, Mandallaz, procureur fiscal, venant du Piémont, expose de la part de l'évêque que l'on préparât toutes choses pour sa venue, car il avait dessein d'entrer dans la ville le dimanche de *Quasimodo* sa première messe, et qu'il obtiendroit un bref portant que tous ceux qui y assisteroient seroient absous de la peine et de la coulpe. » On le voit, l'évêque avait envie de conquérir les bonnes grâces des grands et du peuple, il voulait apporter avec lui le pardon de toutes les injures.

On fit dès lors tous les préparatifs nécessaires pour cette cérémonie : le 17 mars, on parla d'élire un capitaine général pour les quatre compagnies de gens d'armes, les archers, arquebusiers, arbalétriers et piquiers. On arrêta aussi que l'on donnerait deux sous à chacun des compagnons qui n'auraient pas de quoi acheter une casaque et des chausses, et qu'on les enrôlerait ensuite. Bezançon Hugues fut élu capitaine général, et le 9 avril on délibéra qu'il ferait le compliment d'usage ; mais qu'il le ferait en très-peu de mots.

Enfin, le jour tant désiré arriva : le 11 avril 1523, l'évêque Pierre de la Baume fit son entrée solennelle dans la ville de Genève.

« Luy allèrent les sindiqués et le Conseil au-devant jusques au pont d'Arve, où il fit entre leurs mains le serment accoustumé de garder et entretenir les franchises. Puis l'accompagnèrent lesdits quatre sindiques portantz le poille soubz lequel il chevaulcha jusques en la ville. Et encore, par touttes les rues de la ville, il y avoit aussy des jeunes gens bien montés et équipés, accoustrés et chevaulchant à l'albanoise. Plus de cent chevaulx vinrent faire le lymaçon devant luy, lesquelz il faisoit moult beau veoyr. Luy chevaulchoit une mule bien harnachée et dorée, et portoit ung chapel vert à la façon des évesques de Rome. Plusieurs belles estoires se firent, aussi jeulx et passetemps. »

Une pièce de vers assez insipide, mais que le commun peuple trouva bien amusante, fut présentée à Sa Grandeur. Genève, dans cette délicate poésie, s'adressant à ses enfants, leur disait :

> Pauvres, orphenins, veuves, gens de métier,
> Ayant mestier (besoin) de consolation,
> Venez ici faire habitation,
> Soubz cet arbre (baume, nom de l'évêque) qui couvre voulentiers
> Pauvres, orphenins, veuves, gens de métier.

Monseigneur Pierre de la Baume jura les franchises de la ville sur l'autel de Sainte-Catherine, en présence de messire Aimé de Gingins, abbé de Beaumont, et plusieurs autres. On fit présent à Sa Grandeur, « assavoir six assiettes et six écuelles d'argent pesant trente-deux marcs, douze flambeaux de cire et douze boëtes de dragée. »

Non-seulement les évêques de Genève, en leur double qualité d'évêques et de princes, avaient droit à ces honneurs suprêmes lors de leur entrée dans leur bonne ville, mais les ducs de Savoie, qui exerçaient aussi sur la ville un autre genre de juridiction, jouissaient des mêmes priviléges. Aussi manifestaient-ils souvent le désir de faire un séjour à Genève, et les citoyens non-seulement se prêtaient de bonne grâce à ce désir, mais encore ils ne manquaient jamais de saluer cette entrée du prince par des démonstrations honorifiques toujours très-onéreuses aux finances de la cité. Les syndics allaient à sa rencontre jusqu'aux limites ordinaires, le pont de l'Arve, et le conduisaient sous un dais jusqu'au temple de Saint-Pierre. Presque toujours aussi on représentait des histoires ou scènes dramatiques.

C'est ainsi qu'au mois de juillet 1507, le duc avait annoncé aux magistrats son intention de faire prochainement son entrée dans la ville, et le Conseil, immédiatement, donna des ordres pour qu'il fût reçu avec les plus grands honneurs.

Bien que le prince Charles eût ajourné de mois en mois l'exécution de son dessein, bien que les échafauds dressés pour la circonstance eussent dû être enlevés à différentes reprises, le zèle des citoyens ne fut nullement refroidi et rien ne fut négligé pour assurer au prince une brillante réception.

Mais voilà que le 24 février 1508 on avait reçu du duc un message où le prince annonçait sa prochaine arrivée. Immédiatement, le Conseil commande quatre *histoires*, qui seraient jouées savoir : une devant Notre-Dame du Pont du Rhône, une à Longemalle, une au bourg de Four, une autre devant la maison de ville.

Le chef des milices, que l'on qualifiait d'*abbé* de la ville, fût mandé pour aller au-devant du prince avec la compagnie des gens de pied ; les riches durent se préparer le plus honnêtement qu'il se pourrait ; et enfin l'on délibéra que la ville donnerait quelque chose aux pauvres pour se faire des habits.

Quatre commis eurent charge de pourvoir de personnages les quatre *histoires*, et il leur fut enjoint d'avoir à prendre garde que la chose réussît au mieux : pour leur peine, il leur fut accordé quarante florins.

Les compagnons de la ville durent aller au-devant du duc

au nombre de trois cents à pied, et on leur donna un florin à chacun, afin qu'il pût s'équiper plus honnêtement. Quant aux guets, outre un florin pour se faire des hoquetons, on leur en remit encore, le 21 mars, afin qu'ils se fissent une paire de chausses de la livrée de la ville, pour cette joyeuse et désirée venue de monseigneur de Savoie. Le trompette lui-même ne fut pas oublié, il reçut autant que les guets.

Restait à déterminer le présent que la ville offrirait au prince : il devait être honnête et de belle apparence. Il fut donc entendu le 28 mars qu'on lui ferait cadeau de vingt-quatre flambeaux de deux livres et demie, de douze boëtes de dragée de diverses sortes (il paraît que ces braves seigneurs n'étaient pas moins friands que les évêques leurs excellents cousins), puis outre cela, deux barils d'argent dont l'un sera plein de malvoisie et l'autre d'hypocras, afin que le duc veuille aimer davantage cette ville. Vous le voyez, on mettait les liqueurs dans des tonneaux d'argent, cela prouve le prix que nos pères attachaient aux boissons précieuses. Il n'y a pas qu'aujourd'hui qu'on s'enivre, nos bons aïeux se donnaient aussi, eux, le plaisir de se griser de temps en temps.

L'entrée du duc eut enfin lieu le 6 avril. « On luy alla au-devant jusques au bout du pont d'Arve, où est la fin des franchises de la ville, avec le poyle (le dais) pour lui porter dessus, comme ils avoient de coustume de faire à ses prédécesseurs, et les sindiques lui demandèrent de faire le serment accoustumé par sesdicts prédécesseurs, de garder les franchises ; mais il s'en excusa disant qu'il le feroit à Sainct Pierre quand il seroit descendu de cheval. Sur ce, les sindiques luy firent remontrance en toute humilité que la coustume n'estoit pas telle, et puisque messieurs ses prédécesseurs l'avoyent illec faict, ils le supplyoyent les vouloyr ensuyvre. Il le refusa tout net, oultrageant et menaçant encore les sindiques, mesmement Lévrier, sur lequel il avoit la dent, luy reprochant qu'il le cognoissoit bien, et qu'il estoit son subject, à cause que ledit Lévrier estoit né en son pays, de assez basse condition. Ce nonobstant, les sindiques ne s'en estonnèrent point, ains reployèrent le poyle et s'en vouloyent retourner; mais ceulx du conseil du duc parlementèrent pour aviser cela, et firent tant, qu'à la fin il fist le serment et fust accompaigné en la ville en la solempnité accoustumée de faire à ses prédécesseurs. »

Telle fut l'entrée du prince Charles en sa bonne ville de Genève. Mais toute magnifique et toute solennelle qu'elle eût pu être, elle était loin d'approcher de celle que nous allons décrire.

Le 28 juin 1523, l'évêque Pierre de la Baume prévient les syndics que la duchesse Béatrix se propose de venir dans quinze jours; mais les syndics lui font respectueusement observer qu'en si peu de temps il leur sera impossible de faire tous les préparatifs nécessaires pour une cérémonie de cette importance. En conséquence, ils prient monseigneur de vouloir bien écrire au prince afin qu'il lui plaise de retarder son voyage avec la duchesse.

Le 3 juillet on était à l'œuvre pour le présent de madame la duchesse. Plusieurs questions furent mises sur le tapis : d'abord, si on donnerait deux salières d'or couvertes, mais en observant toutefois de n'excéder pas la valeur des présents qu'on a faits aux autres duchesses de Savoie.

Quatre jours après, le Conseil était de nouveau assemblé pour le même sujet : « Touchant le présent pour la duchesse, » dit le registre dans son langage naïf, « qu'on façe deux bassins d'argent pesant neuf marcs chacun avec un soleil au milieu, lequel on dorera avec les bords du bassin. »

Mais madame la duchesse de Savoie était du noble pays d'Espagne; il se trouva précisément qu'on put lui faire une gracieuseté qui lui serait sans doute agréable entre toutes les autres.

« Le 14 juillet, on décide donc que les sindiques aillent vers M. l'évêque pour le prier, puisque la femme de noble Françoys de Saint-Michel parle la langue de madame la duchesse, il luy veuille écrire qu'elle se trouve en son arrivée pour estre capitaineresse des femmes. »

Puis, le 21 du même mois de juillet, il fallut faire des chausses et des casaques aux tambours qui seront dans les compagnies de J. Philippe et des autres, et aussy dans celles des femmes. — Il fallut que les femmes fissent des bonnets blancs et des chausses blanches; il fallut que J. Maubuisson marchât devant elles, conduisant les compagnons vestus de la livrée de la duchesse.

Mais tout à coup, le 2 août, un différend éclate entre les commandants des compagnons, J. Philippe et J. Maubuisson. Ils s'étaient piqués d'un amour-propre excessif autant qu'irréfléchi. Maubuisson s'oublia jusqu'à dire publiquement que, « le jour de l'entrée de la duchesse, il seroit plus honorablement vestu, et accoustré plus somptueusement que Philippe. » Mais Philippe n'entendait pas de cette oreille : en dépit de Maubuisson, il fit faire un habit de satin doublé de taffetas, avec une casaque de velours tanné, doublé de taffetas, toile d'argent blanche, ce qui lui coûta 48 escus soleil.

On ne peut dire jusqu'à quelles extrémités les aurait entraînés cette querelle, si le Conseil, prudent et sage, ne fût intervenu. Ce ne fut pas sans peine qu'il parvint à les mettre d'accord.

La duchesse fit son entrée le 4 août, accompagnée d'une brillante suite de gentilshommes, de seigneurs et de chevaliers.

« Trois cents dames allèrent à sa rencontre, leurs cottes retroussées jusques au genouil, pourtant, une chascune, une légère rondelle (bouclier) à la main gauche et ung javelot à la droite. La porteresse d'enseigne estoit une belle grande femme, fille du grand Jaques, qui la manioit et bransloit aussy proprement comme eust seu faire ung souldart qui n'auroit toute sa vie faict aultre chose. Si, luy fist, la capitaineresse, une grande révérence, et luy récita un *dictum* faict à sa louange en espaignol, qu'estoit leur langue maternelle, se présentant à elle, et toute la bande à elle, pour la servir de corps et de biens. »

Incontinent, une des dames de la ville s'approcha de la duchesse, et s'exprima en ces termes, bien respectueusement :

> Sérénisime et très-haulte princesse,
> En ce pays soyez la bien-venue,
> Dieu vous y doint saincte joye et liesse.
> De toutes gens y estes cher tenue,
> Voés-cy mes sœurs avec moy leur esleue
> Qui ne quérons fors vous estre plaisantes,
> Si vous prions, Dame de grant value,
> Nous accepter vos très-humbles servantes

Le Roy.

(*La suite au prochain numéro.*)

THÉATRES

LA DAME AUX CAMÉLIAS. — NOUVELLES.

Le Vaudeville vient de reprendre avec un grand succès *la Dame aux camélias*.

Cette pièce, la meilleure, à notre sens, d'Alexandre Dumas fils, est une de celles de notre temps qui resteront certainement.

En dehors de l'esprit du dialogue, des caractères, de la marche de l'ouvrage très-habile et très-vigoureusement tracée, il y a un côté profondément humain, qui dans tous les temps eût provoqué les larmes des spectateurs et mérité les éloges de la critique.

Deux écrivains, dans la première moitié de ce siècle, ont cherché dans l'étude de la courtisane matière à un drame ému et passionné.

Victor Hugo a fait Marion Delorme;

Alexandre Dumas fils a fait Marguerite Gautier.

Ces deux types sont vrais, ils ont vécu. Ces deux femmes

ont aimé et souffert. Une fois couchées, pâles et défigurées par le souffle de la grande déesse, ces deux malheureuses auxquelles avait manqué le respect dans la vie n'en ont pas trouvé davantage dans la mort. Elles appartenaient de droit à l'observation sans pitié du poëte, comme les victimes de l'amphithéâtre au scalpel du médecin.

L'un, penché sur l'âme, cherche par une analyse implacable les secrets de ces grandes déchéances morales; l'autre interroge les moindres fibres de ce corps pâli, pour y trouver le mystère de la destruction.

Tous deux obéissent à un devoir, tous deux remplissent une mission.

Hugo, homme de génie, s'est élevé dans son admirable drame au-dessus de l'humanité. Il est entré dans le pur domaine de l'idéalisme. Marion Delorme, comme il l'a faite, n'est plus une amante : c'est l'amour.

Dumas fils, homme de talent, a pris la courtisane de son époque et l'a marquée de traits qui ne peuvent être qu'à elle seule. Telle est, par exemple, cette scène où Marguerite propose impudemment à celui qu'elle aime de venir habiter avec elle la campagne et d'y vivre tranquillement de la petite fortune que ses premiers adorateurs lui ont constituée sur le Grand-Livre.

C'est bien là une des audaces des filles de notre époque sans vergogne.

Marion, elle, se cache au fond d'une province. Elle sait que le moindre mot, que le moindre soupçon éloignerait à tout jamais Didier. Elle se respecte encore elle-même en le respectant et en lui célant avec soin le moindre détail de sa vie passée.

Là est la différence.

Différence capitale entre les deux types. Différence qui met tous les spectateurs honnêtes du côté de Marion, qui la relève, qui la fait plaindre, qui lui fait pardonner, tandis qu'on n'a vraiment pas grande pitié de cette Marguerite, de cette hystérique de l'amour, qui n'a pas assez aimé, estimé Armand pour jeter au feu ses diamants, ses cachemires, ses dentelles honteuses, du jour où l'éclair du véritable amour l'a touchée.

Quoi qu'il en soit, la pièce de Dumas fils n'a pas vieilli. Elle est plus jeune, plus fougueuse que jamais. Il y court comme un souffle âcre de passion folle. On respire là un air brûlant qui vous accable, mais qui vous pénètre. Quant à l'esprit, il est toujours aussi prime-sautier, aussi vif qu'il y a quinze ans.

Nous le répétons, *la Dame aux camélias* est une étude qui restera, ce qui n'est pas un mince éloge à en faire.

La pièce est médiocrement jouée.

Laroche n'a pas la passion entraînante, le charme de Fechter. Il manque de jeunesse. Sa distinction est de la glace. Mme Doche meurt toujours admirablement, mais elle a joué bien mollement les premiers actes. Saint-Germain est parfait et Delannoy est ce qu'on appelle en style de coulisses un excellent *bénisseur*.

En somme, je voudrais voir ces deux superbes rôles d'Armand et de Marguerite en de plus vaillantes mains.

N'importe, on ira revoir avec grand plaisir ce remarquable ouvrage qui a fait verser tant de larmes et donné naissance à tant de poitrinaires.

⁎
⁎ ⁎

La Grande-Duchesse a fait son apparition à Vienne. Grand succès : Offenbach rappelé, le premier acte bissé, etc., etc.

Chose étrange ! les journalistes viennois font le plus grand éloge de la pièce.

Que diable peuvent-ils comprendre à ces *cascades* toutes parisiennes ?

*
* *

La Société des concerts du Conservatoire donnera, les dimanches 2 et 16 juin, à deux heures, des concerts extraordinaires à l'occasion de l'Exposition universelle, d'après l'invitation qui lui en a été adressée par S. Exc. le ministre de la maison de l'Empereur et des beaux-arts.

*
* *

On parle — et nous en sommes presque certain — de deux bals masqués qui seraient donnés cet été à l'Opéra. Il faut tout faire voir aux étrangers pendant que nous y sommes; et je parierais pour les bals de Strauss, contre les concerts Conservatoire.

Et vous ?

*
* *

On nous annonce que Fechter viendra jouer cet été *les Frères Corses* à l'Ambigu.

Il eût bien mieux fait de nous revenir dans *la Dame aux camélias*.

ERNEST DUBREUIL.

SOUVENIRS DU BORD

III

Mademoiselle

A ALEXANDRE DUMAS.

Vous avez élevé, maître, une immense pyramide littéraire, elle m'est connue de la base au sommet.

Bien souvent vous avez charmé, infatigable conteur, les ennuis de ma vie et vous m'avez rendu moins lourd le poids des heures : de ces heures dures à passer que toute existence humaine rencontre.

Savez-vous où je vous ai lu pour la première fois, et où j'ai appris à vous aimer en vous admirant ? Dans le Journal des Enfants. — *Il y a plus d'un jour de cela !*

Honoré maître, je m'autorise du souvenir de Jacques Ier *et de celui de* Mademoiselle Camargo *pour mettre votre nom en tête de ces quelques pages.*

A vous toute ma sympathie.

M. P. S.

La *Jeune Anaïs* avait quitté le port de Marseille depuis le matin. A la tombée de la nuit elle était en plein golfe de

Lion (1), filant grand largue, toutes voiles dehors, poussée par une brise de nord-est, le cap sur les côtes d'Espagne.

Le timonier venait de « piquer huit » et, en ma qualité de lieutenant j'avais pris le quart du capitaine ; j'étais favorisé de la « grande bordée, » c'est-à-dire qu'il me fallait rester sur le pont de huit heures à minuit et y revenir encore à quatre heures du matin.

Fatigué du tracas d'un jour de départ, appuyé sur la lisse de tribord, fumant ma pipe, le regard perdu dans l'espace, je songeais tristement aux affections laissées derrière moi, lorsqu'un bruit étrange me fit tout à coup tressaillir : on aurait dit l'aboiement d'un chien à l'avant du navire.

« Lazare, criai-je au maître d'équipage à demi couché sur le banc du quart, qu'est-ce que cela?

— Troun de l'air! fit-il, celui de nos matelots qui s'amuse à faire le chien peut se vanter d'avoir un joli talent d'imitation : je me suis cru encore au coin de Reboul (2) en l'entendant. — Mais j'ai la berlue ou voilà un vrai chien du bon Dieu par le travers du grand mât. Pour sûr, ajouta-t-il en se levant, celui-là n'est point porté sur le rôle d'équipage. »

Je m'avançai et vis un fort caniche qui, planté sur ses quatre jambes, nous regardait tranquillement en remuant la queue.

« Ho! de l'avant, criai-je, arrivez tous ici! »

Lorsque les hommes de mon quart eurent répondu à mon appel :

---

(1) Des géographes disent : golfe de lion ; d'autres, golfe du lion ; d'autres encore, golfe de Lyon.

(2) Rue du vieux Marseille, débouchant sur le port, près Saint-Jean.

« D'où sort ce chien? qui l'a introduit à bord? à qui appartient-il? leur dis-je.

— Lieutenant, répondit le matelot Agostino en tortillant dans ses doigts son bonnet de laine, ce chien est à moi.

— Il est à vous, fort bien ; mais pourquoi l'avoir embarqué sans en demander l'autorisation au capitaine?

— C'est que, voyez-vous, lieutenant, le capitaine aurait pu me la refuser, et je ne voulais pas courir la chance de laisser *Mademoiselle* à terre.

— Qui ça, *Mademoiselle?*

— Mon caniche donc, c'est de cette façon qu'il s'appelle.

— Alors, ton chien est une chienne? dis-je en ne pouvant m'empêcher de rire.

— Mon lieutenant, *Mademoiselle* est un chien, tout ce qu'il y a de plus chien ; et avec ça une bonne et brave bête, un vrai loup de mer, qui ne gênera ni ne fera tort à personne à bord. Aussi j'espère que le capitaine me pardonnera.

— C'est bien, nous verrons cela demain.

— Allons, *matelot*, file à la proue, fit Agostino à son caniche. »

Pendant le reste de mon quart j'allai plusieurs fois à l'avant pour consulter l'horizon ; chaque fois je trouvai Agostino fumant sa pipe et *Mademoiselle* couché à ses pieds, et toujours à mon passage le chien mettait la queue en trompette comme pour me faire le salut militaire.

Le lendemain matin notre bon capitaine fit appeler le matelot, lui adressa seulement quelques reproches, et pour la forme lui imposa une privation de vin pour deux jours.

« Merci, dit Agostino, heureux d'en être quitte pour si peu. »

Cet homme était un de nos meilleurs matelots, ne boudant

jamais à la peine et d'une subordination à toute épreuve. Quant à son chien, il était le favori de l'équipage, et bientôt même notre capitaine le prit en grande amitié.

Mademoiselle connaissait parfaitement la consigne du bord ; jamais il ne se permettait de dépasser l'arrière du grand mât. Le capitaine l'ayant sifflé un jour, pour le faire venir à lui, le chien regarda son maître et parut le consulter.

« Va donc, fit celui-ci, puisque c'est d'ordre supérieur. »

Depuis lors l'intelligent animal se permit de venir nous rendre souvent visite à l'arrière, d'entrer même dans le rouf (1), mais sans se rendre jamais importun.

Une nuit qu'Agostino était à la barre du gouvernail, je lui demandai d'où venait le nom singulier de *Mademoiselle* donné à son caniche.

« Lieutenant, me dit-il, c'est toute une histoire.
— Conte-la-moi.
— Pour lors, narra Agostino, j'étais embarqué à bord du *Rôdeur*, et nous étions mouillés en rade de la Pointe-à-Pitre. Un soir, à nuit faite, étant après fumer ma pipe, comme d'habitude, je vois venir vers moi en courant notre coq (2), qui me dit : « Agostino, prends vite une *fouène* (3), « et viens voir quel sacré poisson nage le long du bord, tout « près du canot. Dieu ! qu'il est gros, il y en aura pour man- « ger à l'arrière et à l'avant, si tu ne le laisses pas échapper. »

« Il faut vous dire, lieutenant que je manie mieux le har-

---

(1) Logement pour les officiers, sur le pont, à l'arrière du navire.

(2) Coq, nom donné au cuisinier du bord.

(3) Fouène, instrument de pêche ; fer à cinq ou six piquants au bout d'un bâton.

pon et la fouène que je ne tiens une plume ; aussi ma réputation était faite à bord du *Rôdeur*, et dans l'occasion on s'adressait toujours à moi. Ceci dit, je poursuis.

« Jeter mon grappin sur une fouène et courir à l'endroit indiqué, ça fut l'affaire d'une minute. La mer était noire comme de l'encre, et je ne vis d'abord pas plus de poisson que sur ma main.

« Qu'il est gros ! quel animal ! » criait toujours le cuisinier.

« Animal toi-même ! fis-je.

« — Ne le vois-tu pas ? là, contre le canot. »

« Pour lors, mon officier, j'aperçus effectivement, entre le navire et le canot quelque chose d'énorme qui se débattait dans l'eau ; ça semblait une boule de feu lançant des étincelles, vous savez, à cause du *phasphore* de la mer, comme vous dites vous autres.

« Cuisinier du diable ! criai-je, je crois que ton poisson, si poisson il y a, veut monter dans le canot. Que ton chef de bord m'emporte si j'y comprends quelque chose !

« — Lance donc la fouène ! » me hurlait le coq.

« Mais moi, mieux avisé et voulant me rendre compte du fin fond de l'affaire, je m'affalai dans le canot.

« L'animal mystérieux continuait son grabuge. Il faisait des pif et des paf dans l'eau, en veux-tu ? en voilà ; et puis, chose qui me fit frissonner, on entendait comme des gémissements et des cris plaintifs.

« Dieu de Dieu ! fis-je, ça ne dit rien d'habitude, le poisson. »

« Alors, je quittai la fouène et j'envoyai bravement mes deux mains en avant ; mais je les retirai sitôt, ayant senti quelque chose de velu. — Vrai, lieutenant, j'avais froid dans le dos.

« Cependant, comme de cric ou de crac je voulais avoir

le cœur net de l'aventure, je vas une seconde fois à l'abordage et je vous soutire de la mer et je vous flanque dans le canot, quoi?

— Un chien, fis-je.

— Vous l'avez dit, lieutenant; un pauvre chien à demi noyé, celui qui à cette heure est là couché à mes pieds.

— Bien, Agostino. Mais son nom?

— Son nom, mon officier, laissez-moi filer mon câble bout à bout, et vous saurez la chose.

« Comme vous pensez bien, — continua le narrateur, — je montai l'animal à bord. Le cuisinier avait allumé une lanterne, et tout l'équipage était attroupé autour du chien, qui demeurait roide, immobile. Chacun disait son mot : « Il est moitié crevé. — Il est fichu. — Il faut le pendre par les pattes de derrière.—Non, criait Jean, le loustic du bord, mettons-le au four, ça le reviendra. »

« Cependant le caniche fit quelques mouvements, puis se souleva sur son avant-train et se prit à secouer ses poils; mais les forces lui faisaient défaut.

« — Tiens, s'exclama le loustic, le voilà qui vomit. Cré farceur! il paraît qu'il n'aime pas l'eau salée.

« — Attendez, fit le coq, nous allons le ravigoter avec du rogomme. Le docteur de *la Pomone* disait qu'un liquide chasse l'autre : faut voir. »

« Sitôt dit, sitôt fait : le cuisinier vous prend une gamelle, vous la remplit à demi de tafia et, aidé de Jean, en introduit une partie dans le gosier du chien.

« Alors il fallait voir l'animal se trémousser, avoir des hoquets, et faire une si drôle de mine que c'était à en crever de rire, malgré la tristesse de la chose.

« — Allons, canis, hurlait Jean, ne grimace pas, ne fais pas la *demoiselle*; avale donc! »

« Je ne sais si le chien avait, d'autrefois, un goût prononcé pour le tafia ou s'il trouvait le remède bon, mais ce qu'il y a de sûr, c'est qu'après un moment d'hésitation, il se mit de lui-même à laper le rogomme qui restait encore dans la gamelle.

« — Cré nom d'un nom! gueusard, va! criait le loustic en se tordant de rire. — Ne dirait-on pas une vraie demoiselle? — Vous savez comment ça navigue, une demoiselle? Çà vous fait d'abord la dégoûtée; ça vous fait fi pour de rire de la chose qu'elle désire le plus ; puis ça y va en douceur, et ensuite — canard de diable! — çà en prendrait tant, que le capitaine est obligé de crier: *Stop!* Sacrée demoiselle, va! »

« Alors ce furent des cris et des rires tellement forts que le chien, tout ahuri, se mit à tourner de droite et de gauche, puis finalement à aboyer.

« Le nom de *Mademoiselle* resta au caniche, mon lieutenant. Un savantas du bord disait bien qu'il fallait lui donner celui de Moïse, à cause de cet ancien marin de la mer Rouge dont parle l'histoire *hébrasique*, et qui fut, comme vous le savez, sauvé de l'eau douce par la fille d'un roi nommé *Pharacon;* mais ça ne prit pas: *Mademoiselle* tint bon. — Ah! sapristi, j'ai oublié en vous contant la chose de tourner l'ampoulette, et je crois que nous avons attrapé la fin de notre quart; voyez donc un peu à votre montre, lieutenant. »

Le nom de *Mademoiselle*, donné au chien d'Agostino, semblait lui appartenir par droit d'antiphrase: *Mademoiselle* buvait des spiritueux comme un maître d'armes ; *Mademoiselle*, malgré la douceur de son caractère, aurait bien sûr sacré comme un païen si la parole ne lui avait pas fait défaut; *Mademoiselle* fumait comme un Turc. Oui, il fumait!

Tous les matins après le déjeuner, Agostino n'avait rien de plus pressé que de bourrer sa pipe; puis il en tirait une autre de sa poche : c'était une sorte de brûle-gueule en bois de bruyère. Cette seconde pipe, garnie avec soin de tabac et convenablement allumée, passait de la bouche du matelot aux dents du chien, qui, pendant l'opération, était demeuré attentif, assis sur son derrière, suivant de l'œil tous les mouvements de son maître.

C'était chose curieuse que de voir ce chien fumer avec gravité et conscience, et lancer, en amateur, la fumée du coin de ses babines.

Si Agostino fumait en se promenant, le caniche suivait côte à côte ; si le maître s'asseyait dans un coin, l'animal se couchait à ses pieds, et reposant la noix de la pipe sur le pont, prenait des allures de pacha, tantôt les yeux mi-clos, tantôt suivant d'un vague et somnolent regard la fumée du tabac, et remuant de temps à autre son appendice caudal (1).

La pipe du déjeuner finie, le chien en avait pour jusqu'au lendemain matin ; pour Agostino, en dehors des repas, du travail et de quelques rares heures de sommeil, il fumait tout le reste du temps.

Depuis le jour où Agostino avait sauvé la vie au caniche, l'homme et le chien ne s'étaient plus quittés ; et rien n'égalait l'affection d'Agostino pour *Mademoiselle*, si ce n'est le dévouement et l'attachement que *Mademoiselle* avait pour Agostino. Si cette affection réciproque avait pu s'augmenter encore, ç'aurait été, bien sûr, par le fait d'un événement qui arriva vers la fin de notre voyage, quelques jours avant notre arrivée en France.

La *Jeune Anaïs* était alors entre les côtes d'Espagne et les îles Baléares, dans ces mêmes parages où, quelques années après, fuyant vent arrière sous un terrible coup de vent du nord, le malheureux navire se brisait sur les récifs de l'île d'Iviça.

---

(1) J'ai vu dernièrement le chien d'un ouvrier qui, comme Mademoiselle, fumait.

La catastrophe fut complète : sur les seize hommes de l'équipage un seul survécut. Le navire fut broyé par la fureur des lames, et ses épaves, recueillies par les pêcheurs de la côte, servirent à faire cuire la soupe au poisson et à combattre les rigueurs de l'hiver. Pauvre *Jeune Anaïs!* Le capitaine Rieux, jeune et brave marin de trente ans, la commandait. Nous avions navigué ensemble sur ce même navire, et nous nous aimions comme deux frères. Pauvre Rieux !

J'ai dit que notre bâtiment était alors entre les côtes d'Espagne et les îles Baléares. La brise était faible et la chaleur du mois d'août accablante.

Assis sur le banc de quart, je nettoyais les verres de ma longue-vue, lorsque tout à coup *Mademoiselle* bondit vers moi en aboyant, me regarde d'un air effaré, puis, franchissant d'un saut le plat-bord du navire, s'élance à la mer.

L'intelligence du chien m'était si bien connue, que je pressentis aussitôt un malheur. Je ne me trompais pas, car, ayant couru à la hâte me pencher sur la lisse de bâbord, je vis le noble animal nager rapidement vers un homme qui, à une encâblure du navire, faisait tous ses efforts pour s'en approcher.

« La barre dessous ! — toute ! » criai-je au timonnier, et saisissant une bouée de sauvetage, je la lançai moi-même à la mer.

J'ai dit que la brise était faible ; elle nous était en outre contraire et nous naviguions au plus près. Le navire, obéissant à l'action du gouvernail, vint dans le lit du vent ; les voiles masquèrent complétement, et il fut arrêté dans sa marche.

Un canot mis rapidement à la mer nous ramenait un quart d'heure après Agostino, son chien et la bouée de sauvetage à laquelle le matelot s'était accroché. Le brave marin, en travaillant dans le porte-haubans de bâbord du mât de misaine, était tombé à la mer, et, n'ayant été vu ni entendu de personne, sans le courage et l'intelligence de son caniche, il se noyait par le plus beau temps du monde.

Autrefois l'homme avait sauvé le chien, le chien venait de sauver l'homme.

Aujourd'hui *Mademoiselle* dort de l'éternel sommeil des chiens justes ; il est enterré au bord de la mer, dans le creux d'un rocher; il a la tombe d'un marin.

Agostino vient souvent fumer sa pipe et pêcher à la crevette près du tombeau de son Pylade. Quand il n'est pas là, il est chez moi.

Je dirai un jour comment je me rencontrai de nouveau avec cet homme et ce chien, et comment ils furent tous deux fortement liés à ma vie.

M. P. SALVATOR.

REVUE FINANCIÈRE & INDUSTRIELLE

FINANCES. — BANQUE. — ASSURANCES. — COMMERCE. — INDUSTRIE.

S'adresser, pour ce qui concerne la Revue financière et industrielle, à M. de Yalom, 2, rue Ménars.

23 Mai.

C'est, en somme, de la hausse que nous avons à constater pour le résultat de la semaine. Ce n'est pas dire que nous restons aux plus hauts cours et en pleine hausse; au contraire, la bourse d'aujourd'hui est mauvaise et une nouvelle réaction a eu lieu; mais enfin, non-seulement les derniers cours conservent une bonne avance sur jeudi dernier, mais encore c'est pendant cette semaine passée que les cours ont atteint les prix les plus élevés, tant sur la rente que sur les chemins, qu'on ait vus depuis bien longtemps. Le cours de 70 fr. sur le 3 0/0 a été non-seulement accroché, mais même dépassé pendant un instant.

Il faut dire aussi que les nouvelles ont été continuellement bonnes et des plus pacifiques. Il n'a été question que de visites actuelles et prochaines de têtes couronnées venant de près et de loin, y compris jusqu'au Schah de Perse, la reine de Madagascar et le Grand Turc lui-même.

L'étonnement, pour beaucoup, a été que le mouvement n'ait pas été plus prononcé et la hausse plus rapide et plus importante ; mais si c'est ainsi, c'est par suite de plusieurs causes, parmi lesquelles on pourrait citer l'absence dans le mouvement de différentes grandes puissances financières, plus préoccupées de négocier différents emprunts importants en Italie, en Espagne, etc., etc., et dont le poids manque dans le mouvement ; ensuite le meilleur auxiliaire de la hausse, le *découvert*, s'est en grande partie racheté ces derniers temps, et outre le défaut de ce puissant levier, il faut ajouter encore que le point de départ de la hausse a eu lieu sur des cours déjà fort élevés. Dans ces conditions il est plus difficile de faire une hausse comme on en a vu autrefois dans le bon vieux temps.

La rente 3 0/0, que nous laissions à 69 fr. 30, après avoir touché au cours de 70 fr. 10 et même 70 fr. 15, est venue clôturer aujourd'hui à 69 fr. 77 c. 1/2, conservant ainsi sur jeudi dernier une avance de 47 c. 1/2.

La rente italienne 5 0/0, de 51 fr. 65, dernier cours au 16 mai, a monté au delà de 53 fr. sur le bruit de la réussite des combinaisons du ministre des finances italiennes, M. Ferrara, qui était d'accord avec nos plus puissantes maisons financières ; mais soudainement, tout étant remis en question, ce fonds d'État a immédiatement baissé lourdement, pour se relever assez pour être coté aujourd'hui à 52 fr. 35, avec 70 c. de hausse.

Le titre du Crédit mobilier a été très-négligé par suite de ses difficultés au sujet de la compagnie Immobilière, et pendant que les autres valeurs montaient, celle-ci baissait ou restait stationnaire ; mais depuis deux jours elle contraste par une fermeté inattendue : aussi répand-on des bruits explicatifs. Ainsi on parle du remboursement de la dette de la société Immobilière, ou bien d'une intervention du Crédit mobilier dans ces mêmes affaires de l'Italie dont nous venons de parler, etc., etc. Ce titre reste à 388 fr. 75, en hausse de 26 fr. 25.

Mais l'événement de la semaine a été la hausse des chemins de fer, qui ont dépassé des prix auxquels ils n'ont été depuis longtemps accoutumés.

Cette hausse est entièrement due à l'augmentation des recettes par suite des voyageurs pour l'Exposition. On compte beaucoup sur les tarifs à prix réduits adoptés par toutes les compagnies et déjà appliqués sur plusieurs réseaux.

Le Lyon a monté de 20 fr. au prix de 910 fr.; le Nord, de 18 fr. 75 à celui de 1210 fr. et l'Orléans de 16 fr. 25 à celui de 898 fr. 75. Ce sont là les derniers, mais non pas les plus hauts cours qu'ont obtenus ces valeurs.

Également de la hausse à Londres, où les consolidés ont atteint 91 7/8, en hausse de 1 3/4.

DE YALOM.

MAISONS RECOMMANDÉES

Par la REVUE COSMOPOLITE.

COMPAGNIE DES INDES, rue de Grenelle-Saint-Germain, 42. — Grand choix de foulards dans toutes les nuances, faisant des toilettes charmantes. Le foulard est très en vogue cet été.

BAILLY, boulevard Sébastopol, 107. — Jupon impérial pour remplacer le jupon-cage; il n'a rien de sa laideur disgracieuse, il se resserre à volonté, au moyen d'une tirette. Ce jupon a obtenu l'approbation de toutes nos élégantes.

CONSTANTIN, rue d'Antin, 7. — Grand choix de magnifiques fleurs défiant la nature par leur fraîcheur, pour robes de bal et coiffures.

AUX STATUES DE SAINT-JACQUES, rue Saint-Denis, 191-193. — Maison réputée par son honorabilité et la façon consciencieuse dont elle fait les affaires, la seule qui fasse 2 p. 100 d'escompte sur tout achat de 100 fr. — Soie, étoffes de tous genres. — Riches confections.

VIOLET, Parfumeur, rue Saint-Denis, 317. — Là se trouvent réunies toutes ces choses ravissantes, ces parfums exquis qui prêtent à nos élégantes tant de charmes. — Assortiment complet de savons de toilette, odeurs pour le mouchoir, etc., etc. SUCCURSALE : *Boulevard des Capucines*, en face du Jockey-Club.

CAUSERIE

Quels que soient les trésors qu'un fécond chroniqueur ait pu entasser dans les cases de sa cervelle pour alimenter son courrier hebdomadaire, il doit cependant donner la préférence aux deux faits palpitants de la semaine, qui dominent la situation, et sont aujourd'hui comme ils seront longtemps encore le sujet de toutes les conversations.

Il s'agit, comme bien vous le pensez, du bal de l'ambassade d'Autriche et de la visite que les francs-tireurs des Vosges viennent de faire à Paris. Causons donc un peu de ces deux grands événements, qui dans plus d'un journal politique ont eu les honneurs de la première page et l'importance d'un premier Paris écrit en gros caractères.

Bien avant que l'hôtel de la rue de Grenelle eût ouvert ses portes aux heureux élus qui avaient eu la faveur bien ardemment convoitée d'être au nombre des invités, on racontait des merveilles des préparatifs de cette royale fête qui devait surpasser en splendeur et en magnificence tout ce qui s'était fait jusqu'à ce jour, pour recevoir dignement les hôtes augustes de la France.

Il est vrai que l'on savait que M. Alphand, l'habile directeur à qui l'on doit les merveilleuses transformations de notre nouveau Paris, aidé de ses meilleurs collaborateurs, avait bien voulu prêter le concours de sa baguette magique à l'organisation de toutes ces féeries. Eh bien! malgré toutes les indiscrétions que l'on avait pu faire, tous les enchantements que l'on avait promis, l'attente si vivement surexcitée a encore été dépassée, et les rêves de l'imagination la plus bourrée des contes fantastiques des *Mille et une Nuits* ont été largement réalisés.

Je ne sais comment vous peindre les splendeurs de cette salle de bal qui, improvisée sur le terrain même du jardin, se reliait avec les grands salons de l'hôtel comme si elle en avait toujours fait partie; on ne sentait nullement le provisoire, et sous les tentures de satin rouge et vert dans lesquelles étaient encadrées d'immenses glaces, on ne pouvait pas s'imaginer que de simples planches rabotées de la veille formaient des murailles qui disparaîtraient le lendemain. Partout on rencontrait des corbeilles de fleurs et des guirlandes de lumières qui, se mariant ensemble, formaient le plus gracieux et le plus éblouissant effet. Mais à travers les glaces sans tain les regards plongeaient dans les profondeurs du jardin, doucement éclairé par des lumières électriques et des feux de toutes couleurs. Enfin, une grotte artificielle complétant le tableau faisait jaillir des cascades qui, frappées par des jets de lumière électrique, prenaient les reflets les plus variés, et montraient tour à tour une nappe d'eau rouge comme la lave enflammée, ou verte comme une mer d'émeraude bouillonnante. Enfin cette salle de bal était vraiment idéale, et quand la foule put y pénétrer à la suite de l'Empereur qui offrait le bras à la reine des Belges, ce fut partout un cri d'admiration. Je ne parle pas ici des autres salons où étaient dressés le buffet et les tables du souper qui complétaient dignement cet ensemble.

A onze heures, les danses ont commencé, et le quadrille d'honneur était ainsi composé. L'empereur, en frac bleu, portant le grand cordon de la Légion d'honneur, l'ordre de la Jarretière et le grand cordon de Saint-Étienne, dansait avec S. M. la reine des Belges, ayant pour vis-à-vis l'Impératrice et le prince royal de Prusse. Le roi des Belges dansait avec S. A. la princesse Mathilde, et le prince de Leuchtemberg avec S. A. la pricesse de Metternich. Après avoir nommé toutes les têtes couronnées et les princes, il faudrait citer tout ce que Paris compte en ce moment de plus distingué et de plus élégant, si l'on voulait énumérer la foule des invités qui se pressaient dans ces salons. Toutes les sociétés, sans distinction de parti, avaient là leurs plus nobles et leurs plus illustres représentants.

Le faubourg Saint-Germain avait à cette fête le prince et la princesse d'Hénin, le comte Maxime de Damas, le duc et la duchesse de Maillé, le duc et la duchesse de la Trémoille, le duc et la duchesse de Valençay, le comte de Saint-Priest, le prince de Sagan, le prince d'Aremberg, le prince de Ligne, le vicomte de Dreux-Brézé, et tant d'autres dont les noms m'échappent; puis tous les grands noms du monde officiel, le personnel des ambassades de toutes les puissances, les ministres, les sénateurs, les députés, les conseillers d'État, enfin tout ce que Paris possède en ce moment de femmes élégantes et d'hommes distingués.

Johann Strauss, que la princesse de Metternich avait fait venir de Vienne, a fait des prodiges avec son merveilleux orchestre, et jamais on n'avait vu les danses aussi animées.

Après le souper, merveilleusement ordonné, le cotillon a commencé, conduit par M. le comte de Deym et le comte de

Pergen, secrétaires de l'ambassade, avec un véritable talent, et à cinq heures et demie il durait encore, malgré le soleil qui commençait à briller et les efforts des grands parents qui réclamaient leurs filles.

Il est inutile de parler ici de la grâce avec laquelle le prince et la princesse de Metternich ont fait les honneurs de leurs salons, c'est chez eux chose d'habitude, et l'on parlera longtemps de cette fête, qui restera éternellement dans le souvenir de tous comme un modèle de suprême élégance et d'indescriptible splendeur.

Parlons maintenant de nos francs-tireurs des Vosges, qui ont un véritable succès et sont les lions du jour. Aussi, disons-le bien, jamais on n'a vu tournure plus martiale ni allure plus énergiquement décidée ; ils portent avec aisance leur pittoresque costume, et l'on sent que ces hardis chasseurs, avec leurs carabines, feraient de rudes tirailleurs s'il leur fallait défendre leurs montagnes et leurs foyers. Ils ont reçu à Paris l'accueil le plus sympathique, et leur présence portera peut-être ses fruits dans l'avenir en faisant connaître et en vulgarisant une institution qui, dans un sublime élan patriotique, pourrait peut-être rendre un jour de grands services à la patrie en danger.

Le haut patronage que leur a donné le Prince impérial en acceptant le titre, la carabine et les insignes de franc-tireur, sera un fécond exemple qui fera bientôt créer, espérons-le, de nouvelles et belles compagnies dans tous nos départements.

Le *Moniteur* nous raconte les intéressants détails de la double revue qui a été passée mercredi dernier par l'Empereur et puis par le Prince impérial, et je ne puis résister au plaisir de citer le compte rendu de la feuille officielle :

« L'Empereur a passé en revue, aujourd'hui, dans la cour des Tuileries, les cinq compagnies de francs-tireurs des Vosges.

« Sa Majesté a félicité sur leur belle tenue et leur air martial ces nobles enfants de la Lorraine, chez qui brillent dans toute leur énergie et leur pureté les traditions de cet ardent patriotisme dont leurs pères et leurs ancêtres ont signé les pages de notre histoire.

« Avant le défilé, l'Empereur a daigné attacher la croix d'officier de la Légion d'honneur sur la poitrine du commandant, M. Bourgeois, ancien capitaine, amputé d'une jambe au siége de Sébastopol.

« Hier, dans la matinée, le Prince impérial avait déjà passé en revue sur la place du Roi-de-Rome les cinq compagnies des francs-tireurs des Vosges, venues à Paris pour offrir à Son Altesse Impériale les armes, l'équipement et les insignes du commandement de leur Société.

« Après avoir reçu la carabine des mains de M. le capitaine Robert, le prince a remercié les francs-tireurs et, leur rappelant qu'il les avait déjà vus à Nancy, leur a exprimé ses regrets de ne pouvoir prendre part au banquet auquel il les conviait après le défilé, qui s'est exécuté aux cris répétés de *Vive l'Empereur! Vive l'Impératrice! Vive le Prince impérial!*

« Une foule nombreuse assistait à cette revue, saluant le Prince impérial de ses acclamations enthousiastes.

« Les francs-tireurs, précédés de M. le marquis de Fleury, préfet des Vosges, et de M. de Lauriston, officier d'ordonnance de l'Empereur, se sont ensuite rendus au palais de l'Exposition, où leur avait été préparé un banquet de 350 couverts. »

« Ce matin, à onze heures, le Prince impérial est venu de

Saint-Cloud aux Tuileries, accompagné du général Frossard, son gouverneur, et de M. Monnier, son précepteur.

« Son Altesse Impériale est descendue de voiture et s'est présentée à Leurs Majestés, qui se trouvaient en conseil des ministres.

« Le jeune Prince, vêtu du costume de franc-tireur des Vosges et portant la carabine que lui avait offerte, la veille, la députation vosgienne, s'est promené quelque temps avec Leurs Majestés et les ministres.

« Chacun admirait son air d'excellente santé et sa bonne mine.

« Son Altesse Impériale est ensuite retournée à Saint-Cloud. »

Je m'aperçois qu'entraînée par mon sujet, je me suis laissée aller à remplir les quelques pages destinées à la causerie ; mais, ma foi, au risque d'empiéter sur mon voisin, je veux vous dire encore une petite histoire, quand ce ne serait que pour vous faire maudire une fois de plus la jalousie, la plus bête et la plus déplorable de toutes les passions, car avec sa prétention de vouloir trop approfondir et voir clair dans ses affaires, elle est généralement la plus aveugle et la plus mal inspirée. Témoin ce pauvre garçon qui, s'imaginant que sa femme le trompe, feint de faire un petit voyage d'agrément et, revenant chez lui au moment où l'on s'y attend le moins, enfonce sa porte, et assomme un vieillard qu'il avait réveillé en sursaut, malgré les cris et les larmes de sa femme qui lui crie du dehors : « Mais, malheureux, c'est ton père que tu assassines!! » Ah! comme le bon Lafontaine a raison, et comme cet exemple devrait nous guérir de cette horrible passion !

Olympe Audouard.

CONSIDÉRATIONS

SUR

L'ORIGINE, LE DÉVELOPPEMENT ET LES TENDANCES ACTUELLES

DE L'ART MUSICAL

Tout être organisé est porté naturellement par son instinct à exprimer une sensation de joie et de douleur au moyen d'un son harmonique, et à manifester par un mouvement rhythmé de son corps l'effet que cette sensation produit sur son organisme.

L'homme, être organisé intelligent, possède en outre la faculté instinctive de communiquer ses sensations à d'autres individus de même espèce, et, quant à la cause première de ces mêmes sensations, c'est à un être intelligent supérieur à lui qu'il a toujours cherché à l'attribuer.

Pour pouvoir communiquer ses sensations à d'autres individus de son espèce, l'homme eut besoin dès l'origine de leur rendre intelligibles les différents sons harmoniques au moyen desquels il exprimait instinctivement ce qu'il ressentait, aussi la création des conventions du langage parlé dut-elle être la première application de l'intelligence humaine. Plus tard, lorsque la race humaine se répandit sur la plus grande partie de la surface des continents, et que la communication des mêmes sensations devint de plus en plus fréquente, l'usage fit perdre aux mots leur prononciation harmonique pour leur en adapter peu à peu une autre de pure convention dont les règles ne purent être comprises qu'au moyen d'une étude et d'une attention soutenues.

S'il fut facile à l'homme de se faire comprendre à ses semblables, il n'était malheureusement pas dans ses moyens de créer un langage parlé qui pût le mettre en communication avec l'intelligence supérieure, origine et cause première, selon lui, de toute chose existante, intelligence à laquelle il devait certainement recourir à l'approche d'un danger quelconque. La Divinité (c'est ainsi qu'il l'appela plus tard) ne se manifestait à lui que par des actes dont il ne pouvait comprendre la cause, et les grandes harmonies de la nature remplissaient son cœur de crainte et d'étonnement.

Si les cieux attestaient à ses yeux la grandeur de l'Éternel, pouvait-il, lui mortel éphémère, associant sa voix aux merveilleuses harmonies de la Nature, célébrer avec elle la toute-puissance du Créateur et se mettre en communication directe avec le Créateur lui-même? Quel doute terrible dut alors traverser l'esprit de l'homme! Cette intelligence supérieure avec qui il lui était jusqu'à un certain point permis de communiquer, et qui se renfermait dans un redoutable silence, existait-elle réellement? Toute cette création dont les merveilles l'enchantaient, était-ce le caprice d'un hasard aveugle, ou n'était-ce pas plutôt l'homme dont les yeux étaient fermés à la lumière? Et son instinct le lui disait pourtant, l'*incapacité* ne pouvait venir que de l'homme, et l'expression abstraite de la sensation, à l'aide d'un son purement harmonique et rhythmé, pouvait seule lui fournir un moyen de s'élever jusqu'à la Divinité au milieu du concert sublime de la Nature.

De la contemplation de Dieu naquit le premier *culte*, culte purement instinctif, dont la base fut la communication de la sensation de l'esprit humain à l'Esprit divin au moyen du langage harmonique.

Le langage harmonique ne se développa point, comme le langage parlé, à la suite des relations multiples qu'eurent entre elles les différentes races humaines, mais en raison des efforts que fit l'homme pour se mettre en relation directe avec Dieu.

Mais bientôt l'homme, déchu de son premier état de perfection relative, se révolta contre l'Esprit divin, marquant ainsi le premier pas de la décadence de l'humanité, décadence qui se manifeste par l'adoration du feu, des astres, du soleil, des animaux, comme représentant l'intelligence divine, — formes toutes matérielles de la Divinité. — Cette religion grossière eut un culte plus grossier encore : l'homme poussa vers le ciel des cris rauques, accompagnés de danses saccadées, comme le font encore aujourd'hui certaines peuplades sauvages de l'Afrique et de l'Océanie.

Le passage de l'état nomade à l'état de société servit à perfectionner chez l'homme civilisé par le contact de ses semblables l'idée de la Divinité, et il lui attribua une forme tout humaine, façonnant ainsi un ou plusieurs dieux à sa propre image. Jéhovah chez le peuple hébreu, Brahma dans l'antique religion de l'Inde, le Chronos et l'Hermès de la théogonie atlantide, le Teutatès des Celtes et des Gaulois, sont autant d'incarnations de l'Esprit divin sous la forme humaine de grands rois, de vaillants guerriers, de sages législateurs divinisés après leur mort. Le culte qui accompagna cette religion basée sur l'anthropomorphisme ne put être que purement humain. Ces dieux eurent des temples qui ressemblèrent à des palais, des autels et des sacrifices ; on leur parla le langage humain plié à l'harmonie et au rhythme du culte primitif au moyen des règles de la poésie. Des prêtres vêtus des plus riches étoffes chantaient en cadence les vers écrits en l'honneur du dieu, les jeunes gens accompagnaient ces vers au son des instruments, les vierges venaient mêler leurs danses gracieuses aux suaves harmonies s'élevant vers le ciel avec le parfum de l'encens.

C'est ainsi que dans toutes les civilisations de l'antiquité la musique, la danse et la poésie, toujours confondues dans le culte humain que l'on rendait à la Divinité, s'inspirèrent sans cesse l'une de l'autre pour former ce qu'on appela plus tard l'art philosophique ou religieux.

Cet art, ainsi que l'art du langage, arriva à son plus haut point de développement vers la fin de la période grecque. Durant cet âge d'or, la lyre du poëte résonnait sous le portique élégant où le philosophe expliquait à ses disciples les préceptes de la sagesse; le peuple assemblé dans les amphithéâtres écoutait les louanges des grands hommes chantées par le chœur tragique, pendant que des jeunes filles exécutaient au fond de l'hémicycle des danses en leur honneur. La longue théorie qui sortait du temple de Pallas-Athéné était précédée par les vierges célébrant les vertus de la déesse par des strophes qu'elles accompagnaient en cadence des mouvements onduleux de leur corps.

Rome, d'un asile de malfaiteurs, devenue en quelques siècles la capitale du monde connu, subit à son tour l'influence des civilisations grecque et étrusque; ce fut là peut-être la cause de la décadence de l'art religieux chez les Romains. Après avoir subjugué le monde entier, les fiers vainqueurs, gorgés du butin pris sur les ennemis de la République, oublièrent la simplicité de leurs pères et la foi qu'ils avaient conservée jusqu'alors au culte de leurs aïeux. L'indolent Quirite, fatigué de se couronner de fleurs et soulevant d'une main alourdie à la hauteur de son lit une coupe de falerne, écoute encore, mais d'une oreille distraite, le chant monotone de ses esclaves grecques auquel les danses lubriques des courtisanes de Corinthe n'ajoutent plus qu'un médiocre charme.

L'art religieux se perdit dans ce sensualisme, le langage aussi s'amalgama de mille idiomes divers, mais le moment approchait où l'esprit de Dieu allait triompher de toutes les croyances dépravées imaginées par le matérialisme de l'homme.

Pendant que le glaive du Germain brisait les statues du Capitole, l'apôtre, la croix en main, prêchait au peuple assemblé la doctrine d'un dieu fait homme pour expier les péchés du monde, et souffrant, pour les racheter, les supplices les plus cruels et les plus infamants. Au milieu des dernières convulsions du colossal empire envahi de tous côtés par des conquérants farouches, la voix de saint Paul se faisait entendre et les habitants déchus de l'ancienne métropole des arts écoutaient ces paroles sortant de sa bouche inspirée : « Athéniens, je vois à côté des temples consacrés à vos « dieux un autel dédié au *dieu inconnu*, eh bien ! je viens « aujourd'hui vous révéler ce dieu et en répandre la doctrine « au milieu de vous. »

Quel devait être le culte de ce dieu inconnu? Qu'allait devenir l'art religieux de l'antiquité en présence des nouvelles doctrines du christianisme? Les cérémonies religieuses des premiers chrétiens fuyant la persécution dans les catacombes se ressentent encore des pompes imposantes et des rites symboliques des religions de l'Orient. Mais comme dans ce culte rien ne doit plus s'adresser aux sens, la danse se sépare de la musique et de la poésie et l'usage en est à jamais proscrit dans les cérémonies religieuses.

Le caractère distinctif de la mélodie antique, c'est-à-dire le rhythme servant de motif à la danse, disparut complétement dans cette transformation et fut remplacé par le rhythme dépourvu d'accent, qui est la base du choral ancien de nos églises. L'effet de ce choral, qui s'est conservé encore dans les cérémonies de l'Église grecque unie, est monotone à l'extrême, car le motif de danse de l'harmonie antique y fait complétement défaut. Ce motif qui, à l'instar de la sentence grecque, frappait l'esprit par sa concision et sa clarté, ne s'est plus conservé que chez les races du Midi, et spécialement en Italie. L'imagination vive des habitants de la Péninsule et l'action merveilleuse du climat sur le timbre de la voix humaine devaient dans la suite contribuer activement au développement du motif de danse dans la musique profane.

Quant à la musique religieuse, elle ne fut relevée dans les premiers siècles du moyen âge que par l'invention de l'harmonie polyphone. Cette harmonie, par l'alternation caractéristique de quatre voix, introduisait un premier élément mélodique dans le choral primitif. Le motif de danse, abandonné d'abord, ne tarda pas à s'insinuer derechef dans la musique d'église italienne; mais il fut simplement appliqué aux voix, et son expression varia suivant les cérémonies du culte dans l'antienne et le motet. L'harmonie polyphone appliquée à ce motif reçut le nom d'art du contre-point. Le développement du motif rhythmé et sa répétition dans les quatre voix produisit, sous le nom de fugue, d'admirables effets dans l'ancienne musique d'église. L'unisson des voix, et même celui des instruments qui les accompagnaient, disparaissait alors complétement et chaque partie se trouvait assujettie à la mélodie primitive, appelée *canto fermo*. Ainsi se forma cette sublime musique religieuse telle que nous l'admirons encore aujourd'hui et qui, s'inspirant d'abord de l'idée biblique dans les psaumes de Marcello et les airs d'église de Stradella, devait acquérir la plénitude de son développement dans l'oratorio de Mendelssohn.

Nous avons dit plus haut qu'après la chute de l'empire romain le trait caractéristique de la mélodie antique, c'est-à-dire le motif de danse rhythmé, s'était conservé intact chez les populations du midi. L'art de la danse, qui ne fut point par elles séparé de cette mélodie, contribua admirablement à la perpétuer d'une génération à l'autre durant tout le moyen âge. Ainsi, tandis qu'au nord de l'Europe les voûtes dénudées des cathédrales gothiques retentissaient des chants graves que nous retrouvons dans les psaumes, les troubadours et les ménétriers faisaient revivre au midi toutes les manifestations sensuelles de l'idéal antique. L'art du chant, auquel se voua bientôt exclusivement tout Italien dès qu'il lui en coûta trop d'être peintre ou sculpteur, fut rabaissé à une profession généreusement rétribuée du reste par les seigneurs et les cours brillantes des différentes villes de la Péninsule. Ces douces modulations de la voix sur des motifs limités eurent aussi leur monotonie; mais aucun autre art ne vint les relever comme autrefois l'harmonie polyphone avait relevé le plain-chant dans la musique d'église, et jamais on n'arriva à cet effet d'ensemble qui remplissait l'âme des plus nobles sentiments et préparait si bien l'esprit aux douceurs de l'extase.

Dans cette musique profane l'inspiration manquait, car la foi manquait aussi, et l'on se bornait au développement plus ou moins bien conduit de deux ou trois motifs rhythmés. Le langage harmonique cessait d'être un moyen de communication entre l'homme et Dieu, car le doute religieux commençait déjà à envahir les esprits, et Rome elle-même, capitale du monde chrétien, était un véritable foyer de scandale.

Cela nous explique pourquoi à la fin du siècle passé, tandis que l'Allemagne arrivait à la plénitude harmonique dans l'oratorio et la symphonie basée sur le développement du chant dans toutes les parties vocales et instrumentales, l'Italie n'en était encore qu'à de pâles réminiscences du motif rhythmé de l'antiquité appliqué à la voix isolée. Mais à ce motif rhythmé le compositeur se gardait bien d'ajouter les puissants développements du contre-point qui en multipliaient l'effet, c'est tout au plus s'il se bornait à l'enjoliver de quelques fioritures que le chanteur était du reste parfaitement libre de laisser de côté quand ses moyens limités et son bon goût lui conseillaient de les supprimer.

(*La suite au prochain numéro.*)

Comte Escamerios.

REVUE DES BEAUX-ARTS

(SUITE)

Je considère la peinture officielle comme étant un rameau de la peinture historique, mais si ce rameau sort d'un arbre qui a porté des fruits magnifiques, elle ne paraît point recevoir de cet arbre séculaire une séve assez vigoureuse pour qu'elle puisse fructifier de même. Tous les âges écoulés, l'histoire du monde entier, forment le vaste champ de la peinture historique; quant à l'autre, l'actualité est l'objet de ses préférences; lorsque, par hasard, elle fait une excursion dans le passé, on reconnaît facilement que le temps présent cause en elle de fâcheuses préoccupations, on la voit à la recherche d'allusions spécieuses et de rapprochements inopportuns, au risque, le plus souvent, de rester incomprise. Cette recherche l'empêche d'aborder largement aucun sujet, de le traiter avec un esprit indépendant et des vues supérieures; elle devient étroite, mesquine et même ridicule.

En général, les tableaux appartenant à la peinture officielle sont faits sur commande, et par malheur l'inspiration est d'une nature rétive, indisciplinée, prête à fuir quand on lui enjoint de venir. De tels tableaux sont aussi le résultat d'une spéculation, l'artiste qui les exécute se croyant assuré de leur placement : en ce cas moins encore peut-on réussir, car l'enthousiasme et l'inspiration ne peuvent naître d'un calcul purement commercial. Presque tous les tableaux qui figurent au musée de Versailles ont été faits sur commande : il est, je crois, permis de trouver que ce musée, où la peinture officielle abonde, est loin d'être le meilleur de ceux dont à bon droit la France est orgueilleuse. La peinture officielle a d'ailleurs un défaut capital qui est dans son essence, ce défaut, c'est d'être portée à la flagornerie : si elle s'occupe d'un portrait, elle met toute son ardeur à embellir ce qu'elle reproduit : s'il s'agit d'un événement, elle lui donne des proportions tout autres que celles qu'il devrait avoir, et de cette façon il arrive très-souvent que ce qu'on a prétendu embelir, on l'a enlaidi ; ce qu'on a voulu grandir, on l'a rapetissé. Un autre défaut non moins grave, c'est que, pour jouir du bénéfice de l'actualité, la peinture officielle se hâte, elle s'empresse, elle improvise des toiles gigantesques, le pinceau semble mû par une activité fiévreuse ; on veut faire concurrence, pour ainsi dire, à la photographie, et on agit comme une machine fonctionnant si vite, qu'aucun temps de repos ne permet à la réflexion et à la pensée d'intervenir utilement. L'exposition du Champ de Mars offre de la peinture officielle plusieurs types de forte envergure, et c'est en y songeant que nous avons fait ces quelques observations. Elles ne s'appliquent nullement d'une façon spéciale à ceux des tableaux exposés cette année au Salon, et qu'on pourrait se croire autorisé à ranger dans la même catégorie : ces tableaux sont d'ailleurs en nombre restreint au Salon actuel. Rien de plus monotone que les représentations de batailles qui depuis bien des années se succèdent à foison dans tous les formats possibles. L'aspect d'une capilotade humaine peut-elle procurer une émotion qui au fond ne soit point désagréable? En toute sincérité, j'estime qu'on peut médiocrement goûter ce genre de spectacle : je suis de ceux qui préfèrent le clair soleil rayonnant sur l'horizon à un ciel surchargé de fumée ; un gazon emperlé de rosée et scintillant de fleurs à de la terre tachée par du sang; un arbre dont la branche porte un oiseau qui chante à l'affût d'un canon vomissant la mitraille ; j'aime mieux le frais sourire d'une belle jeune fille que les moustaches hérissées d'un vieux grenadier ; les ailes d'un ange que les bottes d'un général ; le cheval qui bondit en toute liberté dans un pâturage que le coursier qui franchit avec horreur un amoncellement de morts, parce que l'éperon l'y oblige.

Il est plus d'une circonstance où la peinture officielle aurait l'occasion d'être mieux inspirée, elle n'en profite point. Un pinceau, par exemple, n'aurait-il pas pu être légitimement excité à faire bien à propos de l'*Impératrice visitant Amiens pendant que le choléra y sévissait avec intensité?* Comment s'y est pris M. Féragu? Au lieu de montrer l'Impératrice traversant héroïquement des salles encombrées de malades et de mourants, il s'est occupé d'un détail tout à fait insignifiant, la présentation d'une pétition. Qu'avait ce fait de si particulier? ne pourrait-il point se passer aussi bien en un autre moment et en un autre lieu? Est-ce par cette banalité que devait être caractérisé un grand acte de courage et de charité? n'était-ce pas l'exemple donné qu'il fallait faire valoir, plutôt qu'une action qu'une souveraine peut accomplir partout et en tout temps? Dans la pensée du peintre, quelques costumes noirs, un groupe de médecins, une couleur grise, morne, terne, triste à l'œil comme le serait un drap mortuaire, suffisaient-ils pour émouvoir les spectateurs de son tableau? Les têtes de tous les personnages figurant dans cette scène sont sans expression, leur pose est froide, impassible, la plupart d'entre eux, même l'Impératrice, sont vus de profil. Un pareil sujet est encore à traiter.

Nous ne parlerons que très-peu des tableaux représentant des scènes militaires, mais il en est pourtant qu'il serait très-injuste de passer sous silence. Dans *le Combat de San-Lorenzo* comme dans *la Prise de San-Xavier devant Puebla*, M. Neuville et M. Beaucé ont très-bien rendu ce mouvement, cet élan de nos soldats que nous sommes habitués à voir reproduits tels qu'ils se déploient sur les champs de bataille; il est des moments où l'aspect de cet entrain, de cette fougue généreuse, fait un plaisir particulier. On se dit qu'il importe assez peu que des inventeurs se torturent le cerveau pour inventer de nouveaux engins de guerre, toute arme est pour nos soldats un chasse-ennemi.

Il ne faudrait pas croire que la peinture officielle s'applique seulement à des faits appartenant à la France, et que des artistes français en aient le monopole. Elle se produit dans tous les pays du monde, et sans y prospérer beaucoup mieux que chez nous, au contraire. Voici un tableau représentant le prince Frédéric-Charles à la bataille de Kœnitsgrætz : le prince a un air triomphant, ce nous semble, et cependant, quand on est huché sur un coursier qui, en pleine bataille, se livre à des exercices de chevaux de manége et qui s'appuie avec une si merveilleuse dextérité sur la pointe de ses sabots, on pourrait être moins gai, car il serait permis de penser qu'au moyen d'une chiquenaude, un de nos zouaves suffirait pour renverser du coup le cheval et le cavalier.

Encore un enthousiasme gris : c'est, en effet, sous un ciel blafard, à travers une atmosphère complétement obscurcie par une colonne de fumée, que M. de Rossi-Galozzo a fait arriver le roi Victor-Emmanuel à Venise. Quoi! précisément ce jour-là, le ciel, refusant de sourire, avait caché les rayons qui d'habitude illuminaient la ville des Doges? O lion de

Saint-Marc, toi qu'on enveloppe ainsi de nuages sombres, combien tu dois regretter Canaletto, le peintre ordinaire de ta Majesté, qui savait si bien montrer Venise parée de son soleil, ruisselante de clarté, et couverte comme d'un dôme étincelant par ce bel azur où passait librement le vol de ces blanches palombes! Hélas! les artistes du XIX⁰ siècle ont changé tout cela!

« Du gris encore, du gris, toujours le gris — du plâtre mélangé de noir — est devenu une couleur favorite en peinture; ce qui est terne, ce qui s'efface dans des demi-teintes tristes et maussades, c'est là ce qu'aujourd'hui on retrouve partout et en tout. Mais dans le tableau de M. Philippoteaux, on comprend l'usage de ces nuances sombres. Il s'agit de *l'arrivée des cendres* (des *cendres;* pourquoi ce mot païen fut-il adopté pour cette circonstance?) *de Napoléon à Courbevoie.* N'importe, les tons violacés ou noirâtres employés par l'artiste n'ajoutent rien à l'effet, ils sont disgracieux.

Même les portraits des grands dignitaires de l'État, des personnages officiels, se ressentent de l'influence mauvaise que nous avons constatée; voyez plutôt les portraits du maréchal Bazaine, celui de M. Delangle accusant une exhubérance de santé, celui de l'archevêque de Paris, qu'une teinte vineuse qui empêche le relief rend si disgracieux, si raide et si dur; voyez celui du général Paté, et bien d'autres encore que je pourrais citer. Les croix, les crachats, les cordons aux couleurs éclatantes, exercent-ils, par hasard, une telle fascination sur les artistes qu'en s'attachant à les reproduire, ceux-ci négligent le principal pour de tels accessoires?

Le moins curieux de tous les portraits de personnages officiels n'est pas celui qui représente le premier magistrat d'une grande cité. Le livret n'eût point minutieusement expliqué la dignité de ce personnage, que chacun l'eût devinée. Mon Dieu! comme cet homme chauve a l'air heureux d'être monsieur le maire ! Ses lèvres semblent prêtes à s'ouvrir pour un sourire affable, paternel et doux : Un doigt de la dextre municipale semble tracer sur le plan de la ville une ligne triomphale, une de ces lignes qui, en perçant une rue, fait passer à la plus arrière postérité le nom d'un administrateur. Tout marquis, autrefois, voulait avoir des pages ; il n'est pas un maire, aujourd'hui, qui ne veuille avoir sa rue. — La main sénestre du magistrat qu'une écharpe rehausse est ouverte, comme pour témoigner d'une satisfaction suprême, et l'on dirait Guillot s'affirmant le berger d'un superbe troupeau. — Monsieur le maire, j'ai bien l'honneur d'être votre humble serviteur !...

Eh bien ! je défie que l'on passe devant ce maire-là sans être porté à lui faire la révérence : jamais peintre, je le crois, n'avait mieux réussi un maire. Mes sincères compliments à M. Papin !

Parmi les tableaux de genre, il est une catégorie par-dessus laquelle je demande la permission de faire sauter vivement mon compte rendu. Je veux parler des peintures représentant le turf, le derby, le handicap, les courses *plates*, le saut des haies, etc. Généralement parlant, ces sortes de reproductions m'ont semblé très-plates, et rarement elles sont réussies. Il faudrait un Carle Vernet pour les rendre acceptables, nous n'avons pas de Carle Vernet. Rien d'étonnant d'ailleurs dans ce qu'ont d'imparfait ces sortes de tableaux : l'Art et ce qui tient à la Mode ne peuvent que bien rarement s'accorder ensemble et se combiner pour produire une œuvre sérieuse. Pour prospérer, il faut à l'Art ce qui réellement est beau ; la Mode volontiers adopte ce qui est ridicule. Un cheval aux formes grêles, s'allongeant comme du *caoutchouc*, et se trouvant ainsi dans une attitude forcée, le fait ressembler à une sauterelle franchissant d'un bond un plat d'épinards ; des jokeys habillés comme les singes qui, dans un cirque, chevauchent sur un barbet : voilà ce que l'artiste est appelé à reproduire ! — Je n'ai jamais cru, je ne croirai jamais que la race chevaline puisse être améliorée par l'exercice des courses, bien moins encore serais-je disposé à admettre que le talent d'un peintre puisse gagner en s'appliquant à de telles reproductions.

« Nous allons, à présent, nous trouver au milieu d'un courant plus paisible ; la source d'où part ce courant n'a rien de grandiose, et cependant, elle est inépuisable. On ne voit point ce qui sort de cette source jaillir en flots majestueux ni se précipiter en périlleuses cataractes, c'est une onde paisible qui, se contournant en méandres capricieux, côtoie très-souvent des îles enchantées et habitées par ce que la Fantaisie a créé de plus gracieux : sur ses bords, à tout instant, on peut cueillir de ravissantes fleurs. C'est sur ce courant facile que l'Art aujourd'hui semble se complaire. Hélas ! ce petit fleuve traverse certaines Capoues où l'on peut s'attarder au milieu de petites satisfactions qui peuvent tuer votre talent, artistes ! Prenez-y garde. Mieux vaudrait s'élancer bravement au milieu des grandes eaux que font tourbillonner les tempêtes : on peut éviter les abîmes et les chutes violentes, et dans ce cas, le triomphe est au bout de l'entreprise.

On comprendra facilement que nous faisons allusion à la peinture de genre, pour qui l'on délaisse la grande peinture, celle qui fit la gloire de Lesueur, de Poussin, de David, de Paul Delaroche, d'Ary Scheffer, de Delacroix et celle de Ingres, dont naguère encore et pour la dernière fois sans doute il nous a été donné d'admirer réunies les magnifiques toiles.

Il nous serait absolument impossible de signaler tous les tableaux que l'on peut classer dans la peinture de genre, et qui, soit par le sujet traité, soit par le mérite de l'exécution, nous ont réellement charmé. Après un choix tout d'abord indiqué par le nom de quelques artistes d'élite, un triage deviendrait difficile. Puisqu'il faut se restreindre, nous irons donc un peu au hasard, mais le sujet adopté par le peintre pourrait bien, nous l'avouons avec franchise, nous influencer, non point dans notre appréciation, mais relativement à quelques oublis qui pourraient être taxés d'injustice ou de partialité. On s'est peut-être déjà aperçu que nous aimions assez les beaux-arts pour posséder l'une des qualités, ou si l'on veut l'un des défauts d'un véritable artiste. La fantaisie est un guide que nous acceptons volontiers : ce qui nous émeut, ce qui éveille en nous une sympathie, nous attire de préférence, et c'est là, probablement, ce qui nous donne une répugnance invincible pour les œuvres de quelques adeptes d'une école récente qui veut qu'on représente froidement, impassiblement, les choses et les hommes. L'habileté d'exécution chez les artistes appartenant à cette école n'empêche point que l'on éprouve en face de ce qu'ils produisent la même froideur qu'ils ont eux-mêmes apportée à cette exécution. On a donné à cette école le nom de *réaliste*; parmi les chefs qu'elle a, ou parmi ceux qu'elle aura, on peut être assuré que jamais il ne se trouvera un homme de génie. Accepter l'impulsion, la pensée, les hardiesses d'un homme de génie, mais ce serait pour cette école abdiquer et disparaître ! Elle se contente, en reproduisant un objet quel qu'il soit, de le faire scrupuleusement, exactement, servilement, tel qu'il est; tout idéal doit être exclu, toute étincelle divine est condamnée à être éteinte : un idiot peut être un bon peintre ! Cette école ne pouvait se produire que dans un temps où le matérialisme serait en honneur. J'éprouve, je l'ai dit, une profonde répulsion pour le réalisme tel que le comprennent quelques artistes fourvoyés. Si l'Art ne se hâte pas de répudier un système qui lui sera fatal, si Maritorne marche l'égale, artistiquement parlant, des Vénus d'Arles ou de Milo ; si l'âne ou le crapaud sont placés sur le même rang que le cygne ou la gazelle ; s'il peut paraître de bon goût de faire faire son portrait et de se montrer au public, en pleine exposition, avec le sinciput couvert d'un affreux tuyau de poêle (1) ; si l'araignée suspendue au plafond devient un idéal, autant vaut que désormais restent fermées les portes des expositions annuelles. Les rues fourmillent d'aspects tout aussi agréables ; par exemple il est certain qu'on y peut rencontrer beaucoup de messieurs surmontés d'un chapeau noir qui ne les embellit point, ce n'est donc pas la peine de se déranger pour en voir de pareils placardés sur les murs d'un salon. J'avoue que je ne comprends pas du tout cette fantaisie de s'offrir aux visiteurs présents et futurs, à perpétuité, en étant pourvu d'un ornement qui donne forcément une allure impolie. Que l'on ait cette allure au Salon pour un public que l'on dédaigne, soit, mais ailleurs ! On ne peut prétexter la crainte d'un rhume de cerveau lorsqu'on n'est qu'en effigie dans un lieu exposé aux courants d'air?

— Ah ! si les tentatives du mauvais goût triomphaient définitivement par leur persistance, l'Art n'aurait plus qu'à se couvrir d'un voile, et il expirerait enlaidi par une contorsion d'horreur, comme le César de M. Clément, dont nous avons parlé : lui aussi, il aurait vu, avant de mourir, des fils qu'il aimait parmi ses assassins.

Louis de Laincel.

---

(1) Voir au Salon le portrait de M. M***, dédié à M. Masset par son ami M. Faustin Latour. Cette dédicace est au bas du tableau : *Arcades ambo*.

ARRIVÉE A PARIS

DE

L'EMPEREUR DE TOUTES LES RUSSIES

La réception qui a été faite à la gare du Nord à Sa Majesté l'Empereur de toutes les Russies a été splendide.

Tous les maréchaux, les généraux, les hauts dignitaires, étaient là en grand uniforme; des tribunes étaient improvisées en face de l'endroit où l'Empereur devait descendre de voiture. Une foule élégante se pressait dans ces estrades, une haie de militaires, musique en tête, était là; l'Empereur Napoléon III est arrivé à la gare quelques minutes avant que le train n'arrive; il s'est promené sur la chaussée accompagné du grand écuyer Fleury, du maréchal Niel, du maréchal Canrobert; tous les hauts dignitaires le suivaient et l'entouraient, et ce n'est pas dans le petit salon improvisé que l'Empereur a reçu le czar, mais au saut du chemin de fer, car il a été gracieusement à sa rencontre, et il s'est trouvé à la portière. Les deux souverains se sont embrassés; le czar a présenté ses deux fils, qui sont deux beaux jeunes gens qui ont l'air de posséder une santé brillante, et les deux souverains se sont avancés au milieu de la haie formée par les troupes, au son de la fanfare de la garde impériale. L'ambassade russe, les dames des hauts dignitaires, se sont avancées au-devant de leur Empereur ; l'évêque russe lui a baisé la main ; les dames se sont inclinées respectueusement. La foule enthousiaste criait : *Vive les deux Empereurs!* Je dois dire que cet accueil a vivement impressionné l'Empereur de Russie ; il était, on le voyait, très-ému ; sa voix tremblait légèrement. Des voitures de gala attendaient à la porte. La garde impériale a fait cortége d'honneur aux deux souverains.

L'Empereur Alexandre est de taille élevée ; il a le regard doux et fier en même temps, une figure régulièrement belle et une tournure élégante. Qui a eu l'air passablement étonné, ce sont les bonnes gens qui sont arrivées en gare cinq minutes avant l'Empereur. En voyant l'Empereur, son brillant cortége, toutes ces dames en grande toilette, ce velours, ces tapis, ces estrades, elles avaient l'air de se demander si tout cela était fait en leur honneur !

Le seul accident qu'il y ait eu à signaler a été l'indisposition d'un pauvre soldat faisant la haie : il s'est évanoui ; la chaleur, qui était très-forte, a été peut-être la cause de son évanouissement. On n'a eu que le temps de l'asseoir dans un coin ; une dame lui a envoyé un élégant flacon de sel.

Olympe Audouard.

SEMAINE SCIENTIFIQUE

Il y a quelques semaines, un astronome d'Athènes avait annoncé à ses collègues de Paris une nouvelle qui faillit mettre l'Observatoire sens dessus dessous : une montagne dans la lune avait disparu tout à coup! Qu'était-elle devenue? s'était-elle envolée? était-elle rentrée en elle-même comme une lorgnette dans ses tubes? Le sol de la lune était-il machiné comme le plancher d'un théâtre? Les lunariens avaient-ils fait de la montagne Linnée ce que nous avons fait du Trocadéro? Perplexité et émotion bien naturelles dans le camp des astronomes. Tous ceux qui ont des lunettes les ont braquées les 10 et 12 mai sur la lune, attendu que ces jours-là le satellite était dans la meilleure position pour être fructueusement observé ; et il a été constaté que, à l'endroit où s'élevait la montagne en question, il n'y avait plus même le moindre monticule. Plate comme la poitrine de Mlle X..., du théâtre Z ! C'est M. Camille Flammarion qui, par l'organe de M. Delaunay, vient l'affirmer à l'Académie. M. Camille Flammarion est un jeune astronome orné déjà de quatre décorations étrangères, et, — bizarrerie du sort, — toutes les quatre sont vertes!!! Quant à l'Observatoire impérial, faire des observations au sujet de la montagne en rupture de ban, c'est bien le moindre de ses soucis par exemple ! Et d'ailleurs, comment s'y prendrait-il? sa grande lunette, vous savez, celle qu'abrite le dôme (ce dôme que l'on s'imagine renfermer quelque chose), sa grande lunette n'a pas de verre depuis que M. Le Verrier est le commandant en chef de l'Observatoire. C'est incroyable, et cependant cela est. Je crois qu'il est inutile de tirer des conclusions d'un état de choses aussi anormal; chacun se les dira.

Puisque nous parlons de la lune, ne la quittons pas sans signaler aux gens de bon sens combien il est ridicule de conserver à quelques-unes de ses localités les noms baroques que l'ancienne astronomie leur avait appliqués : *Mer de la sérénité, Mer de nectar, Mer des humeurs,* etc. On ne comprend pas que des hommes qui n'ont rien de commun avec les hôtes de Charenton puissent aujourd'hui se servir dans des travaux sérieux de ces dénominations surannées et imbéciles sous tous les rapports.

Tout le monde a vu des agates polies sur lesquelles apparaissaient des mousses, des insectes, des semblants de végétation et autres objets plus ou moins bizarres ou fantastiques. Ces jeux de la nature se peuvent parfaitement reproduire aujourd'hui sur la calcédoine commune (la calcédoine est une variété d'agate orientale d'une teinte laiteuse mêlée de jaune et de bleu). Il suffit de tracer sur la pierre polie le dessin que l'on veut exécuter, avec une plume d'oie trempée dans du nitrate d'argent; l'on fait sécher au soleil et l'on obtient un dessin rouge ineffaçable. Pour obtenir une couleur brun grisâtre, on mélange au nitrate d'argent un huitième de suie et un huitième de bitartrate de potasse. La couleur violette s'obtient avec une addition d'un quart d'alun, et la couleur blanche opaque avec une solution de sous-nitrate de bismuth. Nous croyons que les bijoutiers lapidaires devront tirer un excellent parti de cette découverte.

Il nous semblait aussi que l'Exposition ne serait pas complète s'il ne s'y produisait quelques expériences de navigation aérienne. Jamais en effet plus belle occasion ne pouvait se présenter de montrer au public les résultats des systèmes d'aviation que l'Académie des sciences s'obstine à renfermer dans ses oubliettes. Eh bien! on va commencer. Et peut-être qu'à l'heure où ces lignes paraîtront une très-curieuse et gigantesque expérience aura eu lieu au sein même de l'Exposition universelle. Cette expérience, imaginée par M. Giffard, le célèbre inventeur de l'injecteur qui porte son nom, sera produite par M. Young, l'aéronaute. Ce sera un ballon captif qui, mû par la vapeur, s'élèvera dans l'air à une centaine de mètres, avec une charge de vingt à trente personnes, s'y maintiendra aussi longtemps que l'on voudra, puis redescendra et s'enlèvera de nouveau avec un autre chargement de curieux, et ainsi depuis le matin jusqu'à nuit close. Ce problème, comme tant d'autres qui ont réussi depuis, a été déclaré impossible par l'Académie : encore un camouflet pour cette vieille routinière, qui du reste ne les compte plus. Le ballon de M. Giffard est une sphère de 21 mètres de diamètre, formée de deux toiles fines très-serrées et indissolublement collées ensemble au moyen de caoutchouc et d'huile de lin. Son pouvoir ascensionnel est calculé de telle sorte que la composante du vent ne produise qu'une faible déviation de la verticale, 40 degrés au plus. Voir l'ensemble du champ de l'Exposition à une hauteur verticale de 100 mètres sera assurément un des plus beaux spectacles que l'on puisse se payer.

J. Denizet.

PARIS-GUIDE[1]

Les étrangers liront sans doute avec autant d'intérêt que de plaisir le *Paris-Guide*; il leur sera très-utile, j'en suis persuadée, mais il sera d'une plus grande utilité encore aux Parisiens, car qui connaît moins Paris qu'eux? Les Chinois peut-être, et encore!

Un Parisien, né à Paris, n'ayant jamais dépassé les fortifications, recevait chez lui un parent de province :

« Tu vas me faire les honneurs de ta belle ville, lui dit celui-ci?

— Oui, certes, je m'offre à toi comme cicerone, » répond notre Parisien.

Et il conduit le provincial sur les boulevards, au bois, à La Marche, il le fait dîner dans nos restaurants en renom, il le conduit entendre la *Belle Hélène*, il le mène successivement dans tous nos théâtres, lui montre le jardin Mabile, il le présente à toutes les reines du demi et du quart de

---

[1] Librairie internationale.

monde. Cela dure ainsi quinze jours, après lesquels notre provincial lui dit :

« Mais, mon ami, je voudrais bien commencer enfin à voir Paris. »

Le Parisien le regarde comme on regarde un échappé de Charenton :

« Tu voudrais voir Paris, eh bien, mais que fais-tu depuis quinze jours ? Il me semble que tu ne fais pas autre chose, et, grâce à moi, tu connais déjà tout ce qu'il y a de plus intéressant, de plus amusant, de plus curieux, la petite X***, la grosse ***, la brune *** ; tu as dîné dans tous nos cabarets à la mode... »

Son ami l'arrête et lui dit :

« Mais ce n'est pas ça que j'appelle voir Paris ; je veux voir les monuments, tout, enfin ce qu'il y a de vraiment curieux. »

Un franc éclat de rire fut la réponse du Parisien.

« Des monuments !... quels diables de monuments veux-tu voir ?... L'Arc-de-Triomphe ? tu l'as admiré en allant au bois ; les Tuileries ? nous avons passé dix fois dans la rue de Rivoli... Que veux-tu voir de plus ?

— Mais je ne sais, répond le provincial interloqué, il me semble que j'ai entendu parler d'une foule de choses intéressantes à visiter à Paris.

— Allons donc, conte de provinciaux. Crois-moi, tu connais tout ce qu'un homme intelligent doit connaître de notre belle capitale ; laisse les Anglais ou les habitants de Brives-la-Gaillarde aller s'extasier devant le Panthéon et devant la tour Saint-Jacques. »

Intimidé de cette sortie et craignant de paraître trop provincial, il n'osa plus exprimer à son parent le désir de voir Paris, et il quitta la capitale sans avoir vu autre chose que ses cafés, ses cocottes et ses boulevards.

Cette histoire très-véridique se renouvelle chaque jour : le Parisien ne connaît rien des splendeurs de Paris, et il jure avec la meilleure foi du monde qu'il n'y a rien à voir.

Qu'il lise le *Paris-Guide*, probablement ce remarquable ouvrage lui donnera le désir de faire, non pas un voyage *autour de sa chambre*, mais une excursion autour de sa ville.

Les rois, les princes et les barons de la littérature ont écrit sur Paris des pages brillantes et savantes.

Le maître des maîtres, Victor Hugo, a écrit une préface au *Paris-Guide*, en voici les quelques premières lignes :

« L'avenir !

« Au XXe siècle, il y aura une nation extraordinaire, cette nation sera grande, ce qui ne l'empêchera pas d'être libre. Elle sera illustre, riche, pensante, pacifique, cordiale au reste de l'humanité. Elle aura la gravité douce d'une aînée. Elle s'étonnera de la gloire des projectiles coniques, et elle aura quelque peine à faire la différence entre un général d'armée et un boucher ; la pourpre de l'un ne lui semblera pas très-distincte du rouge de l'autre. Une bataille entre Italiens et Allemands, entre Anglais et Russes, entre Prussiens et Français, lui apparaîtra comme nous apparaît une bataille entre Picards et Bourguignons. Elle considérera le gaspillage du sang humain comme inutile. Elle n'éprouvera que médiocrement l'admiration d'un gros chiffre d'hommes tués. Le haussement d'épaules que nous avons devant l'inquisition, elle l'aura devant la guerre. Elle regardera le champ de bataille de Sadowa de l'air dont nous regarderions le quemadore de Séville. Elle trouvera bête cette oscillation de la victoire aboutissant invariablement à de funèbres remises en équilibre, et Austerlitz toujours soldé par Waterloo. Elle aura pour l'autorité à peu près le respect que nous avons pour l'orthodoxie ; un procès de presse lui semblera ce que nous semblerait un procès d'hérésie ; elle admettra la vindicte contre les écrivains juste comme nous admettons la vindicte contre les astronomes, et sans rapprocher autrement Béranger de Galilée, elle ne comprendra pas plus Béranger en cellule que Galilée en prison. *E pur si muove*, loin d'être sa peur, sera sa joie ; elle aura la suprême justice de la honte. »

Si Victor Hugo est un bon prophète, c'est à se pendre d'être nées sitôt... Heureux XXe siècle ! ! !

Dans ce volume, Louis Blanc nous conte les mystères du vieux Paris, il le fait revivre à nos yeux.

Eugène Pelletan nous dit l'histoire de Paris, Sainte-Beuve nous parle de l'Académie française, il essaye de ressusciter la pauvre vieille.

Alexandre Dumas nous parle de l'Ecole des beaux-arts.

Dumas fils nous initie à la façon dont il faut opérer pour se faire une salle un jour de première représentation, et il connaît ce sujet à fond.

Arsène Houssaye nous décrit les merveilles du palais des Tuileries.

Taine y traite de l'Art en France avec cette éloquence, cette conviction, cette élégance de forme qui lui sont habituelles.

Le *Paris-Guide*, sous son titre modeste, est un ouvrage remarquable, un événement littéraire.

De Jouval.

ENTRÉES SOLENNELLES

DES

SEIGNEURS ET ÉVÊQUES

A GENÈVE

Une pièce dramatique, une moult belle estoire, fut représentée sur la place du Molard, en l'honneur de Son Altesse (1).

---

(1) Cette belle histoire n'était rien moins qu'une *sotie*, une vraie sotie, où le peuple déplorait le gouvernement de *Mère-Sotte*. Qu'était-ce que *Mère-Sotte*? C'était l'*Eglise*. Venez assister à ce spectacle. Nous sommes au dimanche des Brandons 1523. Un magnifique échafaud est dressé sur la place et dix personnages doivent figurer dans la pièce.

Ah! voici le principal acteur ou plutôt actrice : c'est la *Folie*, vêtue en grand deuil, qui ouvre la scène. Ce deuil, elle nous apprend qu'elle le porte depuis que son ami *Bontemps* a perdu la vie. Voyez-vous là-bas ce courrier à cheval qui accourt bride abattue? Il apporte une lettre. Bontemps, qu'on croyait mort et enterré, est ressuscité : c'est lui qui écrit à sa chère Folie pour lui donner de ses nouvelles. Folie lit à haute voix ; écoutez-la, comme elle est joyeuse! Elle répond immédiatement, et invite ses enfants à célébrer cette bonne nouvelle par leurs jeux et leurs joyeux

Les syndics lui remirent le présent offert par la ville. « Elle le reçut très-agréablement, disent les *Registres du Conseil*, en adjoutant qu'il suffisoit de l'honneur qu'on luy faisoit, sans qu'il fust besoing de présent, s'offrant de servir la ville de tout son pouvoir. »

Malgré ces paroles bienveillantes et gracieuses, tout le monde n'était pas satisfait. Bonivard, entre autres, prétend que la duchesse montra l'attitude la plus dédaigneuse pour les citoyens, et que, « loing de mercier les dames qui l'avoyent haranguée, elle ne daigna les resgarder; » mais d'autres excusaient ce dédain en disant : *Che eran los costumbres de Portugal* (que c'était la coutume du Portugal).

« Si alla, à la fin, la duchesse, en son logis, en palais, où son mari et elle séjournèrent une bonne pièce de temps, faisantz moult grandz banquetz, danses et triomphes. »

ébats; mais les marmots cherchent en vain leurs habits de caractère pour se livrer à leurs danses et ballets. Folie voit leur embarras, mais elle le fait bien vite disparaître : elle coupe sa chemise par morceaux et leur en fait à chacun un bonnet dont elle les coiffe. Malheureusement, l'oreille droite manque à tous ces béguins; les gamins se plaignent, gesticulent affreusement et crient à tue-tête; ils se mettent à boire et à bouffonner de plus belle, en attendant l'arrivée de *Bontemps*, à qui Folie a écrit une lettre pressante pour l'inviter à revenir au plus tôt à Genève.

Cette admirable pièce ne put être terminée en un jour : on remit la suite à l'année suivante, le dimanche après les Brandons. Neuf personnages cette fois figurent sur la scène. Elle fut représentée non plus sur la place du Molard, mais bien dans *le poile de la justice, vu qu'il faisoit gros temps.*

Les acteurs, béguin en tête, mais toujours sans oreille droite, font venir *Mère-Sotte* qui leur ordonne de travailler, chacun à son métier. Elle les conduit tous au *Monde* qui les prend à son service. Mais le savetier fait des souliers trop étroits; le mitron, du pain mal cuit; la couturière, des mantelets trop larges. Le *Monde* se fâche, d'où ils con-

Si les entrées épiscopales et princières étaient brillantes et magnifiques, les fêtes de la nativité des enfants du duc de Savoie n'étaient pas moins somptueuses.

Le 23 novembre 1522, en Conseil, on lut une lettre envoyée par M. le duc qui portait qu'il lui était né un fils, « à cause de quoy il prioit qu'on fist des processions et des feux de joye à Saint-Gervais, à la Fusterie, au Moulard, au bourg de Four et à la porte Baudet, et qu'on mettrait vingt-cinq fascines en chacun feu ; qu'on tireroit l'artillerie en signe de joye ; que devant les sindiques joueroyent trois trompettes, trois tambourgs d'Allemaigne, trois fifres et trois aultres in-

---

cluent qu'il est malade et qu'il lui faut amener un médecin ; il y consent et commence par envoyer sa fiole selon l'usage du temps. Le docteur après l'avoir examinée et secouée, décide que le *Monde* a le cerveau fêlé : il arrive un moment après, et adresse à son malade les questions les plus burlesques. Le *Monde* lui avoue que ce qui lui trouble la tête, c'est la crainte d'un certain déluge de feu, qui doit bientôt le consumer ; le docteur lui dit gravement en lui tâtant le pouls :

>   Et tu te troubles pour cela ?
>   Monde ! et tu ne te troubles pas
>   De voir ces larrons attrapars
>   Vendre et acheter bénéfices ?
>   Les enfants, aux bras des nourrices,
>   Être abbés, évêques, prieurs ;
>   Le même courtisan trois sœurs ;
>   Tuer les gens pour leur plaisir,
>   Jouer le sien, l'autrui saisir ;
>   Donner aux flatteurs audience,
>   Faire la guerre à toute outrance,
>   Pour un rien, entre les chrétiens ?

Après cette tirade satirique contre les mœurs du temps, qui est ce qu'il y a de mieux dans la pièce, le *Monde* congédie le docteur ; et pour se guérir, il fait venir les *gale*. Bontemps, endosse l'habit de la *Folie*, et recouvre bientôt santé et gaité, sinon raison et sagesse.

Mais revenons à la gracieuse duchesse de Savoie.

struments mélodieux, et que le lendemain les boutiques resteroyent fermées. »

Le 2 décembre 1523, « un officier du duc de Savoye vint annoncer aux sindics que Mme la duchesse estoit heureusement accouchée d'un prince environ mydi, au couvent des Frères Prêcheurs. Ayant ouï ces nouvelles, ils firent promptement publier que les prieurs des confrairies vinssent avec leurs gens, et que tout le monde eût des flambeaux pour aller en procession par toute la ville. En laquelle procession se trouva l'évêque revêtu de ses habits sacerdotaux, comme aussi les chanoines avec tout le clergé. Le soir on fit des feux de joie dans les places accoutumées, et on tira du canon sur la Treille (*debendata fuit artilleria in porta Baudet*). L'on donna féries pour trois jours, et outre la grande procession, on en fit encore plusieurs petites pendant deux jours ; les jeunes garçons et les jeunes filles s'y trouvaient vestus de blanc, que c'estoit chose merveilleuse à voyr. »

Quelquefois aussi le duc de Savoie, pendant son séjour à Genève, faisait en son hôtel de brillantes réceptions. En 1524, par exemple, il se trouvait en désaccord avec l'évêque, et pendant qu'il cherchait à attenter à la souveraineté du prélat, il avait grand soin de divertir les citoyens afin que ceux-ci fermassent les yeux sur ses manœuvres. Mais les syndics étaient plus clairvoyants, ils firent leur rapport au Conseil, qui prit la résolution suivante : Que MM. les syndics aillent vers M. l'official et luy disent qu'ils veulent écrire à l'évêque touchant les grandes réjouissances que M. le duc et ses gens font en ceste ville, et touchant la manière dont il a festoyé les dames de la ville, lesquelles il avoit invitées à souper le dimanche précédent, comme aussy touchant le combat gracieux et aimable des compagnons de la ville dans les bals qui se sont faicts en présence de leurs altesses, lesquels bals succédaient aux banquets. »

Enfin, je veux vous convier à une autre fête du même genre, mais toutefois revêtue d'un caractère bien différent.

Au mois de mars 1526, eut lieu, entre Berne, Fribourg et Genève, un traité de combourgeoisie. Les députés de Genève partirent le 9 mars. Ce même jour, le Conseil ordonna que les syndics iraient au-devant des députés des deux villes, à cheval et avec leurs bâtons jusqu'aux Pâquis, puis qu'on descendrait toute l'artillerie de la ville au Molard, près du lac, pour les saluer, qu'on préparerait un banquet en la maison de ville pour les régaler, que chacun nettoierait les rues devant sa maison, qu'on préparerait une comédie pour jouer devant les ambassadeurs et que le secrétaire Porral recevrait un écu pour les frais de cette représentation.

Cinq ans après, le dimanche 5 mars 1531, l'époque du renouvellement de cette alliance patriotique était arrivée : les ambassadeurs de messieurs des deux villes, M. le chevalier de Mülinen, et le banderet Sturler de Berne, et le baillif Gonguelimbert de Fribourg, vinrent à Genève, accompagnés, tant de hérauts que d'autres personnages, en nombre tout, dit Balard, douze chevaux.

« Les enfants de la cité leur allèrent au-devant un quart de lieue loing, tous habillés de mesmes armes soubz leurs cazaques, les ungs arquebuttiers, et les aultres lances gayes, les faisant beau veoyr à cheval ; et, à l'entrée de la cité, furent salués de l'artillerye. »

Les plus magnifiques réjouissances se préparaient, tout le peuple était en grande liesse, et le commun s'ébattait fort de tous côtés. « Le lendemain lundi, 6 de mars, fust tenu le Conseil général, en la closture de Saint-Pierre, lieu accoustumé, où se trouvèrent lesdits ambassadeurs de messieurs des deux villes, lesquelz prièrent la commune de Genève vouloyr faire le serment de la bourgeoisie jouxte le contenu de la lettre ; lequel serment, tous d'ung bon accord le firent en levant la main, et que, ainsy, leur fust en aide Dieu.

« Au despartyr dudict Conseil, les sindiques mesnèrent lesdicts sieurs ambassadeurs en la maison de ville, où là leur fust donné à dysné et à souppé. Trois jours demourèrent en la cité, où firent grosse chière.

« Lors, devant les sieurs ambassadeurs et tout le peuple, fust joué au couvent des Cordeliers, sur ung eschaffaut après vespres, le jeu qui s'ensuyt..... »

Les personnages de ce drame étaient une poule avec ses trois poussins et trois éperviers représentant les gentilshommes de la Cuiller, véritables oiseaux de proie pour la ville. Trois A liés, fabriqués artistement en bois, servaient de refuge à la poule et à ses poussins contre les attaques des oiseaux ravisseurs.

Or, voici quelques-uns des propos échangés entre les acteurs emplumés :

PREMIER ESPERVIER.

Prendre la fault en sa maison,
Quoi qu'il coûte; sus à l'assault !
Rens-toy poulle !

LA POULLE.

A qui ?

TROISIÈME ESPERVIER.

. . . . . . Aux haults,
Nobles et puissants esparviers !

LA POULLE.

. . . . Volentiers,
Esparviers ne vont poinct de nuyct.

TROISIÈME ESPERVIER.

Rens-toy, et tu seras sage.....

LA POULLE.

Je cognoy à vostre langage,
Maintenant, quelz vous pouvez estre.
Ha! Dieu me gard d'avoyr telz maistres.
Oyseaux qui vollent ainsy tard
Sont de quelque esparvier bastard :
Procédez ausquelz n'ay fiance.
    Allez, allez!

DEUXIÈME ESPERVIER.

Bien estes-vous affoliez,
De vous confier en murailles
Du serment qu'est, comme de paille,
Tout incontinent aboli.

DEUXIÈME POUSSIN.

Il n'est point d'harnois si poly
Que seussions trouver si joly
Ne si bon que la sermentaille.

TROISIÈME ESPERVIER.

Avisez l'assurée canaille
Qu'aime mieulx mourir en battaille
Que de se rendre aux esparviers.

PREMIER ESPERVIER.

Si nous vous approchons de près,
Poussins, nous vous chaponnerons!
Rendez-vous trestous!

UN POUSSIN.

Non ferons,
Plus tôt du bec nous nous deffendrons.
Attendons que le pitoyable
Phénix nous sera secourable
Dans le serment des AAA liés.

UN ESPERVIER.

Poulets sont à présent si fiers,
Et si battus de nos sonnettes,
Qu'à l'aide de leurs bons voysins
Ils nous renvoyent comme bestes.

UN POUSSIN.

Par ces montagnes de Savoye,
Bien font esparviers leur grimace.
Dieu nous gard d'eux et de leur race !
Nous sommes mieulx que ne pensoye,
Puisqu'esparviers ont pris la voye.

DEUXIÈME POUSSIN.

Plus ne serons d'oyseaulx la proie,
A Dieu et aux AA liez grâce,
Nous pouvons bien sortir en place
Puisqu'esparviers ont pris la voye.

LA POULLE.

Pour ce, des choses perdurables,
Poulle et poussins n'oublient mye
A vous AA liez très affables
Vous doigt Dieu paix et longue vye. »

Vous ne demandez pas ce que c'était que ces trois éperviers qui, ayant pris leur essor des montagnes de Savoie, planaient audacieusement sur la ville de Genève? Vous m'avez tous devancé, et déjà j'ai entendu prononcer les noms du duc de Savoie, de l'évêque de Genève et du vidamme de la cité. Vous ne demandez pas ce que c'était que ces pauvres poussins qui, sous l'aile de leur mère la poule, cherchaient abri et protection sous le symbole des A liés?

Tout ce peuple de Genève, à son tour, vient de nous répondre fort piteusement.

Enfin, vous ne demandez pas ce que c'était que ces A liés, artistement ouvragés, qui venaient ainsi au secours et à la défense des malheureux poussins? Berne, Fribourg et l'Union Helvétique se chargent du soin de nous répondre aussi, à à leur tour, dans les personnes des ambassadeurs Mülinen, Sturler et Gonguelinbert.

Telle fut cette pièce qui excita parmi le peuple de Genève un enthousiasme délirant, et qui fut répétée durant des années dans les quatre coins de l'Helvétie!

Les ambassadeurs reçurent ainsi pendant leur mission les honneurs les plus gracieux.

« La cité les deffriat, et durant lesdits trois jours leur fust faict esbatemens, comme ystoires, farces, momeryes et feux de joye, et au despartyr de la cité, leur donna aux dicts ambassadeurs à ung chascun 10 escutz pour ung pourpoinct de velours. Ceulx de Berne ne voulurent rien prendre à cause de l'esdictz de leur ville ; aux héraultz fust donné à chascun 4 escutz. Et despartyrent pour eulx en retourner le mercredy, 8 de mars, et les allèrent accompaigner les enfans de la ville jusques à Versoex.

« Ce mesme jour arrivèrent à Genève les ambassadeurs dudict Genève qui estoyent allés recepvoyr le serment de messieurs de Berne et de Fribourg, lequel serment fust faict de bon cœur et furent deffriez audict Berne et Fribourg. »

Ce que vous venez d'entendre porte avec soi un grand enseignement. Voilà l'état d'asservissement, d'abrutissement où nos pères étaient plongés. Au moment de leurs plus grandes souffrances, lorsqu'ils étaient parvenus au paroxisme de la douleur, ils se plaignaient amèrement sans doute, mais tout bas et au coin de la cheminée, car ils n'osaient pas rendre publiques leurs plaintes, ils n'osaient manifester au dehors aucun signe de mécontentement. Bien plus, lorsque des rois ou des seigneurs, ruinés par la guerre ou éprouvant le besoin de recueillir de l'argent pour aller défendre le tombeau de Jésus-Christ, offraient à leurs vassaux et à leurs serfs de leur vendre leur liberté, on en vit de tous côtés préférer la servitude avec ses avantages à la liberté avec ses inconvénients.

Chacun était froid, chacun était de marbre.

Lorsqu'on visitait un ami, lorsqu'on recevait un voisin, on se regardait tristement, et, ayant grande peur d'être entendu, on répétait ces paroles qu'au même temps Michel-Ange gravait sur sa statue de la NUIT, érigée dans sa patrie opprimée :

« Il m'est doux de dormir; plus doux encore d'être de marbre, en ce temps de malheur et d'opprobre. Ne rien voir, ne rien sentir, est un grand bonheur pour moi. Ne m'éveille point, de grace! parle bas. »

Le pauvre peuple subissait un état de prostration dégradant, une vie de torpeur que rien ne pouvait distraire.

Il fallut des efforts inouïs; il fallut que la souffrance brisât tout à fait le peu qu'il y avait encore d'humain chez nos pères.

Il fallut que des esprits distingués et des âmes vigoureuses s'élevassent du milieu d'eux pour les tirer de cet état honteux où ils languissaient. C'est alors que l'on vit sortir de la foule un Artevelde chez les Flamands, un Jean Huniade chez les Hongrois, un Dandolo à Venise, un Sobieski en Pologne, et à Genève les Levrier, les Malbuisson, les Pécolat, les Bonivard, les Berthelier et les Bezançon Hugues.

Le Roy.

Genève, le 9 décembre 1866.

REVUE FINANCIÈRE & INDUSTRIELLE

FINANCES. — BANQUE. — ASSURANCES. — COMMERCE. — INDUSTRIE.

S'adresser, pour ce qui concerne la REVUE FINANCIÈRE ET INDUSTRIELLE, à M. DE YALOM, 2, rue Ménars.

29 Mai.

A cause de la fête de l'Ascension, qui a lieu demain et qui fait que la Bourse sera fermée, nous datons notre revue un jour plus tôt que d'habitude.

Depuis notre dernier numéro, le marché a été fort nul, et c'est de la baisse qui avait d'abord prévalu, mais les deux dernières bourses ont complétement changé l'aspect du marché, et nous sommes revenus, sinon aux plus hauts cours, au moins à des cours plus élevés que ceux de la dernière semaine. Ainsi la rente, après avoir fui devant le terrible cours de

70 fr. pendant plusieurs bourses, a fini aujourd'hui par l'effleurer légèrement. Le dernier cours est de **69.92 1/2**, avec hausse acquise sur jeudi dernier de 15 c.

C'est vrai que nous montons depuis deux jours, mais il ne faudrait pas croire que les affaires sont suivies. Elles étaient d'abord complétement nulles, elles sont redevenues plus animées, mais la liquidation si proche les tient en arrêt. Et la prudence conseille de tenir compte du rachat presque entièrement accompli du *découvert* et, conséquence naturelle de cet état de choses, du remplacement du *déport* par le *report*, ce qui ne manquera pas de se faire sentir plus sérieusement à la liquidation.

Cette semaine il a été beaucoup question de plusieurs nouveaux emprunts. Ainsi on a même fait un jour de baisse sur le bruit d'un emprunt français, dont on fixait le chiffre et autres détails ; mais cela n'a été qu'un moment, on est revenu bien vite à s'occuper d'autres projets d'emprunts qui avaient plus de réalité.

D'abord, il s'agit d'un emprunt espagnol destiné à donner satisfaction aux anciens souscripteurs de certains fonds espagnols dont il a été tant question depuis longues années. L'Espagne aurait tout à gagner de reprendre ainsi une position convenable dans les places financières de l'Europe. On a si souvent espéré cet événement, qu'il ne nous reste qu'à espérer que cette fois sera la bonne.

Mais pendant que l'on cause de l'emprunt espagnol, voilà l'emprunt italien qui se fait, qui est fait même. On ne sait au juste aucune des conditions de l'affaire, mais on est satisfait de savoir que c'est la maison Erlanger et C⁰ qui représente les différents capitalistes qui ont contracté cet emprunt considérable avec le gouvernement italien.

Ce n'est pas tout. Nous lisons dans le *Mémorial diplomatique :* « On parle aussi d'un emprunt égyptien contracté

« avec la Société du canal de Suez, et qui serait sur le point
« d'être signé, s'il ne l'est déjà ; il aurait pour but le règle-
« ment de certaines dettes du vice-roi, entre autres celles
« provenant de ses engagements avec le canal de Suez. »

Pour revenir au marché, nous indiquerons une hausse de 30 c. sur la rente italienne 5 p. 0/0, qui a clôturé aujourd'hui à 52 fr. 65 c.

Le Crédit mobilier, jadis si maltraité, a été remarquablement ferme cette semaine, et a continué son mouvement ascensionnel lors même que les autres valeurs n'étaient que faiblement tenues. On cherche bien quelles sont les combinaisons, par rapport à la Compagnie immobilière, toujours malade, qui donnent prise à cette amélioration, sans pouvoir arriver à obtenir des renseignements exacts, aussi préférons-nous nous abstenir même de répéter les quelques bruits qui courent à ce sujet. Ce qui est plus certain, c'est que le titre de cette société a atteint le cours de 400 fr., et reste même en clôture à 402 fr. 50 c., en hausse sur jeudi de 13 fr. 75 c.

On a été généralement assez étonné de la réaction qui a eu lieu sur les titres des chemins de fer, au moment même où leurs recettes commençaient à prendre une grande extension. On ne tient pas assez compte que ces chemins avaient beaucoup monté, atteint de gros cours, et que le marché, un moment devenu très-faible, encourageait les réalisateurs de bénéfices qui se mirent à songer que « un tient vaut mieux que deux tu l'auras. »

Les consolidés anglais, qui avaient tant monté l'autre semaine, ont encore gagné du chemin avec une persistance inouïe ; du reste, ce sont les cours en hausse envoyés de Londres ces deux derniers jours qui sont une des plus fortes raisons explicatives à donner de la hausse de nos fonds. De 91 7/8, les consolidés ont monté à 92 5/8, d'après le dernier télégramme, avec hausse 3/4 0/0.

Dernier cours :

Rente 3 p. 0/0.	69 fr. 92 c.	1/2
Italien 5 p. 0/0.	52	65
Crédit mobilier.	402	50
— espagnol. .	265	»
Crédit foncier.	1,470	»
Compagnie immobilière. .	202	50
Orléans.	892	50
Lyon.	902	50
Nord.	1,212	50
Autrichien.	458	75
Lombard.	390	»

De Yalom.

MAISONS RECOMMANDÉES

Par la REVUE COSMOPOLITE.

COMPAGNIE DES INDES, rue de Grenelle-Saint-Germain, 42. — Grand choix de foulards dans toutes les nuances, faisant des toilettes charmantes. Le foulard est très en vogue cet été.

BAILLY, boulevard Sébastopol, 107. — Jupon impérial pour remplacer le jupon-cage; il n'a rien de sa laideur disgracieuse, il se resserre à volonté, au moyen d'une tirette. Ce jupon a obtenu l'approbation de toutes nos élégantes.

CONSTANTIN, rue d'Antin, 7. — Grand choix de magnifiques fleurs défiant la nature par leur fraîcheur, pour robes de bal et coiffures.

AUX STATUES DE SAINT-JACQUES, rue Saint-Denis, 191-193. — Maison réputée par son honorabilité et la façon consciencieuse dont elle fait les affaires, la seule qui fasse 2 p. 100 d'escompte sur tout achat de 100 fr. — Soie, étoffes de tou genres. — Riches confections.

VIOLET, Parfumeur, rue Saint-Denis, 317. — Là se trouvent réunies toutes ces choses ravissantes, ces parfums exquis qui prêtent à nos élégantes tant de charmes. — Assortiment complet de savons de toilette, odeurs pour le mouchoir, etc., etc. SUCCURSALE : *Boulevard des Capucines*, en face du Jockey-Club.

CAUSERIE

COURSES. — ASPECT DU PESAGE. — GALA A L'OPÉRA. — GRANDE REVUE AU CHAMP DE COURSES. — LES SOUVERAINS. — LES UNS S'AMUSENT, LES AUTRES.... — LES DEUX MILLE ROSSIGNOLS DE L'EMPEREUR MAXIMILIEN. — M. RATTAZZI. — SOIRÉE LITTÉRAIRE ET ARTISTIQUE CHEZ LE COMTE DE NOÉ.

Tout comme Calchas, nous serions bien tentée de dire : « Trop de fleurs, trop de fleurs »! avec cette légère variante : « Trop de fêtes, trop de fêtes! » C'est à ne plus savoir où donner de la tête. Souverains, bals, gala, revue, tout cela se succède si vite qu'on croit avoir devant les yeux une somptueuse et brillante lanterne magique. Le rideau tombé, tous les verres se brouillent si bien dans votre mémoire, qu'on ne s'y reconnaît plus. Enfin, prenons la semaine par son commencement.

Dimanche, le champ de courses présentait un aspect étrange : c'était une vaste fourmilière, un océan humain, avec des flux, des reflux et des ondulations. On se poussait, on s'écrasait. C'était superbe !... Les chevaux, même le vainqueur du grand prix, ont été distancés de plusieurs têtes dans la curiosité du public ; personne ne songeait à eux, c'est à peine si l'on remarquait les départs et les arrivées. Les gros parieurs se donnaient au diable, ils ne pouvaient se rejoindre et se réunir pour organiser et régler leurs paris. Tous les regards étaient braqués vers la tribune impériale ; là aussi il y avait foule, presque presse : l'empereur Napoléon, l'empereur Alexandre et ses deux fils, la grand-duchesse Marie de Russie, le roi et la reine des Belges, le prince de Prusse et le duc de Leuchtemberg.

Si la puissance magnétique du regard n'est pas une chimère, mais bien une réalité, que de sensations diverses ont dû ressentir certains de ces hôtes illustres de la France !

Lundi a été un jour de repos : après cette journée de dimanche, le besoin d'un peu de calme se faisait généralement sentir.

Mardi, gala à l'Opéra, soirée féerique. L'Impératrice avait demandé qu'il n'y eût point de fleurs : Sa Majesté avait fait preuve d'un goût exquis et d'un grand amour pour ces ravissantes œuvres d'art du divin Créateur, car les diamants, les perles, les pierres précieuses de toutes sortes, semées à profusion sur toutes les têtes et sur toutes les poitrines, auraient fait pâlir le modeste éclat des fleurs ; on a donc voulu leur éviter une humiliation.

La vaste loge impériale, prise en partie sur l'amphithéâtre, ruisselait surtout de brillants, de croix, de grands-cordons ; jamais salle de spectacle d'aucun pays du monde n'avait vu réunies autant de têtes couronnées!

La loge impériale était décorée avec un grand luxe. Trois

trônes y étaient élevés, entourés de quatorze ou quinze fauteuils occupés par les princes et héritiers présomptifs.

Les dames d'honneur et les chambellans avaient ce soir-là un service tant soit peu fatigant, car l'étiquette les forçait à rester debout.

La salle était éclairée *a giorno*, c'était féerique !

Une partie de *l'Africaine* et le ballet de *Giselle* ont eu les honneurs de la soirée de gala. *Giselle*, monté avec un grand luxe de mise en scène, avec les premiers sujets de la chorégraphie, a eu un grand succès ; pourtant l'empereur de Russie a dû remarquer que notre ballet est moins complet que ceux de Pétersbourg ou de Varsovie. Ces deux villes ont des danseuses admirablement belles et des salles spéciales pour le ballet ; j'y ai vu représenter des ballets très-beaux. Du reste, les théâtres de Pétersbourg sont richement ornementés, les salles en sont bien coupées, les artistes sont excellents. Tous les Russes, sauf les balayeurs des rues, portent le costume militaire, car tout homme du monde a un grade en Russie : il y a les généraux civils, les généraux militaires. Tous les costumes de l'armée russe sont éclatants de couleurs ; cela donne aux salles de théâtre russes l'air d'être en continuel gala.

A Saint-Pétersbourg, les théâtres sont non-seulement fort beaux, mais encore ils sont nombreux. Il y a entre autres un excellent Théâtre français, un Opéra italien, un Opéra allemand, un Théâtre national. J'ai entendu à ce dernier de très-bons opéras.

Les Russes aiment le théâtre, mais ils le pratiquent avec intelligence. Chez eux, le théâtre commence à sept heures et finit à dix ; les entr'actes sont moins longs et on a plus d'exactitude pour commencer à l'heure. Après le théâtre on peut donc aller en soirée ou rentrer prendre son thé. Trois heures de spectacle peuvent être considérées comme une distraction, un plaisir; mais cinq heures, et souvent six, comme en France, cela devient un supplice.

Jeudi, le temps a été splendide, pas trop de soleil, un peu d'air, une journée de commande. Aussi le bois de Boulogne avait plus de monde encore que dimanche. Ah! c'est que le Parisien est patriote, et qu'il tenait beaucoup, mais beaucoup, à l'éclat de cette revue passée en l'honneur du roi de Prusse et de l'empereur Alexandre!... Tous les arbres qui entourent le champ de course offraient un coup d'œil bizarre et pittoresque : chaque branche portait un curieux. De loin, on aurait dit une nuée de pendus!

Plus de cinq cent mille personnes se pressaient autour du Champ de Mars. La cascade offrait l'aspect d'un rocher humain. Dans l'enceinte du passage se pressait une société élegante. Des terrasses, des tribunes, l'œil embrassait tout le champ de manœuvres. Ici on peut encore assurer que jamais aussi brillant état-major ne s'est trouvé réuni.

A une petite distance des tribunes, et leur faisant face, se trouvaient sur la même ligne le roi de Prusse, l'empereur Alexandre, l'empereur Napoléon, le prince de Prusse, les deux fils du czar et le prince de Hesse; derrière cette rangée de souverains étaient groupés Gorchakoff, Bismark, des maréchaux, des généraux, des officiers russes, anglais, prussiens, scherkesses, arabes, tout cela en grand costume. Le défilé a été splendide. Les chevaux de notre cavalerie sont magnifiques, et tous nos officiers sont montés admirablement.

Le défilé terminé, ce brillant état-major s'est reculé ensuite, suivi des cent-gardes; il a fait une charge à fond de train vers les tribunes, les chevaux se sont arrêté à dix mètres seulement de la grille. Les souverains ont mis pied à terre, et ils ont été acclamés par la foule... Une simple remarque : Bismark était regardé un peu de travers par les Français; il avait du reste un costume peu saillant : casque argenté, moustaches argentées, grande veste blanche, deux grands-cordons sur la poitrine, un rouge et un blanc.

Le roi de Prusse est un cavalier accompli ; il a une de ces bonnes figures martiales, franches et ouvertes. Le prince Charles de Prusse est un très-bel homme, il a un regard intelligent et sympathique qui attire à lui; on dit qu'il a des manières affables, simples et franches, qui ajoutent aux charmes de sa personne.

L'empereur Alexandre est un cavalier accompli, il dirigeait son cheval avec une aisance de sportsman consommé. J'ai remarqué qu'il mettait dans ses saluts à nos troupes une grande courtoisie. Sa Majesté ne paraît pas quarante ans, on est étonné de lui voir ces deux grands princes pour fils. Ces deux derniers, le plus jeune surtout, ont une figure intelligente et des plus sympathiques.

En sortant de voir la revue, je me suis mise à écrire mon courrier, que je dois donner à l'imprimerie demain matin. On vient m'interrompre pour me donner une triste nouvelle : celle de l'attentat commis sur la personne de Sa Majesté Alexandre II. Grâce à Dieu, la balle n'a atteint que le cheval de l'écuyer Reimbaut qui bravement s'est jeté au-devant de ce jeune fou. Alexandre est notre hôte, cet attentat affecte péniblement les Français. Certes, si Sa Majesté russe n'avait pas la sagesse de songer qu'une nation n'est pas responsable de la démence d'un seul, elle emporterait de la France une bien triste opinion.

L'Empereur de Russie était à droite dans la voiture impériale, le souverain des Français était à gauche et les deux cézarevitchs sur le devant de la voiture. Ces deux jeunes princes ont montré un grand sang-froid, ils sont restés impassibles et calmes.

« Vous n'êtes pas blessé, père ? » ont-ils demandé. Ensuite

ils ont fait la même question à l'Empereur des Français. Sur les deux réponse négatives, ils ont dit : « Que Dieu soit loué ! » Alexandre II a montré aussi un grand sang-froid. Quant à notre Empereur, on comprendra facilement combien il a été affecté douloureusement de voir le danger couru par son hôte !

Certes, Napoléon est dans une position bien délicate, et je suis sûre qu'un attentat envers sa personne l'aurait beaucoup moins affecté. Le coupable a été arrêté, non par la police, mais par la foule indignée.

Son pistolet lui a, dit-on, éclaté dans la main et lui a emporté deux doigts.

Ainsi à fini cette belle fête !

*
* *

Tout n'est pas rose dans la vie, même pour les souverains ! Le pauvre empereur Maximilien en fait une triste expérience. Prisonnier, il l'est, et fusillé peut-être ! et cela tandis que son infortunée épouse se meurt à Miramar ! Pauvre Maximilien ! savez-vous la commande qu'il avait faite en Europe, sa dernière ? Oh ! pas de canons rayés, ni de fusils Chassepot ; non. Il ne rêvait pas de batailles et de sang, il espérait la paix, et, s'apercevant avec regret que le rossignol était inconnu au Mexique, il avait fait une commande de deux mille rossignols dans le Tyrol. On embarquait les jolies petites bêtes à Trieste le jour même ou l'infortuné monarque était fait prisonnier !

L'archiduchesse d'Autriche a succombé à ses brûlures. Voilà trois deuils pour la cour d'Autriche !

Qu'on dise ensuite : « Heureux comme un roi ! »

La veille du jour où a été célébré le mariage du duc d'Aoste avec la belle princesse de la Sisterna, le roi Victor-Emmanuel a envoyé à M. Ratazzi l'ordre suprême de l'Annonciade, ordre qui, on le sait, équivaut à celui de la Toison d'or en Espagne et de la Jarretière en Angleterre. Cet ordre n'est donné ordinairement qu'aux princes régnants et aux représentant de noms illustres; mais le Roi, en faisant une exception en faveur de M. Ratazzi, a voulu témoigner hautement sa profonde estime pour le caractère éminent de M. Ratazzi et lui prouver sa gratitude pour les services qu'il a rendus à l'Italie. Le roi libéral a pensé, avec raison, qu'intégrité, intelligence, profond dévouement, étaient des titres qui valaient bien trente-deux quartiers.

Cet ordre donne le titre d'excellence, le libre accès du palais à M. Ratazzi, et un tabouret à la cour à Mme Ratazzi.

*
* *

Mardi, le comte et la comtesse de Noé ont donné une fête littéraire et artistique qui a été très-brillante. On y a entendu un ténor d'avenir. Levassor a été étonnant de verve et de finesse; il a dit avec Mlle Teissier plusieurs scènes qui ont eu un grand succès ; ensuite il nous a fait trois conférences, qui sont trois chefs-d'œuvre de fine satire. La conférence d'un Anglais est surtout remarquable. Ce n'est plus cette charge vieux cliché épuisé; non, c'est une étude de l'Anglais tel qu'il est. Levassor est toujours le grand artiste sans rival dans son genre.

Le plus grand éloge que l'on puisse faire de la grâce avec laquelle le comte et la comtesse de Noé reçoivent leurs invités, c'est de dire la vérité. A quatre heures nous étions encore autour d'une table où était servi un excellent souper.

Mme la comtesse Dash, Mme la comtesse de Sombreuil, M. Georges Maillard, MM. Leroy et Pierre Véron assistaient à cette soirée, ils y ont apporté toute leur verve et tout leur esprit.

OLYMPE AUDOUARD.

CONSIDÉRATIONS

SUR

L'ORIGINE, LE DÉVELOPPEMENT ET LES TENDANCES ACTUELLES

DE L'ART MUSICAL

(SUITE)

II

Nous avons vu dans la période grecque le temple et le théâtre réunissant les types les plus parfaits de tous les arts connus pour constituer l'idéal du beau respectivement dans l'art philosophique ou religieux et dans l'art dramatique.

Après avoir porté le dernier coup au sensualisme romain, le christianisme personnifié dans son Église dut chercher un refuge dans les souterrains impénétrables des temples païens saccagés par les barbares; mais peu à peu la nouvelle Église, soulevant ses voûtes mystérieuses au-dessus des antiques parvis devenus déserts, renforça ses murailles de tronçons de colonnes de granit et des marbres consacrés aux anciens dieux, et éleva bientôt vers le ciel ses ogives hardies et ses tours orgueilleuses.

Le théâtre ne pouvait se relever aussi vite de l'abaissement où il avait été plongé pendant la période romaine. Il y avait loin, en effet, des sages leçons de la tragédie grecque et des nobles passions qu'elle éveillait, aux combats de bêtes féroces et aux spectacles sanguinaires qui excitaient l'enthousiasme de la plèbe romaine. La religion chrétienne, qui n'avait emprunté à l'ancien art religieux que l'harmonie appropriée aux rites sévères de son culte, fut impuissante à faire revivre ces chants sublimes qui s'associaient si bien à la déclamation des chefs-d'œuvre épiques et à la mimique si parfaite du théâtre grec. La danse, la poésie et la musique, inséparables dans le drame antique, furent complétement mises de côté pendant la période féodale ; dans les siècles qui suivirent, la poésie et la danse se séparèrent toujours de la musique, quand ces trois arts ne furent pas cultivés isolément.

Il était donné à la Renaissance de recueillir les épaves échappées au naufrage du monde ancien, mais il lui fut impossible de revenir immédiatement à l'idéal de l'art auquel était parvenu le théâtre grec, car les études sur l'antiquité se portèrent de préférence durant cette époque sur la période romaine, qui avait marqué la décadence de l'art dramatique. Les grossières comédies de Plaute, qu'affectionnait la plèbe romaine, les spectacles de l'arène, pour lesquels elle se passionna plus tard, ne pouvaient comporter les développements du rhythme associé à la danse et à la poésie, qui seyaient si bien au drame grec; aussi voyons-nous à une époque plus rapprochée de nous la danse, la musique et la poésie se présenter isolément au théâtre, pour constituer trois genres de spectacle bien différents: le ballet, l'opéra et la tragédie ; — et c'est aux héros de l'antiquité grecque, dont les hauts faits sont, après tant de siècles, célébrés derechef par les poëtes du temps, que la foule des spectateurs vient encore décerner des applaudissements.

III

La France fut la première à donner l'impulsion à ce mouvement d'enthousiasme pour des héros dont les actions étaient restées si longtemps ensevelies dans l'oubli, faute de poëtes pour les célébrer et de théâtres pour les rendre populaires. Les sublimes tragédies de Corneille et de Racine, qui faisaient revivre cette époque classique si riche en nobles exemples, passionnèrent un public d'élite. Malheureusement, pendant que l'art dramatique tendait à se relever tout à fait, une cour frivole et vaniteuse recherchait d'autres divertissements, et le roi lui-même ne croyait pas déroger en figurant dans des ballets et des carrousels. Ainsi naquit cette énervante musique de ballet qui ressuscita et accommoda au goût de l'époque l'ancien motif rhythmé dont l'Italie était restée la fidèle dépositaire.

Ce fut à dater de cette époque que la musique, se transportant sur les scènes théâtrales, se fondit à tout jamais avec le drame épique, et, se prêtant aux développements de celui-ci, donna le jour à l'opéra dramatique ou drame musical, tel que nous l'avons encore aujourd'hui.

Le développement de l'art musical s'opéra en France parallèlement à celui des idées et des passions populaires. L'ennemi menace-t-il les frontières et la patrie est-elle en danger, c'est au son du plus sublime des chants de guerre que l'on court aux armes. Durant l'ère impériale, les opéras de Gluck et de Spontini résonnent comme des chants de victoire. Quand la France, épuisée par vingt ans de guerre, fait un retour vers les principes monarchiques de l'ancienne

royauté, voici venir Meyerbeer qui produit au grand Opéra
son magnifique drame de *Robert le Diable*, où rien n'est
épargné dans la mise en scène pour faire revivre aux yeux
du public les tournois du moyen âge, les coutumes de la
chevalerie et les légendes qui en étaient l'accompagnement
indispensable. *Les Huguenots* et *la Juive*, donnés plus tard,
correspondent à une réaction contre le fanatisme religieux.
Qui ne se passionna point alors pour cette mâle figure du
soldat protestant, qui ne s'associa aux angoisses du juif
Éléazar persécuté par le catholicisme impitoyable représenté sous les traits des évêques et des inquisiteurs?
Enfin, pour arriver à une époque plus rapprochée de nous,
il est évident que les doctrines du socialisme et les tendances
communistes de la Révolution de 1848 préparèrent, à l'insu
même des auteurs du drame et du compositeur, le grand
succès du *Prophète*.

IV

L'époque de la Renaissance et de la Réforme religieuse
marque en Allemagne une sorte de sécularisation de la musique d'église. Proscrit presque partout du temple, cet art
sublime ne se perpétua dans ses règles les plus sévères et
ses combinaisons les plus élevées que dans l'oratorio et la
symphonie. L'instrumentation fut, du reste, aussi perfectionnée en Allemagne que la vocalise l'était en Italie à la
même époque; néanmoins, il y eut toujours une sorte
de réaction au delà du Rhin contre l'opéra d'importation
italienne et contre le chœur rhythmé, résultat de l'introduction de la musique de ballet sur la scène française.

Contrairement à ce qui se passait en Italie, l'art dramatique allemand hésitait à se plier aux exigences du compo-

siteur : la tragédie d'outre-Rhin peignant les sentiments tendres plutôt que les passions violentes, il est clair que le motif rhythmé adopté dans l'opéra français pouvait beaucoup moins convenir au drame allemand.

Pour exprimer le sentiment dans toute sa pureté, la symphonie se prêtait davantage à l'imagination des Allemands, aussi est-elle devenue chez eux une sorte d'harmonie musicale imitative. Du reste, l'art du chant combiné avec l'instrumentation n'était pas encore arrivé à une assez grande perfection pour pouvoir rendre les nuances délicates d'un sentiment, et suivre toutes les ténuités et les finesses de la plus riche des langues européennes.

Schiller, et Gœthe surtout, auraient voulu que l'art sublime de la musique se développât en Allemagne au point de pouvoir embellir leurs poëmes, mais jamais ils ne se seraient résignés à être de vulgaires librettistes esclaves du compositeur. Pour le seul *Faust* de Gœthe, il eût fallu un Weber pour le rôle de Méphistophélès, un Meyerbeer pour celui de Faust, et un Rossini pour celui de Marguerite. Aujourd'hui le genie d'un seul homme a suffi pour animer d'harmonie cet écrasant sujet.

Comment eût-il été possible, au commencement de ce siècle, de dégager l'action dramatique d'un opéra allemand des mille difficultés de forme que la race germanique a toujours eu, en musique, tant de peine à surmonter? Le public aurait jugé le drame avant de juger la musique, il ne l'aurait point comprise, et aurait dès lors complétement abandonné l'opéra pour reporter toute son attention sur la tragédie épique. Toutes ces difficultés nous expliquent pourquoi en Allemagne les premières tentatives de drames musicaux ne furent pas couronnées de succès : Beethoven lui-même ne fut guère encouragé par le public quand il donna son *Fidelio;* ses symphonies, au contraire, devinrent populaires.

La musique, exclusivement cultivée dans les Conservatoires, perfectionna toute cette partie technique sans laquelle il est impossible au compositeur d'exprimer ce qu'il ressent, et c'est l'Allemagne qui arriva la première à l'éclectisme musical. Perfectionnée de cette manière, la musique put bientôt se mêler au drame sans lui porter préjudice. Les sujets les plus fantastiques furent à l'ordre du jour : *Euryanthe*, *Obéron*, recueillirent les premiers applaudissements, devinrent populaires en peu de temps, et préparèrent le succès du poëme essentiellement national de *Freyschütz*. Captivant le public par le sujet et la mélodie, *Freyschütz* préluda aux grandes mélopées fantastiques et nationales de Richard Wagner, qui obtiennent aujourd'hui un si grand succès en Allemagne.

Comte Escamerios.

(La suite au prochain numéro.)

LES FÉNIANS

Bien que plusieurs de nos confrères aient déjà reproduit la lettre si élevée de Victor Hugo au sujet des fénians, nous ne pouvons résister au plaisir d'imiter leur exemple.

Ceux de nos lecteurs qui ne connaissent pas cette lettre ne pourront s'empêcher d'admirer comme nous de si nobles sentiments rendus dans un si magnifique langage.

La reine a pardonné; elle a écouté la voix du grand poëte, voix qui s'élève toujours quand il s'agit de défendre une noble cause ou une grande infortune.

M. Victor Hugo, ayant reçu une supplique de Dublin, a adressé la lettre suivante à l'Angleterre, à l'occasion de l'exécution qui est annoncée du fénian Burke et autres :

L'angoisse est à Dublin. Les condamnations se succèdent, les grâces annoncées ne viennent pas. Une lettre que nous avons sous les yeux dit : «...La potence va se dresser, le général Burke d'abord, viendront « ensuite le capitaine M'Afferty, le capitaine M'Clure, puis trois autres, « Kelly, Joice et Cullinane... Il n'y a pas une minute à perdre... des « femmes, des jeunes filles vous supplient... ma lettre vous arrivera- « t-elle à temps?... » Nous lisons cela, et nous n'y croyons pas. On nous dit : L'échafaud est prêt. Nous répondons: Cela n'est pas possible.

Calcraft n'a rien à voir à la politique. C'est déjà trop qu'il existe à côté. Non, l'échafaud politique n'est pas possible en Angleterre. Ce n'est pas pour imiter les gibets de la Hongrie que l'Angleterre a acclamé Kossuth; ce n'est pas pour recommencer les potences de la Sicile que l'Angleterre a glorifié Garibaldi. Que signifieraient les hourrahs de Londres et de Southampton? Supprimez alors tous vos comités polonais, grecs, italiens. Soyez l'Espagne.

Non, l'Angleterre, en 1867, n'exécutera pas l'Irlande. Cette Élisabeth ne décapitera pas cette Marie Stuart.

Le dix-neuvième siècle existe.

Pendre Burke! Impossible. Allez-vous copier Tallaferro tuant John Brown, Chacon tuant Lopez, Geffrard tuant le jeune Delorme, Ferdinand tuant Pisacane!

Quoi! après la révolution anglaise! quoi! après la révolution française! quoi! dans la grande et lumineuse époque où nous sommes! Il n'a donc été rien dit, rien écrit, rien pensé, rien proclamé, rien fait, depuis quarante ans!

Quoi! nous présents, qui sommes plus que des spectateurs, qui sommes des témoins, il se passerait de telles choses! quoi, les vieilles pénalités sauvages sont encore là! quoi! à cette heure, il se prononce de ces sentences : « Un tel, tel jour, vous serez traîné sur la claie au « lieu de votre supplice, puis votre corps sera coupé en quatre quar- « tiers, lesquels seront laissés à la disposition de Sa Majesté qui en « ordonnera selon son bon plaisir! » Quoi! un matin de mai ou de juin, aujourd'hui, demain, un homme, parce qu'il a une foi politique ou nationale, parce qu'il a lutté pour cette foi, parce qu'il a été vaincu, sera lié de cordes, masqué du bonnet noir, et pendu et étranglé jusqu'à ce que mort s'ensuive! Non! vous n'êtes pas l'Angleterre pour cela.

Vous avez actuellement sur la France cet avantage d'être une nation libre. La France, aussi grande que l'Angleterre, n'est pas maîtresse d'elle-même, et c'est là un sombre amoindrissement. Vous en tirez vanité. Soit. Mais prenez garde. On peut en un jour reculer d'un siècle. Rétrograder jusqu'au gibet politique! vous, l'Angleterre! Alors dressez une statue à Jeffryes.

Pendant ce temps-là nous dresserons une statue à Voltaire.

Y pensez-vous? quoi! vous avez Sheridan et Fox qui ont fondé l'éloquence parlementaire, vous avez Howard qui a aéré la prison et attendri la pénalité, vous avez Wilberforce qui a aboli l'esclavage, vous avez Rowland Hill qui a vivifié la circulation postale, vous avez Cobden qui a créé le libre échange, vous avez donné au monde l'impulsion colonisatrice, vous avez fait le premier câble transatlantique, vous êtes en pleine possession de la virilité politique, vous pratiquez magnifiquement sous toutes ses formes le grand droit civique, vous avez la liberté de la presse, la liberté de la tribune, la liberté de la conscience, la liberté de l'association, la liberté de l'industrie, la liberté domiciliaire, la liberté individuelle, vous allez par la réforme arriver au suffrage universel, vous êtes le pays du vote, du poll, du meeting, vous êtes le puissant peuple de l'*habeas corpus*. Eh bien, à toute cette splendeur ajoutez ceci, Burke pendu, et, précisément parce que vous êtes le plus grand des peuples libres, vous devenez le plus petit!

On ne sait point les ravages que fait une goutte de honte dans de la gloire. De premier vous tomberiez dernier! Quelle est cette ambition en sens inverse? Quelle est cette soif de déchoir? Devant ces gibets dignes de la démence de Georges III, le continent ne reconnaîtrait plus l'auguste Grande-Bretagne du progrès. Les nations détourneraient leur face. Un affreux contre-sens de civilisation aurait été commis, et par qui? par l'Angleterre! Surprise lugubre. Stupeur indignée. Quoi de plus hideux qu'un soleil d'où, tout à coup, il sortirait de la nuit!

Non, non, non! je le répète, vous n'êtes pas l'Angleterre pour cela.

Vous êtes l'Angleterre pour montrer aux nations le progrès, le travail, l'initiative, la vérité, le droit, la raison, la justice, la majesté de la liberté! Vous êtes l'Angleterre pour donner le spectacle de la vie et non l'exemple de la mort.

L'Europe vous rappelle au devoir.

Prendre à cette heure la parole pour ces condamnés, c'est venir au secours de l'Angleterre.

L'une est en danger du côté de son autonomie, l'autre du côté de sa gloire.

Les gibets ne seront point dressés.

Burke, M'Clure, M'Afferty, Kelly, Joice, Cullinane, ne mourront point. Épouses et filles qui avez écrit à un proscrit, il est inutile de vous couper des robes noires. Regardez avec confiance vos enfants dormir dans leurs berceaux. C'est une femme en deuil qui gouverne l'Angleterre. Une mère ne fera pas des orphelins, une veuve ne fera pas des veuves.

Victor Hugo.

Hauteville House, 28 mai 1867.

(*Journaux anglais.*)

QUELQUES MOTS SUR *LE FIGARO*

PAR UN PROVINCIAL

———

Nous ne savons si *le Figaro* tire à 50 ou à 60,000 exemplaires, mais nous sommes persuadé que, de tous les journaux de la France, c'est celui qui est le plus lu : il doit avoir quotidiennement un million de lecteurs.

Cette feuille est reçue dans tous les établissements publics, dans tous les Cercles ; les lecteurs se l'arrachent, et l'abonné qui, en province, la prend « de seconde main », n'a le plus souvent qu'un lambeau de journal : preuve que *le Figaro* ne chôme pas sur les tables comme *l'Union*, la *Patrie* ou tel autre organe de la grande presse.

D'où vient cette vogue tout exceptionnelle? Un peu, peut-être, de l'ancienneté du journal; beaucoup de ce qu'il est le journal français par excellence et que l'esprit gaulois vit en lui.

M. de Villemessant tient le gouvernail de la barque du *Figaro* d'une main ferme, adroite et intelligente. Il connaît son public sur le bout des doigts, et — de même que le marin naviguant sur une mer parsemée d'écueils fuit les récifs et les passes dangereuses — il sait éviter tout ce qui peut, à l'égard de ses lecteurs, mettre un journal en perdition.

Figaro vieillit ; il se transforme parfois, mais il ne change jamais : c'est toujours le joyeux barbier, vif, pétillant, malicieux, et son rasoir émoussé par les misères du temps ne laisse pas que de faire le poil et le contre-poil et de raser, même de fort près, toutes les barbes qu'il peut atteindre.

La plus grande louange que l'on puisse faire du *Figaro*, c'est de dire qu'il se fait lire de la première à la dernière ligne.

Que M. de Villemessant nous permette cependant une réflexion : nous avons vu parfois avec regret son journal suivre l'exemple des feuilles qui jalousent son succès et sacrifier au faux goût des masses. Pourquoi cela ? Les lecteurs manquent-ils au *Figaro* ?

Un roi de Prusse disait : « Si j'avais l'honneur d'être roi de France.... » Le reste est connu. Nous, si nous avions l'honneur d'être le général en chef du *Figaro*, nous voudrions réagir contre certaines tendances regrettables du public et l'amener à faire fi de cette littérature de Cour d'assises et d'agents de police qui court les rues et s'étale avec fracas dans les colonnes de la presse populaire.

Que *le Figaro* use de son immense influence. Il ne doit point suivre, il doit diriger. Ce qu'il voudra il le fera, et cela sans porter la moindre atteinte à une question vitale pour lui, la question de *caisse*.

M. Henri Rochefort est, parmi les rédacteurs du *Figaro*, un de nos préférés, c'est même celui qui nous est le plus sympathique.

C'est une rude besogne que celle de chroniqueur, surtout pour l'écrivain qui se respecte et respecte son public. Certains des confrères de M. Rochefort dans la presse parisienne croient, à ce qu'il nous semble, que le succès est impossible en dehors de récits plus ou moins scandaleux, de personnalités offensantes et de puérils jeux de mots tirés par les cheveux le plus souvent, et que nous — provinciaux bornés — avons parfois de la peine à saisir. Erreur ! Ces gens-là ne chroniquent pas, ils cancanent. Autrefois les rois avaient leurs bouffons ; aujourd'hui le peuple a les siens. Tristes rôles, tristes gens !

Le succès de M. Rochefort est de bon aloi, sa plume est toujours digne : elle a quelque chose de l'épée du gentilhomme ; elle frappe souvent, mais toujours en face et jamais d'une manière basse et détournée. La phrase de cet écrivain est souvent dure, incisive, hautaine, mordante, mais toujours franche et loyale. Après avoir lu M. Henri Rochefort, on serrerait avec plaisir sa main.

M. Albert Wolf commence à être une des vieilles et bonnes connaissances des amis du *Figaro*. Il est dans une bonne voie ; qu'il continue à la suivre, et il se fera une place au premier rang.

Adrien Marx est l'enfant terrible de la feuille de M. de Villemessant ; c'est lui qui, dans l'intérêt des lecteurs, ouvre les portes les mieux fermées, découvre les plats et trempe le doigt dans la sauce. Il amuse souvent, quelquefois on le lit avec plaisir, d'autrefois... enfin nous ne le prenons pas trop au sérieux.

L'érudit du *Figaro*, c'est M. B. Jouvin. Pour l'apprécier convenablement, il faudrait une plume plus exercée que la nôtre : disons seulement que ses articles sont une bonne fortune qui arrive moins souvent qu'elle n'est désirée.

Georges Maillard fait tout doucement sa petite besogne quotidienne ; ce doit être une bonne âme, tendre et candide. Nous avons lu dernièrement un petit livre de lui : *le Deuil de l'Amour*, où nous avons remarqué cette phrase : « Elle prit alors la flacon et en versa le contenu dans un verre d'eau ; la poudre blanche, délayée ainsi, avait un aspect étrange et sinistre ; on aurait dit du *plâtre !!!* »

Du plâtre dans l'eau ! Horrible ! affreux ! Pends-toi, Ponson du Terrail, petit père du grand, de l'immense Rocambole : tu n'aurais pas trouvé cela !

Ce livre de M. G. Maillard est dédié à M. Henri de Pène. Si l'auteur ressent jamais le besoin d'en faire une seconde édition, nous l'engageons à relire la dédicace.

François Magnard a, au *Figaro*, une journalière et ingrate tâche ; mais il s'en tire en homme de goût, et nous aimons assez les petites réflexions qu'il joint aux emprunts faits à droite et à gauche : la sauce vaut souvent mieux que le poisson. Ce proverbe de cuisine nous met en mémoire le baron Brisse, qui a déserté les fourneaux de M. Émile de Girardin pour venir donner des menus et des conseils culinaires aux fidèles de M. de Villemessant.

Le baron Brisse — c'est la caricature de Brillat-Savarin. Nous ne pleurerions pas sa perte.

Restons sur cette chute. Nous n'avons pas d'ailleurs la prétention de passer en revue tous les rédacteurs du *Figaro*, ce travail serait trop long : tout écrivain de quelque valeur est venu, vient ou viendra à ce journal. Son intelligent directeur ne ferme la porte à personne, et, pour franchir les frontières de ses États, il ne faut d'autre passe-port que l'esprit.

Les quelques mots que nous venons d'écrire n'ont qu'une seule valeur : ils sont l'expression d'une vive sympathie, un applaudissement arrivant d'un point extrême de la France à la rue Rossini.

Ces lignes étaient écrites avant la nouvelle transformation du *Figaro*. Nous avons lu avec intérêt les premiers numéros de cette feuille écrits sous le nouveau régime. Le vol est encore hésitant, mais les ailes ont de l'ampleur : laissons les développer toute leur envergure; elles iront loin et haut.

SALVATOR.

CORRESPONDANCE

A J. H. de L., Alex. d'Eg. — Merci. Donnez-moi de vos nouvelles. Le proverbe arabe est très-vrai : « Qui a bu de l'eau du Nil en boira encore ! »

M. A., à J. — Tous mes compliments. Que votre postérité soit aussi nombreuse que les feuilles du palmier.

A M. S. de M., Chine. — Sachez qu'un courrier de la Chine serait le bienvenu. Vous cultivez peu cette fleur au parfum doux et pénétrant qu'on nomme, traduction libre, *vergiss-mein-nicht*. J'essaye de devenir polyglotte comme vous, *ma non é facile*... Comment trouvez-vous la fille du Papillon ? Écrivez-moi.

A Gloupy Ier. — Paris est triste ; on n'y rit plus, mais on y grinche aimablement. Au lieu d'écrire toujours à l'oncle, écrivez à Gloupy IIe du nom.

A M. ..., Pétersbourg. — Mille amitiés et bon souvenir. Priez M. le Cap... de faire l'échange avec ma Revue.

A Mme de V. — Vous êtes curieuse comme feu Mme Ève. Je ne puis vous satisfaire : les Vandales étaient des gens qui ne respectaient rien. On se souvient et on se souviendra d'eux longtemps encore. *Mai-terre-niche* est le mot du premier rébus; le second en possède un autre, que lui a valu une source d'eau; cherchez dans le fromage le troisième; *pour* le quatrième, Talexis, en vous supprimant la scie, vous le donnera.

Êtes-vous contente? Au masculin, je dîne chez ma mère, qui a la gale. Voilà au principal.

A Mme de M., Vienne. — On trouve que Paris donne une seconde édition des *Mille et une Nuits*. Possible; mais cette édition sent son XIXe siècle. Mais enfin venez : on danse, on boit, on mange, on voit des marionnettes bien dressées à saluer le public. Pour des appartements, je puis vous certifier que jamais on ne vit tant d'écriteaux; c'est à croire que cette foule encombrante ne loge pas, mais perche.

A M. M., à S. W. — Eh bien! venez-vous voir les merveilles des merveilles de l'exposition?

A M. L., à Genève. — Je n'ai pu trouver une minute pour vous répondre; j'ai été en voyage. Dans ce moment, pas de place; mais bientôt il y en aura. Votre premier est charmant; je ne doute pas que le second ne lui ressemble.

A M. L. G., Nice. — Et mon courrier du littoral? Avez-vous reçu livre?

A Mme L. D., Bourbon. — Vas-tu bientôt venir en France? Si oui, je dirai : « A quelque chose malheur est bon. »

Au M. des Ms., V. H. — Tout ici-bas a une limite, même la probité ! Vous m'auriez envoyé un million, un trésor, fidèlement je l'aurais remis; mais votre portrait, c'était au-dessus de mes forces. Je l'ai gardé et ne le donnerai à son destinataire que lorsque vous m'en aurez envoyé un à moi. Je confesse humblement que ma probité n'est pas à toute épreuve.

OLYMPE AUDOUARD.

BIBLIOGRAPHIE

L'ouvrage dont je vais vous entretenir cette fois n'est ni un roman, ni un livre d'histoire, ni même un volume de poésies. Non, c'est une œuvre belle et généreuse, une œuvre bien pensée et bien écrite que je veux mettre sous les yeux du lecteur.

C'est tout simplement un cours de solfége conçu dans un but élevé, et qui au mérite de la simplicité joint celui de l'agrément.

Miscuit utile dulci,

comme eût dit notre vieil Horace, la terreur de M. Arthur Arnould, qui ne se gêne pas pour en dire du mal. Pauvre M. Arthur Arnould! En voilà une « *sottise de la semaine* » *dernière!* Mais revenons à notre point de départ. M. J. J. Masset, professeur de chant au Conservatoire et à la maison impériale de Saint-Denis, a voulu mettre à la portée de tout le monde des cours si faciles à suivre, que les débutants eux-mêmes peuvent en profiter.

Il s'est dit qu'après avoir contribué à former des artistes comme Nicolini et Mlle Nillson, il se devait à lui-même de livrer aux yeux du public les cours qu'il avait jusque-là enseignés à huis clos.

Ainsi, je parlais tout à l'heure du but qu'il a poursuivi : ce but, il l'indique dans sa préface, lorsque, faisant remarquer que

« *Des élèves capables de lire une partie principale de chant « perdent souvent leur assurance en présence d'une partie « intermédiaire,* »
il ajoute que « de bonne heure le professeur devrait les habituer à chanter des ensembles. »

Mais là était un grave écueil : M. J. J. Masset a su l'éviter.

Pour rendre un ouvrage de ce genre utile, il faut surtout en faire une lecture intéressante, de telle manière que l'élève, sans voir les ronces du chemin, ne cueille que les roses du buisson.

Or, a dit Érasme, « *la variété fait l'agrément.* » L'auteur le savait, mais — il y a toujours un mais — comment arriver à faire un plaisir d'un travail, surtout d'un travail exigeant une attention soutenue?

Il fallait diviser les leçons en morceaux, en récréations, pour ainsi dire, qui, chacune de leur côté, exerceraient la voix dans un genre différent, sans ennuyer l'esprit par la monotonie, car

L'ennui naquit un jour de l'uniformité.

M. J. J. Masset a complétement rempli ce programme. Son ouvrage, intitulé :

SOLFÉGE, — VOCALISATION, — ENSEMBLE,

réunit toutes les qualités que nous désirions lui voir tout à l'heure; et vraiment il faut rendre justice au Conservatoire impérial de musique qui n'a pas hésité un instant à l'adopter pour ses cours.

Nous sommes d'autant plus heureux de ce succès que les bons livres sont rares, et que le devoir du journaliste, lorsque par hasard il en rencontre un sur son chemin, est de l'indiquer à ses lecteurs comme l'œuvre d'un esprit généreux et distingué.

Marc André.

LA VOIX DES FLEURS, par Mlle Juranville, institutrice. — In-12 de 200 pages. Larousse et Boyer.

Je n'ai jamais sérieusement lu sur *le Langage de Fleurs* que trois petits volumes : le premier, que j'ai acheté chez les éditeurs Garnier frères, est de Mme de Latour ; le second, qui se vend chez l'éditeur Hachette, est de Pierre Zaccone ; le troisième, qui vient de paraître à la librairie Larousse et Boyer, est dû à la plume de Mlle Juranville, institutrice.

Chacun de ces trois volumes est bien écrit, intéressant, d'un style attrayant et fleuri. J'y ai trouvé de charmantes anecdotes gracieusement dites, de jolies petites histoires bien racontées, des citations pleines d'à-propos et des chapitres... souvent trop courts.

Le premier de ces petits livres est un peu plus à l'usage des amants, le second un peu plus pour tout le monde, le troisième tout à fait consacré à la jeunesse. Selon moi, chacun a son but, sa place marquée. Mais je laisse à d'autres le soin de parler des deux premiers ; du troisième seul il sera question dans cette notice, car celui-là seul a acquis toutes mes préférences.

Je l'ai lu et relu avec un nouveau plaisir : il m'a embaumé, et j'engage vivement les jeunes gens, et surtout les jeunes personnes, auxquelles principalement il est destiné, à savourer le parfum chaste et pur qu'il exhale.

Mlle Juranville n'est pas seulement une femme d'un sentiment élevé, c'est une érudite. J'ai admiré la quantité de lectures auxquelles elle s'est livrée pour composer son délicieux bouquet; plus de deux cents ouvrages du meilleur aloi, dans lesquels plus de trois cents citations extraites, tant en prose touchante qu'en vers charmants, sont le fruit de toutes ces consultations.

La Voix des Fleurs a sa place nécessaire dans la bibliothèque de toute jeune fille. C'est tout un parterre, tout un jardin magnifique, enchanteur, où l'on respire ce qu'il y a de plus suave et de plus doux parmi les senteurs dont Dieu ait fait présent à l'homme. Quand on a lu *la Voix des Fleurs*, on est enivré d'un nectar qui fait rêver aux cieux!

LE LIVRE DES SNOBS.

Un maître en l'art d'écrire en anglais a fait entre autres livres un ouvrage dont j'ai entre les mains une traduction française. Ce livre est assez mince, ce qui ne l'empêche pas de contenir beaucoup de choses, trop de choses pour bien des gens. La langue anglaise l'appelle *le Livre des Snobs*, mais en France on pourrait, faute de traduction exacte du mot, lui donner le nom de MIROIR, parce que tout lecteur ou auditeur, quel qu'il soit, y trouve infailliblement son portrait.

De même que le monde est plein de fous (c'est l'Écriture sainte qui le dit), de même le globe terrestre n'est peuplé que de *snobs*. Les fous et les snobs sont les deux espèces humaines qu'on trouve partout, quels que soient le sexe, la couleur, l'âge ou la position sociale.

Qu'est-ce qu'un snob ? L'auteur lui-même fait la question. Un snob, c'est vous, c'est moi, c'est nous, c'est tout le monde : pour être snob, il suffit de remplir les conditions suivantes, et chaque homme, chaque être humain remplit toujours les conditions suivantes :

« On prend un peu de tous les ridicules de l'humaine nature, auxquels on mêle quelques grains de bêtise, beaucoup de fanfaronnade, une certaine dose de trivialité et de prétention, de l'épaisseur dans l'esprit, de la mesquinerie dans le goût, et surtout absence totale de ce qui est beau, noble et distingué ; ce mélange fait un snob parfait. C'est, comme on le voit, le béotisme arrivé à sa dernière expression dans la tournure de l'esprit et du corps. »

L'auteur de ce volume, W. Thackeray, est trop connu pour que nous soyons obligé de faire son éloge, nous ne voulons pas sortir du *Livre des Snobs*.

Avec ce petit ouvrage, nous sommes introduit dans toutes les classes de la société. Lorsque nous avons lu les quarante-quatre chapitres, nous avons fait un voyage universel ; nous connaissons le snobisme à fond.

A tout seigneur, tout honneur : on nous conduit d'abord chez le snob royal, où nous apprenons d'assez vilaines choses ; nous voyons se dérouler toutes les influences aristocratiques avec leur pédantisme et leur hypocrisie ; puis apparaissent les snobs militaires, ecclésiastiques, universitaires ; nous assistons au dîner d'un snob : les snobs à table ont leur attrait ; nous suivons les snobs voyageurs ; nous considérons les snobs des champs ; nous observons les snobs dans le mariage, dans le ménage, au club, au jeu, au turf, partout.

Et je puis vous assurer que lorsque notre voyage est terminé, que nous avons bien couru, bien vu, bien examiné, bien observé, il nous reste comme conclusion une triste idée de l'espèce humaine; si triste, qu'on voudrait donner sa démission d'homme.

Ah! les snobs!... Et dire que moi aussi je suis un snob!...

J. N. Le Roy.

THÉATRES

Les théâtres s'immobilisent dans leurs grands succès, et ils ont ma foi bien raison. L'étrange population qui les envahit chaque soir n'est pas difficile. Elle ne tient guère à la qualité.

*
* *

L'infortuné Théâtre-International du Champ de Mars donne enfin signe de vie. Il a fait afficher son spectacle d'ouverture.

J'avoue qu'au nombre des curiosités que nous offre l'Exposition et des projets insensés qu'elle a fait germer dans certaines cervelles, rien ne nous a paru plus réussi comme démence que cette entreprise.

Comment ! il a pu se trouver des individus, possesseurs de sommes assez rondes, qui ont pu croire qu'après une journée de fatigue passée au milieu des cent mille merveilles du monde, ahuris, brisés, écrasés de chaleur, aveuglés de poussière, il allait se trouver de bons étrangers qui consentiraient à s'enfermer le soir dans le Théâtre-International?

Non, cela est vraiment incroyable!

Et pourquoi voir, grand Dieu!

Des artistes pleins de bonne volonté, je veux bien le croire, de talent même si vous voulez, mais complétement inconnus, et par cela même incapables d'exercer la moindre influence sur les étrangers.

Mais, ô naïfs capitalistes, vous ignorez donc que l'homme qui vient passer quinze jours à Paris, en ce moment surtout, n'a pas le temps de s'amuser à faire des réputations? Il va aux réputations toutes faites, et il a parfaitement raison. Il sait qu'au Théâtre-Français, à l'Opéra, au Théâtre-Lyrique, au Palais-Royal, aux Variétés, on lui en donnera pour son argent, et il y va.

Ceci soit dit pour les voyageurs bien constitués, qui ne craignent pas la chaleur de nos horribles salles de spectacle.

Maintenant, ceux dont la santé est délicate, l'humeur douce, le cœur sensible, vous les verrez à Mabille, à Asnières, partout où, sous les ombrages timidement éclairés par la lune, se promènent en robes courtes et en chignons immenses des ombres alanguies, qui ne demandent au ciel qu'un peu d'amour, et à Brebant que du Rœderer bien frappé.

Et voilà les gens que vous avez, avec préméditation, songé à accaparer pour leur faire voir *l'Ange de Rothesay*, comme l'annonce votre affiche?

O imprudents capitalistes, vous seriez bien punis de cette pensée! Quels que soient les charmes et la blancheur de votre ange, il ne pourra jamais soutenir la comparaison avec l'entrain de nos *cocottes*. Et seul, au milieu de la salle vide, il ne lui restera plus qu'à mourir de désespoir et d'inanition, et à s'arracher les plus blanches plumes de ses ailes pour écrire ses mémoires.

Sérieusement, si nous avions l'honneur de connaître le directeur de cette entreprise insensée, nous lui dirions : Renvoyez vos chanteurs prétentieux, licenciez votre ballet, renoncez à tous les *anges* possibles, prenez quatre ou cinq bons farceurs, avec un petit, tout petit orchestre, deux ou trois très-jolies femmes dont le défaut ne soit pas absolument la distinction, apprenez-nous vite quelques-unes des drôleries si à la mode d'Offenbach, et avec cela et quelques décavés de Mabille qui n'auront pas trouvé de place aux Folies-Marigny, vous pourrez peut-être parvenir à vous en tirer.

Hors de là, pas de salut !

* *
*

Tenez, un théâtre qui n'a pas de si hautes ambitions, et qui fait bien, ce sont les *Nouveautés*.

C'est bien là, par exemple, un théâtre en chambre.

En passant devant le concierge, on est toujours tenté de demander :

« Le Théâtre des Nouveautés est-il chez lui ? »

Mais je vous assure qu'il n'y a pas à Paris de salle plus élégante, plus confortable, ni mieux disposée.

Cette bonbonnière est dirigée avec infiniment de goût et d'habileté par une femme, Mme Albine de l'Est, artiste de talent elle-même.

Les décors, les costumes, les accessoires, tout est joli, coquet et gracieux. La troupe est très-satisfaisante. Deux bons comiques, MM. Vizentini et Bosquette, un petit bataillon de jolies femmes court-vêtues qui ne sont vraiment pas maladroites, et une pièce très-vivement menée et semée de joyeux couplets dus à MM. Fernand Langlé et Roger de Beauvoir fils.

Paris à l'Exposition, tel est le titre de cette revue sans prétention et fort gaie, œuvre de jeunes recrues qui ont déjà l'aplomb de vieilles moustaches.

En entendant les vers si légers et si fringants du fils de Roger de Beauvoir, nous n'avons pu nous empêcher de songer au père, ce gentilhomme de tant d'esprit, ce poëte de tant d'élégance, et nous nous sommes senti tout heureux de voir son héritage entre si bonnes mains.

*
* *

Rien de nouveau à l'horizon des théâtres qu'une reprise prochaine et éclatante de *la Biche au Bois* à la Porte-Saint-Martin.

Ernest Dubreuil.

L'HOMME
DE
QUARANTE ANS

CHAPITRE PREMIER

La dernière soirée de luxe d'un banquier.

C'était le quinze janvier. Il faisait un froid de huit degrés ; on ne rencontrait dans les rues que quelques personnes soigneusement empaquetées, le nez rouge, le teint violet, qui marchaient à pas précipités en battant la semelle ; les pauvres mendiants qu'on voyait abrités sous les portes cochères avaient les mains si engourdies par le froid qu'ils n'avaient plus la force de les tendre vers les rares passants.

Cette soirée-là était triste et lugubre pour les gens n'ayant ni feu ni vêtements chauds pour se préserver de la bise hivernale; mais si elle était dure pour la mansarde, elle était joyeuse et brillante pour les privilégiés de la fortune, car il y avait ce même soir cinq grands bals dans Paris. Nous ne nous occuperons ni de celui donné aux Affaires étrangères, ni de celui donné par la duchesse X***, mais seulement de celui donné par le banquier Marfeld.

Son hôtel était brillamment illuminé, les rayons des mille

bougies se faisaient jour à travers les jalousies. Le péristyle était recouvert d'un somptueux tapis, ainsi que l'escalier y conduisant; des fleurs aux riantes couleurs, fleurs écloses dans les serres et qui souvent coûtent leur pesant d'or, s'étalaient partout; toute la valetaille de l'hôtel était sous les armes, culotte courte, escarpins vernis, habit bleu brodé d'or.

L'hôtel était en fête! Il n'était que huit heures. Or, comme il est de bon ton de n'aller en soirée qu'à l'heure où il serait plus sage d'en revenir, personne n'était arrivé. Nous en profiterons, si vous le voulez bien, lecteurs, pour faire connaissance avec les propriétaires de ce charmant petit hôtel.

Dans le grand salon d'apparat, une femme belle encore, quoiqu'elle paraisse approcher de la quarantaine, est assise dans un fauteuil. En face d'elle, appuyé sur la cheminée, se tient un homme d'une cinquantaine d'années; ce sont les maîtres de céans, M. et Mme Marfeld. Si leur demeure avait un air de fête ce soir-là, eux avaient l'air peu gai; on voyait qu'une sombre préoccupation pesait sur leur esprit. Ce n'était pas sans cause, écoutons plutôt leur conversation :

« Charles, disait la femme, vous ne sauriez croire combien cette soirée m'ennuie. Montrer un visage calme, un front serein, trouver une phrase aimable pour chacun, quand on a l'âme en proie à de mortelles angoisses, est un courage au-dessus de mes forces.

— « Soyez raisonnable, Julie, cette fête est nécessaire. On sait que j'ai éprouvé trois faillites; on soupçonne que le restant de ma fortune est placé à Marseille dans deux maisons qui sont aussi à la veille de crouler. Cela tue mon crédit, je ne puis plus rien entreprendre; il faut donc faire face à l'orage : cette fête fera croire à tout le monde que je suis mieux dans mes affaires qu'on ne le pense. Le crédit me reviendra et la fortune avec. Seulement, je vous conjure, montrez-vous gaie, souriante, plus même qu'à l'ordinaire; sans cela on dira demain à la Bourse : « Avez-vous vu ces pauvres Marfeld, quelle triste mine ils avaient?... Décidément ils sont mal dans leurs affaires ! »

— Oui, je comprends, mon ami, et je vais faire de mon mieux pour me composer un visage de circonstance... Mais avez-vous des nouvelles de ces deux maisons de Marseille?

— Aucune, j'en attends ce soir. J'ai donné l'ordre à Jean de m'apporter mes dépêches dans mon cabinet ; je profiterai d'un moment où tous nos invités seront occupés pour aller en prendre connaissance. Vous tâcherez de ne penser à rien et, je vous en prie encore, de dissimuler votre inquiétude ; songez que de toutes ces personnes qui dans une heure encombreront nos salons, beaucoup sont intéressées à ma ruine, quelques-unes en seraient enchantées. Ma fortune les gêne, excite leur envie ; un homme qui, par sa seule intelligence, son travail, arrive à une brillante fortune, a toujours des jaloux, des envieux, parmi ceux-là même qui se disent ses meilleurs amis. Ne leur donnons pas la satisfaction de se réjouir dès à présent, ce sera toujours assez tôt !

— C'est que, voyez-vous, Charles, quand je songe à tout le mal que vous avez eu pour acquérir la position que nous avons, quand je songe que plus de la moitié de notre fortune a été déjà anéantie par le fait de vos associés, et que ce qui nous en reste est bien en danger d'être perdu aussi ; quand je songe enfin que nous n'aurons peut-être plus de quoi donner une dot à notre fille, mon cœur se serre de douleur et d'angoisse !

— Chut ! chut ! Julie, ne me dites pas cela. Vous savez combien j'aime Clémentine ; vous savez que si j'étais heureux d'avoir amassé cette fortune, c'était surtout en pensant à elle. Et moi aussi je frémis à l'idée que dans huit jours peut-être je serai ruiné, que Clémentine ne sera plus qu'une pauvre fille sans dot que tout le monde dédaignera ; tous ces jeunes gens qui se présentent maintenant pour l'épouser s'éloigneront d'elle bien vite. J'ai donc besoin de tout mon sang-froid pour essayer de sauver ma position et je ne veux plus penser à tout cela.

— Vous avez raison, Charles, et vraiment je ne suis pas raisonnable ; je devrais vous donner du courage, et j'en ai moins que vous.

— Taisons-nous, dit le mari à demi-voix, la voilà ! Que la pauvre enfant ne se doute de rien, elle ne connaîtra que trop tôt la vérité ! »

Une belle et gracieuse jeune fille venait en effet de soulever la portière du salon ; elle s'avança souriante vers ses parents et leur donna son front à baiser :

« Suis-je jolie ce soir, petit père? Ma toilette me sied-elle bien? » s'écria-t-elle gaiement.

J'ai dit qu'elle était belle. Non, elle était plutôt jolie, grande, mince, des cheveux châtains, des yeux noirs. Ce qui charmait en elle, c'était l'expression douce et candide de ses grands yeux, le sourire bienveillant et affable de sa bouche un peu grande, aux lèvres un peu fortes, mais ornée des trente-deux dents les plus jolies du monde. Ce qui frappait à première vue, c'était un je ne sais quoi répandu sur toute sa personne qui intéressait à elle, et la rendait plus séduisante que la beauté la plus parfaite.

Ce soir-là, elle portait une robe en tulle blanc dont les deux jupes étaient relevées par des roses rouges, une couronne de ces mêmes roses se mariait coquettement avec ses cheveux tressés en bandeaux à l'impératrice et légèrement ébouriffés.

Ses parents la regardèrent tendrement, mais avec une expression de tristesse que la jeune fille surprit au passage; elle eut l'air cependant de ne pas s'en apercevoir et reprit gaiement :

« Tu vas voir, chère mère, comme je vais bien danser le nouveau quadrille, je l'ai appris ce matin. »

Un domestique annonça à cet instant : « M. le baron et Mme la baronne de Launay. »

Les maîtres de la maison se levèrent pour recevoir leurs invités.

Une heure après, les salons étaient encombrés d'une foule de jeunes femmes aux fraîches et éblouissantes toilettes. Les rois et princes de la finance s'y trouvaient réunis; c'est vous dire que les diamants, les bijoux, y étincelaient. Des jeunes gens promenaient plus ou moins gracieusement leurs cravates blanches et leurs habits noirs; quelques-uns faisaient de l'esprit, mais ils étaient en si petit nombre que ce n'est vraiment pas la peine d'en parler.

Du reste, comment un homme peut-il avoir de l'esprit au bal? Il a une cravate trop empesée, des souliers trop étroits; il est forcé de rester debout cinq heures durant; sur deux cents personnes il n'en connaît pas dix, et sur dix, il n'en rencontre pas deux.

Je n'ai jamais pu m'empêcher de plaindre de tout mon cœur le sort malheureux des hommes dans un salon le soir d'un bal.

A onze heures, le bal Marfeld était ce qu'on appelle une fête superbe, c'est-à-dire que l'on s'y marchait sur les pieds, que les femmes ne pouvaient faire un temps de danse sans laisser sur le parquet des lambeaux de leurs robes, ce qui ne les empêchait pas de dire : « La belle soirée !... »

Clémentine était charmante, elle adressait une phrase aimable à toutes les femmes, elle était gaie, enjouée ; toutes les mères la regardaient d'un œil d'envie, les jeunes gens l'entouraient, c'était à qui obtiendrait un mot d'elle, un regard et une contredanse.

Mme Marfeld, suivant les conseils de son mari, fut aussi d'une amabilité sans égale, elle fit des efforts inouïs pour dissimuler sa tristesse. A minuit pourtant, un observateur attentif aurait pu voir qu'elle regardait à la dérobée la porte d'un boudoir donnant dans le cabinet de travail de son mari, et qu'elle ne prêtait qu'une attention distraite aux dissertations sur la race chevaline que lui faisait un dandy du Jockey-club. C'est que son mari, une demi-heure avant, était entré dans ce cabinet et n'en était plus ressorti. Elle se demandait si cette absence prolongée n'était pas un mauvais présage.

Clémentine jetait aussi de temps en temps un regard furtif sur sa mère, et voyant que sa préoccupation augmentait, elle se montrait plus rieuse, plus prévenante envers tous. Aussi aucun des invités ne parut s'apercevoir ni de l'absence du maître de la maison, ni de la préoccupation de Mme Marfeld.

A deux heures, le dernier invité prit congé. Quand la porte fut retombée sur lui, Mme Marfeld poussa un « ah! » de soulagement; sa fille la regarda avec ses grands yeux humides de larmes et s'approcha pour l'embrasser.

« Rentre chez toi, mon enfant, lui dit-elle, j'ai à parler à ton père.

— Mais, petite mère, je ne voudrais pas me coucher sans lui avoir donné le baiser de tous les soirs.

— Il est occupé, reprit la mère, tu le dérangerais.

— Si peu, si peu! le temps de l'embrasser seulement! »

Ceci fut dit d'une voix si douce, avec un regard si suppliant, que Mme Marfeld n'osa plus insister.

Les deux femmes entrèrent dans le cabinet de M. Marfeld. Il était assis près de son bureau, la tête dans ses mains; il ne les entendit pas entrer. Sa fille s'avança sur la pointe des pieds et lui tapa doucement sur l'épaule. Il se leva comme un homme qui sort d'un affreux cauchemar et les regarda d'un air hébété.

« Qu'as-tu donc, petit père? » lui dit Clémentine tendrement.

A sa voix, il secoua la tête comme pour éloigner de sombres pensées :

« Rien, rien, mon enfant, je m'étais endormi... Mais nos invités?

« Ils sont enfin partis, » dit Mme Marfeld.

Elle tremblait, la pauvre femme : le front contracté de son mari, sa pâleur, ne lui révélaient que trop qu'un nouveau malheur venait de le frapper. Elle ne voulait pas parler devant Clémentine; pour l'éloigner, elle lui dit :

« Embrasse ton père et rentre chez toi, car les jeunes filles ont besoin de sommeil. »

Le pauvre père la prit sur ses genoux et l'embrassa avec une tendresse fiévreuse. Elle fixait sur lui ses beaux yeux limpides, cherchant à deviner sa pensée. Après l'avoir serrée à l'étouffer sur son cœur, il lui dit d'une voix éteinte et saccadée :

« Oui, oui, ma fille, ta mère a raison, va te reposer. »

Clémentine s'éloigna triste et pensive. Alors Mme Marfeld s'assit près de son mari, et le dialogue suivant s'établit entre eux à voix basse :

« Quel nouveau malheur avons-nous à déplorer? Parlez! parlez vite! je me sens défaillir!...

— Rien de nouveau, Julie, calmez-vous.

— Oh! c'est impossible! ne me cachez pas la vérité. Votre absence du salon, la sombre méditation dans laquelle vous étiez plongé quand nous sommes entrées, tout, jusqu'à la façon dont vous avez embrassé notre enfant, m'a prouvé que vous aviez reçu une mauvaise nouvelle, peut-être celle de notre ruine complète!

— Soyez raisonnable, Julie. Vous m'avez trouvé plus triste qu'à l'ordinaire, parce que j'attendais de bonnes nouvelles et que je n'en ai que d'insignifiantes; vous me voyez préoccupé, parce que je cherche une combinaison pour sortir de ce mauvais pas... J'ai besoin d'un peu de calme, de réflexion. Laissez-moi à mes calculs. Vers le matin, si je trouve une solution, j'irai prendre un peu de repos. Demain, peut-être, il m'arrivera de bonnes nouvelles, et tout ira mieux que nous ne le croyons. »

Il se leva et embrassa tendrement sa femme. Elle voulut insister et rester près de lui, mais il lui dit :

« Écoutez, mon amie, nous allons passer notre temps à causer, et mon travail ne se fera pas ; j'ai des lettres à écrire, à dix heures il faut que je sois chez M. Randon ; je ne pourrai pas prendre quelques heures de repos. »

Cette raison décida Mme Marfeld, elle le quitta et rentra dans sa chambre.

Lui, une fois seul, il remit la tête dans ses mains et resta abîmé dans ses pensées ; elles ne devaient pas être gaies, car on voyait par moments ses doigts se crisper ; ensuite, comme la première fois, il secoua la tête, prit une plume et écrivit plusieurs lettres. Les deux dernières durent être illisibles, car plus d'une grosse larme tomba sur le papier. Après les avoir cachetées, il se leva et se mit à arpenter à grands pas son cabinet.

« C'est mal, bien mal, ce que je vais faire, balbutiait-il d'une voix entrecoupée par des sanglots... Les abandonner dans le malheur, leur donner ce surcroît de douleur, c'est lâche, je le sais ; mais aussi, voir mon hôtel vendu, être forcé de me déclarer en faillite, avoir à supporter mille humiliations, c'est au-dessus de mon courage... Quelle fatalité ! Cinq faillites en trois mois ! Dire que cet hôtel où j'espérais finir mes jours va devenir la proie de mes créanciers !... Peut-être seront-ils moins féroces lorsqu'ils n'auront plus à agir que contre ma pauvre veuve et une orpheline... »

OLYMPE AUDOUARD.

(*A continuer.*)

REVUE FINANCIÈRE & INDUSTRIELLE

FINANCES. — BANQUE. — ASSURANCES. — COMMERCE. — INDUSTRIE.

S'adresser, pour ce qui concerne la Revue financière et industrielle, à M. de Yalom, 2, rue Ménars.

6 Juin.

Bien des choses intéressant l'opérateur financier et l'industriel ont eu lieu depuis la publication de notre dernière Revue. Tout d'abord, et le lendemain de notre récent écrit, les Bourses de Paris et de Londres et le commerce en général ont été satisfaits d'apprendre la réduction simultanément sur ces deux places du taux de l'escompte, qui est porté à 2 1/2 p. 100, en réduction de 1/2 p. 100.

Ce même jour, qui était celui de la *réponse des primes*, a vu l'échange des ratifications, attendu depuis quelque temps, du traité réglant la situation du grand-duché de Luxembourg, ratification qui a enfin eu lieu à Londres et qui ouvrait la voie à la visite, alors proposée, mais aujourd'hui en partie accomplie, du roi de Prusse. — La conséquence naturelle de toutes ces bonnes nouvelles a été une explosion de hausse qui a encore fait que toutes les *primes* de fin de mois ont été *levées*, sans exception.

Les jours suivants ont été voués principalement à la liquidation, qui s'est faite naturellement sur de très-hauts cours, surtout pour la rente. Il n'y a pas eu sur le 3 p. 100 moins de 3 fr. d'écart entre le *cours de compensation* du mois dernier, comparé avec celui de ce mois-ci, fixé à 70 fr. 70 c.

Le jour spécial de la liquidation des chemins et autres valeurs, le marché a été moins bien tenu, mais elle s'est néanmoins très-bien passée.

Le *déport* avait beaucoup diminué depuis le dernier mois, ce à quoi il fallait s'attendre, ce qui n'a pas empêché la rente 3 p. 100 et l'Italien de se traiter avec quelques centimes de *déport*, et le Crédit mobilier également.

Nous disions dans notre dernier numéro qu'à Londres, les Consolidés anglais avaient beaucoup monté, avec une persistance remarquable. Nous pouvons répéter tout ce que nous avons dit à cet égard, mais avec beaucoup plus de cause, car cette semaine ce fonds d'État, d'ordinaire si immobile, a bondi avec une élasticité inusitée, gagnant à un moment 2 1/2 p. 100 et atteignant le cours élevé de 95. Pour toute réaction, après pareille hausse, il n'y a encore eu qu'un recul de 3/4 p. 100 ; le dernier cours est de 94 1/4.

En fait d'événements, et qui n'ont pas peu contribué à la fermeté du marché, il faut faire mention de l'arrivée de différentes têtes portant d'importantes couronnes et que l'on attendait avec impatience, entre autres celles de l'empereur de toutes les Russies et du roi de Prusse. On se demande si c'est possible, dans l'état actuel de la politique, que tous ces souverains viennent à Paris uniquement pour voir l'exposition. On croit que quelque chose sortira de cette espèce de faux congrès, et les optimistes, qui sont en majorité, sont convaincus qu'au milieu de tant de fêtes et de plaisirs, ce quelque chose ne peut qu'être profitable à la paix et au bonheur de l'Europe. On espère voir dissiper ces questions brûlantes et toujours remuantes qui divisent les différents pouvoirs. — même celle d'Orient !

Nous ne demandons pas mieux, et c'est alors que nous verrions des acheteurs à la Bourse de Paris ! Acheteurs qui ne s'effrayeraient pas du cours de 70 fr. !

En fait de rente, le 3 0/0, qui à un moment a failli atteindre le cours de 71 fr., reste coté à celui de 70 fr. 50 c., en hausse sur mercredi dernier de 57 c. 1/2.

L'Italien 5 0/0, qui avait monté de 1 1/4 à 1 1/2 0/0, a cependant reculé au point d'être même en perte sur la semaine précédente. Son dernier cours est de 32 fr. 37 c. 1/2, en baisse de 57 c. 1/2.

Cette faiblesse comparative a causé d'autant plus d'étonnement que le projet d'emprunt italien que nous avons indiqué a bien réellement lieu avec la maison Erlanger de Paris. Le télégraphe de Florence nous apprend à ce sujet que MM. Erlanger et Cie constitueront, dans le délai d'un mois après l'approbation du présent traité, une société anonyme pour le recouvrement de la taxe dont il est question dans le projet présenté le 14 mai à la Chambre par le ministre des finances italiennes. La société prélèvera un droit de commission de 3 0/0 sur le montant de cette taxe, et mettra à la disposition du Trésor la totalité de la somme à recouvrer. Il sera créé des obligations de 500 fr. portant 3 0/0 d'intérêt et remboursables en vingt-cinq années. La société en question se formera sous la dénomination de BANQUE FONCIÈRE D'ITALIE, au capital de cinquante millions.

Nous vous renseignerons plus exactement sur les avantages de cette grande opération financière dès que les autres conditions de l'affaire et la manière dont elle sera présentée au public seront connues. Mais avant toute chose il faudra attendre l'approbation nécessaire du parlement, qui cette fois, espérons-le, sera plus arrangeant.

L'inconnu plane toujours sur les affaires du Crédit mobilier, aussi remarquons-nous que les actions de cette société avaient d'abord continué dans la voie de la Bourse entamée la semaine précédente, et elles touchèrent au cours de 425 fr. ; mais, devenues beaucoup plus faibles depuis quelques jours, elles viennent de finir au prix de 395 fr., qui n'est pas non plus le bas cours, mais qui représente une baisse de 7 fr. 50 c.

Il n'y a pas eu beaucoup d'entrain sur les chemins, mais ceux-ci se sont bien tenus, et, en somme, plusieurs ont obtenu une amélioration dans leurs cours.

Le Nord gagne 11 fr. 25 c. depuis mercredi de la semaine passée; le Lyon gagne 7 fr. 50 c., mais l'Orléans n'a qu'un avantage fractionnel de 1 fr. 25 c.

Les Chemins étrangers se sont plus distingués; l'Autrichien a monté de 12 fr. 50 c., et même le Lombard de 15 fr.

En valeurs industrielles, nous signalerons le Gaz parisien, qui a eu beaucoup de succès, ayant atteint pour la clôture d'aujourd'hui le beau cours de 1,600 fr., ce qui fait une hausse de 27 fr. 50 c.

Le marché, si l'on ose appeler deux ou trois personnes perdues dans le vide autour de la corbeille un marché! a été très-ferme aujourd'hui, et les cours légèrement en hausse, quoiqu'il n'y eût personne à la Bourse; tout le monde, agents et spéculateurs, était accouru à la grande revue du bois de Boulogne, où ont présidé trois grands souverains. C'était même curieux de voir cette Bourse, d'ordinaire si bruyante, si affairée et si bien peuplée, se vêtir d'un silence, d'un vide et d'un calme si inaccoutumés, que l'on avait peine à croire que l'heure officielle des transactions des affaires de Bourse eût sonné.

Dernier cours :

Rente 3 p. 0/0.	70 fr.	50 c.
Italien 5 p. 0/0.	52	37 1/2
Crédit mobilier.	395	»
— espagnol. .	270	»
Crédit foncier.	1,486	25
Comptoir d'escompte. . . .	775	»
La Générale.	560	»
Compagnie immobilière. .	202	50
Gaz parisien.	1,600	»
Canal de Suez.	360	»
Orléans.	893	75
Lyon.	910	»
Nord.	1,223	75
Autrichien.	471	25
Lombard.	405	»

De Yalom.

MAISONS RECOMMANDÉES

Par la REVUE COSMOPOLITE.

COMPAGNIE DES INDES, rue de Grenelle-Saint-Germain, 42. — Grand choix de foulards dans toutes les nuances, faisant des toilettes charmantes. Le foulard est très en vogue cet été.

BAILLY, boulevard Sébastopol, 107. — Jupon impérial pour remplacer le jupon-cage; il n'a rien de sa laideur disgracieuse, il se resserre à volonté, au moyen d'une tirette. Ce jupon a obtenu l'approbation de toutes nos élégantes.

CONSTANTIN, rue d'Antin, 7. — Grand choix de magnifiques fleurs défiant la nature par leur fraîcheur, pour robes de bal et coiffures.

AUX STATUES DE SAINT-JACQUES, rue Saint-Denis, 191-193. — Maison réputée par son honorabilité et la façon consciencieuse dont elle fait les affaires, la seule qui fasse 2 p. 100 d'escompte sur tout achat de 100 fr. — Soie, étoffes de tou genres. — Riches confections.

VIOLET, Parfumeur, rue Saint-Denis, 317. — Là se trouvent réunies toutes ces choses ravissantes, ces parfums exquis qui prêtent à nos élégantes tant de charmes. — Assortiment complet de savons de toilette, odeurs pour le mouchoir, etc., etc. SUCCURSALE : *Boulevard des Capucines*, en face du Jockey-Club.

PARIS, IMPRIMERIE JOUAUST, RUE SAINT-HONORÉ, 338.

LES DROITS DE LA FEMME

LA SITUATION QUE LUI FAIT LA LÉGISLATION FRANÇAISE

M. Jouaust, notre imprimeur, nous refuse d'insérer un article, sous le vain prétexte que nous y parlons politique, économie sociale. Or, d'après notre législation, nous sommes à la merci de nos imprimeurs; force nous est donc de laisser nos pages en blanc, et d'avoir recours à un de nos confrères du grand format pour expliquer à nos abonnés la triste situation où nous met la loi française. Nous ne sommes pas politique, et que nous parlions de la pluie, du beau temps, des roses ou des papillons, on nous reproche de parler politique, et chaque semaine nous avons des ennuis. Pour en finir, nous avons voulu déposer un cautionnement et nous avons fait une demande en autorisation à M. le ministre de l'intérieur.

Voici la réponse que nous a faite Son Excellence :

Paris, le 12 juin 1867.

Madame,

Vous m'avez fait l'honneur de m'écrire pour me demander l'autorisation de créer à Paris une feuille politique sous le titre de *Revue Cosmopolite*.

L'article 1er du décret organique du 17 février 1852 stipule formellement que l'autorisation préalable ne pourra être accordée qu'à un Français majeur, jouissant de ses droits civils et politiques.

J'ai donc le regret de ne pouvoir donner suite à votre demande.

Recevez, etc., etc.

Le Ministre de l'intérieur,

LAVALETTE.

A la suite de cette lettre, nous nous étions permis de faire observer que la position faite à la femme, qui se trouve ainsi exclue et en dehors de la loi, était passablement injuste et illogique.

Il paraît que le droit de nous plaindre ne nous est pas même laissé !

Du reste, si, comme nous l'espérons, un de nos confrères veut bien donner à notre article l'hospitalité dans ses colonnes, nous nous empresserons d'envoyer ce journal à nos abonnés. En tout cas, nous ferons tirer notre article en brochure.

OLYMPE AUDOUARD.

Supprimé par l'imprimeur.

Supprimé par l'imprimeur.

Supprimé par l'imprimeur.

Supprimé par l'imprimeur.

Supprimé par l'imprimeur.

Supprimé par l'imprimeur.

Supprimé par l'imprimeur.

Supprimé par l'imprimeur.

CONSIDÉRATIONS

SUR

L'ORIGINE, LE DÉVELOPPEMENT ET LES TENDANCES ACTUELLES

DE L'ART MUSICAL

(SUITE)

V

En Italie, l'art musical ne put se développer de la même façon qu'en France et suivre le mouvement intellectuel du pays : les gouvernements étrangers qui dominèrent la Péninsule jusqu'au milieu de ce siècle eurent tout intérêt à ce que la musique n'animât point des sujets empruntés à l'antiquité, trop faits pour passionner l'imagination populaire. Incapable de réaliser lui-même le vœu de son indépendance à cause de l'apathie de son caractère, l'Italien a toujours cherché à secouer le joug étranger par des moyens détournés qui accusaient chez lui une intelligence exceptionnelle ; les gouvernements, de leur côté, s'efforcèrent toujours d'offrir à cette intelligence même de puissants dérivatifs. Les beaux-arts pouvaient seuls occuper exclusivement l'esprit inquiet des populations de la Péninsule, aussi leur culture fut-elle toujours encouragée : bientôt les différentes cours eurent des peintres à gages et des musiciens salariés pris dans toutes les classes de la société, et, de cette façon, les dominateurs étrangers, proclamant eux-mêmes l'égalité de tous devant le talent, parvinrent à empêcher qu'on ne proclamât malgré eux l'égalité de tous devant la loi et la justice.

Ce développement donné aux beaux-arts fut excessif, aussi la décadence en suivit de très-près l'apogée.

La musique, employée comme principal dissolvant moral, pouvait se passer de cette partie technique dont la parfaite connaissance avait si bien servi, en Allemagne, à peindre les nuances les plus délicates du sentiment. Il suffisait que le motif de danse conservé de l'antiquité pût être immédiatement appliqué à n'importe quel sujet dramatique le moins historique possible, et ce fut là l'origine de l'opéra italien, fade production qui envahit bientôt toutes les scènes italiennes au milieu du siècle passé.

Cet opéra, joint à un ballet, constitua dès cette époque le spectacle essentiellement populaire — puissant moyen de se concilier les masses par l'attraction d'une jouissance facile et à bon marché. Il ne faut certes pas accuser le génie de l'Italie de cet abaissement de l'art musical : si ce pays avait été libre, il aurait pu jusqu'à un certain point faire revivre le drame musical, qui aurait puisé une nouvelle force dans les études techniques sur l'ancienne musique d'église italienne auxquelles les compositeurs auraient pu s'adonner ; au lieu de cela, la musique se vulgarisa et arriva à une complète décadence chez un peuple qui semblait créé pour la porter à son plus haut perfectionnement.

Le développement de la voix humaine en Italie se prêtait du reste parfaitement à cet appauvrissement de l'art musical. Du jour où la musique devint une profession vénale, l'art de l'instrumentation fut négligé comme un détail inutile. Il fallait un grand peuple, une grande capitale, une grande scène, pour donner à l'art musical en Italie le même essor qu'en France et en Allemagne. Quoi qu'en disent les partisans de la fédération, il fallait un Conservatoire unique où les meilleurs compositeurs pussent venir étudier et enseigner les règles de l'art. Mais alors l'Italie était un composé disparate d'une foule de petits États tous différents par leur organisation, leurs costumes, et voire même leur langage : chaque petite capitale portait fort haut ses prétentions et voulait avoir son théâtre, sa troupe chantante, son ballet, ses musiciens et ses *maestri*. La profession d'artiste était une carrière ouverte (c'était peut-être la seule possible, avec la carrière ecclésiastique), un gagne-pain, — mais pour s'y produire avec plus de sûreté, il fallait faire économie de travail. Tout y devenait intrigue et calcul, le talent dépendait du goût du moment, et l'inspiration ne pouvait rien hasarder au delà de la mode du jour. Le théâtre devint bientôt partout un rendez-vous élégant, où l'art, le goût, l'inspiration et le reste se prostituaient à qui mieux mieux.

Dans les dernières années du XVIIIᵉ siècle, la musique était stationnaire en Italie comme toutes les autres sciences. On peut dire de ce pays que toutes les grandes idées y ont alors germé et y ont été immédiatement étouffées par les gouvernements. Le découragement et un certain parti pris de bafouer tout ce qui était bon furent le résultat de ces tentatives gouvernementales, et la liberté n'a pas même encore aujourd'hui tout à fait extirpé cette mauvaise habitude.

Au commencement de ce siècle, l'instrumentation en Italie était tout à fait dans l'enfance, et il ne faut pas s'étonner si

Mendelssohn, après un voyage qu'il y fit, avoue avoir trouvé insignifiante toute la musique qu'il avait entendue. Les sociétés de *quartetto* qui existaient alors déclaraient hautement qu'il était parfaitement impossible d'exécuter du Haydn ou du Beethoven. Pour goûter sincèrement la musique, il faut la foi dans un principe; or, en Italie le principe religieux était ébranlé; le principe monarchique détesté, le principe national étouffé; tout portait donc l'individu à la parodie. C'est là ce qui explique le succès de l'*opera buffa* et du ballet, et ce qui a produit le *dilettantisme*, lequel a donné naissance au *dilettante*, véritable sigisbé musical, la plaie de tous les théâtres italiens. Vous l'entendez chantonner dans les couloirs et à la sortie des théâtres, il s'érige en arbitre et connaît dans ses détails les plus intimes la biographie de tout le personnel chantant, dansant et exétant; il est l'ennemi du directeur quand il n'en est pas le compère; et quant à ses appréciations, elles dépendent toujours de sa bonne ou mauvaise humeur.

Le travail a toujours été regardé en Italie comme un mal nécessaire pour se procurer de l'argent, aussi les opéras du commencement de ce siècle se ressentent-ils tous de la *furia* avec laquelle ils ont été composés. Pourquoi, du reste, tel compositeur se serait-il donné de la peine pour tel théâtre qui n'était pas celui de sa ville natale, pour tel public qui n'était pas le sien et dont les applaudissements lui étaient indifférents? D'ailleurs, quelle était alors la mission du compositeur? Écrire pour tel ou tel chanteur, possédant telle ou telle qualité de voix, certains airs qui permettaient de déployer cette même voix dans toute sa plénitude. Poëme et scène n'étaient qu'un prétexte, et ne servaient guère qu'à prêter un temps et un lieu à cette exhibition de virtuoses.

Le ballet, complétement séparé de l'opéra, était cultivé

avec un soin spécial pour la plus grande édification du public. Son but était du reste le même que celui de l'opéra : la danseuse dansait ce que la chanteuse avait chanté, et le compositeur n'avait qu'à écrire les variations d'un type d'airs déterminés d'avance.

C'est ainsi que l'opéra italien est devenu un genre tout à fait à part en restant complétement étranger au véritable drame musical. Il est certain que l'idéal de l'art musical, tel que l'on commençait à l'entrevoir en France après les opéras de Meyerber, d'Auber, d'Halévy et de Rossini, aurait élevé davantage les esprits ; mais tel n'était pas le but que se proposait l'influence étrangère qui dominait la Péninsule ; il fallait, au contraire, ne satisfaire que les sens pour abaisser l'intelligence et s'en emparer tout à fait.

L'application forcée du rhythme au chant tua la vraie musique en Italie, et l'intérêt dramatique et la poésie succombèrent précisément à cause de leur incompatibilité avec ce rhythme même. La mélodie italienne, s'appuyant sur une base harmonique défectueuse, se contentait, quant à l'agencement et à la liaison des parties, d'une structure de périodes si pauvre, que le compositeur est aujourd'hui lui-même forcé d'avouer que cette forme enfantine de l'art enfermait le génie de *maestro* dans des limites bien étroites, si elle ne le condamnait pas parfois à l'immobilité absolue.

Pour bien juger de ce qu'était l'opéra italien, il faut avoir une idée exacte de ce qu'était et de ce qu'est encore le théâtre en Italie.

La salle réunit chaque soir une société qui n'a d'autre but que de consacrer la soirée à l'amusement. Or cet amusement consiste en grande partie dans la conversation, et il est à remarquer que le bruit est on ne peut plus propre à animer un entretien de plusieurs personnes, justement parce qu'il le couvre en partie et peut-être aussi parce qu'il est une foule de choses qu'on ne peut bien dire qu'à la faveur de ce clair-obscur de sons et d'harmonie. Que faut-il donc pour qu'un tel public consacre le succès d'un opéra ? Il suffit que pendant le temps de la représentation, la conversation ne soit interrompue par la musique qu'un certain nombre de fois. Si ce nombre, qui oscille entre deux et trois, est dépassé, l'opéra est déclaré ennuyeux à l'unanimité. C'est pourquoi on a souvent appelé en Italie pauvreté d'inspiration ce qui n'était autre chose que richesse de mélodies. Le chant d'un artiste et l'interprétation ont seuls réussi à faire trouver une mélodie supportable au public. Quant à l'orchestre, n'en disons qu'un mot : il jouait le rôle d'une guitare accompagnant plus ou moins en cadence la voix d'un chanteur en vogue. Enfin le sujet de l'opéra, le *libretto*, méritait à tous égards l'application du mot de Voltaire : « Ce qui est trop bête pour être dit, on le chante. » Mozart lui-même, propagateur du genre italien en Allemagne, malgré la perfection de la forme, tomba dans tous les errements de cette musique de table qui ne servait qu'à animer le bruyant entretien des loges.

Rossini avait compris depuis longtemps que l'opéra bouffe était le seul qui pût s'adapter aux scènes italiennes, aussi ses premiers essais furent-ils tous dans ce genre. Depuis sa première œuvre, *la Cambiale di matrimonio*, jusqu'au *Barbiere di Siviglia*, le vrai type du genre, il donna de 1809 à 1814 six opéras au répertoire, parmi lesquels *l'Italiana in Algeri* occupe une importante place. La couleur locale et l'étude du sujet ne fut appliquée d'abord par lui qu'à l'*Otello*, au *Maometto* et à la *Semiramide*. Ces deux derniers opéras furent même retouchés par Rossini pour le public de Paris, et ce n'est qu'à Paris que le célèbre *maestro* parvint à l'apogée de sa gloire avec *Guillaume Tell*. Paris devint alors la terre promise de tous les compositeurs italiens, depuis Bellini et

Donizetti jusqu'à Verdi. En Italie ils ne firent plus que des essais. Aussi voyons-nous la *Sonnambula* de Bellini, écrite pour un *impresario* de Naples, n'avoir de succès réel qu'à Paris, ce qui engagea l'auteur à écrire pour la France *I Puritani*. La *Norma* seule fut destinée à *la Scala* de Milan et applaudie avec frénésie par le public milanais. Donizetti, capable de bâcler un opéra en trente heures, a l'air de défier le public de son pays avec les longueurs de *Linda di Chamounix*, de *Marino Faliero* et de *Roberto d'Évreux*; en revanche, la *Lucia* n'est applaudie et bien interprétée d'abord qu'à Paris. Quant à *Don Sebastiano*, qui coûta la vie à Donizetti, il n'est cité en Italie que comme un *ripiego*.

Les premiers opéras de Verdi eurent beau jeu à se soutenir en Italie, car de 1842 à 1847, époque à laquelle Verdi fit ses premiers essais, il s'y composa 640 opéras tous représentés, dont peu de monde aujourd'hui se rappelle les titres et qui, au dire d'un de mes spirituels amis, Alph. Beylet, ne devaient jamais passer les Alpes.

Les opéras de Verdi ont seuls survécu, parce qu'ils étaient les moins mauvais de tout ce répertoire inconnu aujourd'hui, et le petit nombre de gens de goût qu'il y avait alors en Italie ne pouvaient certes pas arrêter la vogue du *maestro*, car ses succès n'empêchaient personne de dormir.

Cet homme de génie connaissait d'ailleurs encore mieux son public que les effets des unissons et des éclats de voix. Quelques morceaux vraiment inspirés enlevèrent d'emblée l'auditoire, et ce furent ceux-là que l'on écouta; le reste traîna de façon à ce que la conversation des loges ne fût jamais interrompue. *Il conte di S. Bonifacio*, *Nabucco*, *Giovanna d'Arco*, *Alzira*, *Macbeth*, *Aroldo*, dont les *libretti* ne sont certes pas dangereux, réussirent parfaitement sur les scènes italiennes, et Verdi se disait à lui-même *in petto* : « Tout cela est assez bon pour le public de mon pays. » Heureusement que le vrai génie du *maestro* s'affirma plus tard par de grandes inspirations et de la musique aussi étudiée que pouvait l'être la musique allemande. Tout en sachant sacrifier au goût de son époque, l'illustre compositeur prévoyait qu'un jour viendrait où sa patrie ferait un retour à de plus saines doctrines en fait d'art, et, délivrée enfin de la domination étrangère, prouverait à l'Europe que si elle n'avait pas su se mettre à la tête du mouvement artistique, elle pouvait du moins, en perfectionnant la partie technique de l'art musical, rentrer dans le droit chemin, et sortir surtout à tout jamais de l'ornière où elle s'était fourvoyée.

Comte Escamerios.

(*La fin au prochain numéro.*)

COSMOPOLIS

Un beau matin, Paris a disparu, nous nous sommes réveillés citoyens d'une ville bizarre, Cosmopolis doit être son nom.

Se habla español, — english spoken, — si parla italiano, — man spricht deutsch. — On parle aussi quelque peu le français dans cette belle et grande ville, sans compter une foule de patois et de charabias plus étranges qu'étrangers. Quant aux Siamois, Marocains et Chinois, ils ne causent qu'entre eux.

Parlons des costumes. Des Cosaques dans leur tunique d'un pourpre éclatant; des Francs-tireurs en blouses de la couleur d'un oiseau gris affirmé par les naturalistes tout aussi *franc* que ces fiers chasseurs; des Marocains bistrés servant de transition à des nègres à face d'ébène; des Chiliens emmaillottés de châles aux vives rayures qui les font ressembler à des zèbres sur deux pieds; des Chinois, des Japonais, des Siamois, tout éblouissants de laideur; des

Égyptiens, des Tunisiens, dont l'occiput est aussi inséparable d'un fez rouge qu'un coq l'est de sa crête ; des Anglais dont la face rose s'épanouit plantureusement entre deux haies de favoris blonds ; des Américains au torse carré, longs ou trapus, circulant avec le costume et les allures qui siéent à un peuple libre ; une foule de petites dames dont la marche frétillante fait onduler de riches toilettes ; des militaires de toute arme et de tout uniforme ; des nomades de toute race sortis des déserts ou des antres sombres des carrefours civilisés ; des pick-pockets dépenaillés ; beaucoup de gens venus on ne sait d'où et paradant sur les boulevards dans des costumes inouïs, impossibles, improvisés pour la circonstance ; et puis, *rari nantes in gurgite vasto,* parmi tout ce monde grouillant, grondant et remuant, quelques indigènes de ce qui fut Paris, et que leur mauvaise humeur ne saurait embellir : telle est, exactement parlant, la population de Cosmopolis.

O peuple diapré, moucheté, doré, ruolzé, galonné, panaché, empanaché, vivante mosaïque ! ô Fête des deux mondes, Carnaval sublime qui resteras dans l'histoire ! ô Sirène multiforme et multicolore ! ô Ville polyglotte ! comme j'aimerais à voir quelques-uns de ces échantillons de l'espèce humaine que tour à tour tu reçois dans tes murs, embaumés ou empaillés — plus tard — pour un de tes musées, afin de porter à la postérité un témoignage irrécusable du spectacle grandiose qu'il nous est donné, à nous, d'admirer !

Aux étrangers se mêlent des provinciaux accourus de tous les points de la France et de la Navarre. On peut ranger ceux-ci en deux catégories. L'une ne sort point sans avoir habillé sa dignité d'une redingote noire, elle se couvre le chef d'un chapeau tuyau de poêle, ainsi qu'il convient à des gens qui se respectent. Dans cette catégorie il y a beaucoup de décorés, et l'on comprend, par conséquent, que ceux-ci tiennent au *decorum*. On les voit aller, le soir, d'un pas grave et recueilli, aux Français ou à l'Odéon.

L'autre catégorie est plus nombreuse, infiniment plus nombreuse : celle-ci affecte un négligé dédaigneux, et son accoutrement présente l'aspect d'un sans façon à peine excusé par la précipitation d'un train de plaisir; la coiffure est un peu inclinée sur l'oreille; sauf le fusil en bandoulière et sauf les plumes de coq ou de faisan appliquées au feutre, ces messieurs ont une allure de Francs-tireurs, on les dirait en pays conquis.

Je ne dis rien des dames de la province, sinon que leur air naïf, curieux, embarrassé, leurs regards étonnés, leur mise modeste me plaisent beaucoup; je ne désire pour elles qu'une chose, c'est que, retournées à l'ombre du clocher natal, elles ne songent point à imiter par trop servilement ce qu'elles auront vu le long des boulevards.

Quant à l'habitant de l'ex-Paris, s'il sort de chez lui, il a besoin, en ce moment, de se cuirasser de patience, d'être blindé par l'abnégation. C'est pour les Nomades, supposés riches, que les cochers de fiacre accablent leurs haridelles de leurs plus vigoureux coups de fouet; pour eux que M. Haussmann donne des bals vertigineux, splendides, pompeux, féeriques; l'imagination d'aucun vizir ne rêva rien de pareil : la baguette d'un Merlin ne fit jamais de tels prodiges, d'après ce qu'on raconte de cette *nuit* unique. C'est pour les étrangers, toujours supposés riches, que les ouvreuses de théâtre ont de bonnes places; les cafés n'ont plus de tables que pour eux, etc.!

Ma foi! si les envahisseurs sont exploités, si quelques dindons s'en retournent plumés, je ne les plains plus — et à l'avance je les plaignais! Plusieurs font la roue d'une façon par trop superbe, et les autres acceptent avec une grâce charmante, à notre détriment, toutes les exigences commerciales : ils veulent s'amuser, ils ne regardent pas au prix !

Le peuple de Cosmopolis est curieux, il est avide de la vue des souverains qui passent, il court par masses compactes au-devant de tous ceux qui entrent dans ses murs. D'abord, chacun tient à faire honneur à son seigneur et maître : le Prussien va saluer M. de Bismarck, le Russe acclame son Czar, cela est naturel.

Le jour de l'arrivée de l'empereur de toutes les Russies, j'appris à connaître l'urbanité des citoyens de Cosmopolis. De mon mieux je m'effaçais pour faire place à une jeune miss escortée par sa mère vénérable ou par sa gouvernante ; la jeune miss, apparemment, trouva que je ne m'écartais point d'une manière suffisante, elle joua des coudes : elle n'était point belle, cette Américaine, pas belle du tout, mais comme elle était forte !

Ce qui, mieux encore qu'une population bigarrée, révèle Paris transformé en Cosmopolis, évidemment c'est cette belle végétation luxuriante qui a fait pousser des drapeaux de toutes les couleurs possibles sur les murs d'une foule d'édifices privés ou publics. Le soleil, quand il reluit, ajoute de l'éclat aux couleurs de ces drapeaux, cet ensemble éblouit, il serait même réjouissant à l'œil, mais il a un inconvénient. Il annonce que Cosmopolis est sillonnée par une myriade de rois, d'empereurs, de princes, de ducs et de principicules. Or, si la présence de ces Majestés et de ces Altesses est très-flatteuse pour Cosmopolis et pour la France entière, si, en les voyant passer, il est permis à un Français d'être aussi fier que s'il contemplait la Colonne, on pourrait aussi, sauf le respect, trouver cette présence fort gênante. Veut-on aller par telle ou telle rue, cette rue est barrée, interceptée, interdite même pour les piétons, parce que des princes vont au bal dans un hôtel voisin, ou bien à un théâtre : il faut rebrousser chemin, faire de longs circuits, et l'on se rappelle alors, même involontairement, de Diogène priant Alexandre de s'ôter de son soleil.

— Je hais la réclame, et à Cosmopolis, en tout et partout, la réclame offusque les yeux : c'est elle qui tapisse les murs et les journaux ; c'est elle qui porte le trouble dans les idées de notre époque, pousse à la propagation du mal, et consacre des succès de mauvais aloi ; c'est elle qui préconise un luxe malsain, qui sonne des fanfares en l'honneur des spéculations les plus funestes. Eh bien, j'ai vu la réclame se mêler d'illuminer ou de pavoiser depuis quelques jours la façade d'une multitude de boutiques. Se pavanant sous des drapeaux, elle est à l'affût de toute circonstance opportune afin de l'exploiter, et cette fois elle fait rayonner des noms intéressés à être vus de loin. Pour qui, l'autre jour, se promenait le long des boulevards, il était impossible de n'être point choqué en lisant en si grand nombre les noms de tant de boutiquiers, d'industriels et de cafetiers, écrits en lettres de feu !

Je comprends que des Parisiens, les Français comme les autres Cosmopolitains, aient voulu protester d'une manière éclatante contre une détestable tentative d'assassinat : c'était pour eux comme un devoir, et ce devoir a été convenablement rempli. Ce que je comprendrais moins, si je n'habitais Paris depuis quatre ans, c'est qu'une telle occasion soit mise à profit par la réclame. Paris m'a préparé à Cosmopolis. Les tailleurs, les marchands d'habits confectionnés surtout, m'ont paru saisis d'un enthousiasme que je n'ai garde de suspecter, mais qui témoigne d'une ardeur extrême : il en est dont la devanture n'a pas assez de place pour tous les étendards de l'univers entier ; ne pouvant faire mieux, on en a mis tant qu'on a pu.

Cosmopolis ! Cosmopolis ! que tes fêtes sont belles ! Il en est plus d'une dont je ne peux parler que par ouï-dire. Je voudrais n'être point habitant de l'ancien Paris, peut-être alors serais-je privilégié ; mais nous subissons, sans trop nous en plaindre, le supplice de Tantale, puisque Cosmopolis est au centre de la France, et que, du moins je l'espère, cet accueil brillant engagera les hôtes de quelques jours à revenir souvent visiter Cosmopolis redevenu Paris.

— C'est à l'Exposition qui s'étend en orbes immenses dans le Champ de Mars que nous devons des splendeurs qui en sont le corollaire. Hélas! cette exposition éclipse toutes les merveilles de Paris.

Une autre exposition, plus modeste celle-ci, mais non sans charmes, s'ouvrait aux Champs-Élysées; nous avions commencé à la décrire, nous n'en parlerons plus. A quoi bon? elle est impitoyablement fermée; les tableaux qui composaient ce Salon annuel ont été dispersés, nous ne pouvons plus aller les revoir, et en parler de façon à engager nos lecteurs à y aller aussi. Ces tableaux n'ont fait que passer, ils n'y sont déjà plus dans ces larges salles qui cette année nous ont semblé désertes!

N'eût-il pas mieux valu laisser aux machines, aux milliers de produits de l'industrie moderne toute l'étendue du Champ de Mars, et réunir aux Champs-Élysées tout ce qui appartenait à l'Art. L'espace n'y eût pas manqué, et l'ont eût évité dans la grande Exposition les annexes artistiques de la Bavière, de la Belgique, etc., qui sont si intéressantes, si belles, et qu'on risque de ne pas voir si l'on n'est pas prévenu qu'elles existent. De cette façon, les artistes qui, cette année, ont exposé leurs œuvres comme d'habitude, n'eussent point été délaissés par le public de Cosmopolis. Ce public avait bien assez de courir à *la Grande-Duchesse*, à *la Vie parisienne*, ces deux bouffonneries ineptes; il était accaparé par les cortéges princiers, par les revues, par mille séductions; le temps lui eût manqué pour visiter à la fois deux grandes Expositions!

D'ailleurs, celle des Beaux-Arts (*le Salon*) n'était que sérieuse, elle n'offrait pas comme l'autre les agréments des bagatelles de la porte pour séduire le public! Et la réclame qui se taisait! Cependant, on peut dire, sans crainte d'être démenti, que la partie française des galeries consacrées aux beaux-arts dans la grande Exposition n'était pas composée de façon à écraser tout à fait par la comparaison le Salon des Champs-Élysées. J'ai vu là d'énormes toiles indignes, selon moi, d'occuper un espace qui aurait pu être bien mieux utilisé!

Nous ne parlerons donc plus du Salon de 1867 que si l'occasion nous est donnée de comparer quelques-uns des tableaux ou quelques-unes des sculptures qui en faisaient partie avec ceux qui figurent au Champ de Mars. Nous indiquerons surtout ceux de ces tableaux, celles de ces statues que nous eussions désiré voir offerts à l'admiration des visiteurs de Cosmopolis.

Puisses-tu, Cosmopolis, attirer encore un bien grand nombre de ces visiteurs, et puis redevenir Paris pour le plus grand agrément de ses anciens habitants!

Louis de Laincel.

PROFILS CONTEMPORAINS (*)

Mme la Comtesse D'AGOULT (DANIEL STERN)

Par M. Armand POMMIER.

M. Armand Pommier fait paraître une série de biographies, sous le titre de *Profils contemporains*, qui sont écrites avec talent et avec une grande finesse de touche. Celle de Daniel Stern est une œuvre remarquable. Il fallait la plume d'un écrivain consommé, d'un esprit élégant et délicat, pour bien peindre la personnalité distinguée de Mme la comtesse d'Agoult, et pour apprécier l'élévation de sentiment et la pureté de style de Daniel Stern, l'auteur éminent de l'*Essai sur la liberté considérée comme principe et fin de l'activité humaine*, de *Nélida*, de l'*Histoire de la Révolution de* 1848, histoire écrite en pleine révolution, espèce de journal ou tous les événements sont retracés à mesure qu'ils se produisent, où chaque figure est dessinée dès qu'un rayon la met en évidence. Laissons la parole à M. Armand Pommier, et voyons comment il apprécie la femme et l'écrivain :

« Ce qui domine dans l'œuvre comme dans la vie de Daniel Stern, c'est une foi inébranlable dans la perfectibilité hu-

---

(*) En vente à la librairie Dentu, Palais-Royal.

maine. Toujours sa pensée plane sur les sommets. Lorsqu'autour d'elle les défaillances se propagent, son âme résiste. Dans l'ordre des choses morales, jamais le découragement ne l'atteint. Elle croit au triomphe des grandes idées. Par sa parole, par ses écrits, elle s'efforce chaque jour de répandre les généreux espoirs, les nobles désirs. Que d'esprits elle a ainsi relevés! combien de cœurs soutenus! Ferme dans ses convictions, réfléchie dans ses idées, elle n'incline sa raison hautaine que devant la justice et la vérité. Elle ne flatte ni le succès, ni la puissance, ni la multitude. L'intégrité est dans sa vie comme dans ses jugements. La dissimulation n'a jamais flétri ses actions ; il n'y a jamais eu de compromis dans la manifestation de son intelligence. Aussi, malgré sa grâce séduisante, sa distinction native, n'est-ce point une physionomie mondaine ; elle se présente avec la sévérité, le stoïcisme d'un personnage antique. L'unité qui règne dans sa vie et dans ses œuvres lui donne je ne sais quoi d'imposant. D'une extrême tolérance pour les hommes et les idées, elle semble avoir nos temps en pitié. Il n'en est rien cependant. Elle n'a fait d'avances ni aux partis, ni aux influences, ni à la renommée. On l'a crue froide, dédaigneuse. Erreur. Son âme est de feu, mais elle garde ses ardeurs pour défendre les droits de la démocratie, mettre en lumière les avantages de la liberté, donner à ses idées la beauté d'une forme irréprochable.

« Les *Mémoires* auxquels Mme d'Agoult travaille maintenant révéleront sans doute les mystères de sa vie intellectuelle, en même temps qu'ils mettront les hommes et les événements dans une lumière nouvelle. Si elle nous dit les combats intérieurs qu'elle a soutenus pour ne point déchoir de la sérénité, douloureusement conquise, il en résultera d'utiles enseignements. Ce sera un travail psychologique tour à tour profond et ingénieux. Les philosophes et les moralistes y trouveront des vues originales ; ceux qui sont aux prises avec eux-mêmes et avec les difficultés de la vie, y puiseront des leçons, des préceptes, des consolations.

« Lorsque Jean-Jacques écrivit ses *Confessions* et ses *Rêveries*, il était abattu, découragé. La longue lutte avec les hommes et les événements l'avait irrité. Il n'avait point eu assez de force d'âme pour se désintéresser de l'injure et de la haine. Il écrivit pour se glorifier et se venger. Ce grand génie ne trouva le calme que dans la mort. Tant qu'il vécut, les passions de cette terre l'agitèrent, l'émurent ; il ne sut point s'en isoler. Il avait l'âme faible et vaniteuse ; au milieu des hommes, loin d'eux, il ne vit jamais que lui-même. Sa personnalité est un centre auquel il ramène tout, une mesure où il juge autrui. Aussi que de naïvetés égoïstes dans les *Confessions*, surtout dans les *Rêveries !* Que de niaiseries prétentieuses ! L'on admire toujours l'inimitable artiste, mais toujours l'homme fait pitié ! Une grande intelligence ne se doit jamais montrer en déshabillé ; l'âme a des pudeurs qu'il faut respecter.

« Dans ses *Mémoires*, Mme d'Agoult nous initiera aux développements des énergies mentales et morales, et non point à des faiblesses, à des petitesses, à des détails vulgaires ; aux transformations de son intelligence, de son cœur, aux modifications successives de ses idées, non point aux accidents sans valeur, aux excès d'une sensibilité maladive. Ses confidences fourniront des éléments féconds à nos méditations. Quand elle parlera des hommes illustres à divers titres qui ont été ses amis, des événements qu'elle a traversés, ce sera avec le tact, l'impartialité, mais aussi avec la pénétration et la finesse qui donnent tant de saveur et d'éclat à ses œuvres. Elle parlera de tout et de tous sans aigreur, sans passion, sans colère, sans envie. Elle n'est ni irritée par les choses, ni blessée par les hommes ; si elle l'a été, elle ne l'est plus.

Ce que Jean-Jacques n'eut jamais, le calme de l'esprit, la sérénité du cœur, l'apaisement, Mme d'Agoult le possède. Ce n'est point pour se glorifier, moins encore pour se venger, qu'elle lèvera un pan du voile qui la dérobe maintenant à la curiosité de regards sympathiques ou hostiles. Il n'est toutefois aucune considération qui lui puisse faire trahir la vérité ; moins encore envers elle-même qu'envers autrui.

« Nos ancêtres du moyen âge, dit Augustin Thierry, « avaient, il faut le reconnaître, quelque chose qui nous « manque aujourd'hui : cette faculté de l'homme politique et « du citoyen, qui consiste à savoir nettement ce qu'on veut, « et à nourrir en soi des volontés longues et persévérantes. »

« Cette faculté précieuse n'est point éteinte chez nous. Elle est rare, nous le reconnaissons. Parmi ceux qui sont le mieux doués sous ce rapport, Daniel Stern occupe un rang éminent. C'est l'énergie de son caractère qui a donné la grandeur à sa pensée. Elle nous dira bientôt comment l'on apprend à vouloir, comment l'âme dompte les rébellions. Après avoir triomphé d'obstacles, de difficultés sans nombre, nous verrons, dans les *Mémoires* de Daniel Stern, comment l'intelligence prend possession d'elle-même, se gouverne et impose à la vie morale l'unité qui fait sa puissance. »

Nous croyons savoir que dans la collection des *Profils* paraîtront successivement des études sérieuses sur quelques individualités célèbres de notre époque. Nous citerons : A. de Humboldt, M. Minghetti, M. Mirès, etc., Mmes Bacciochi, Urbain Rattazzi, etc.

OLYMPE AUDOUARD.

THÉATRES

OPÉRA-COMIQUE. — REPRISE DE L'ÉTOILE DU NORD.

Il n'y a plus à en douter.

La postérité a commencé pour Meyerbeer.

Postérité glorieuse, universelle, et qui s'affirme chaque jour, quoi qu'en puisse dire certain critique d'un grand journal.

Ce brave homme, contre-pointiste d'occasion, grammairien de hasard, n'a d'encens et de louanges que pour deux musiciens : Rossini et Félicien David. En dehors de ces deux compositeurs, il n'y a rien. Ni Meyerbeer, ni Halévy, ni Wagner, ni Gounod ne comptent. Il faut rayer d'un seul trait *les Huguenots*, *la Juive*, *le Tannhauser*, *Faust*, et garder ses admirations exclusives pour *Guillaume Tell* et *Lalla-Roukh*.

Nous ne sommes pas de cette école, Dieu merci ! et tout en applaudissant comme elles le méritent les deux œuvres précitées, nous ne sommes ni assez sourd ni assez aveugle pour ne pas mettre au rang des plus belles créations de l'art les partitions que nous avons nommées plus haut.

Il faut d'ailleurs que le critique grincheux en prenne son parti : il a beau se débattre dans son *casserolage* et dans sa *musique cubique*, nous lancer une pluie d'ajectifs plus malsonnants les uns que les autres, traîner Gounod dans la boue, et, de concert avec M. Léon Escudier, nous répéter que *Roméo et Juliette* est un mauvais opéra, le temps des guitares et des roucoulades italiennes est fini.

Le peuple, dont l'éducation musicale se fait chaque jour, demande au musicien autre chose que des romances de troubadour et des roulades banales. Il veut penser, il veut savoir, il veut être ému, et il cherche, dans l'audition d'un opéra, autre chose que le stérile plaisir qui ressort d'un point d'orgue bien réussi ou d'un son bien filé.

Ses élus maintenant seront les hommes qui chercheront à agrandir ses horizons, à remuer son âme ; qui le bouleverseront par des mélodies grandioses, qui le consoleront et qui l'élèveront non en restant ses esclaves, mais en devenant ses maîtres.

Rossini, que d'insupportables thuriféraires ont fini par nous rendre odieux en nous le représentant comme un dieu qui, de temps en temps, daigne consentir à sortir de son nuage pour lancer un bon mot ou manger un macaroni, Rossini, dis-je, est bien heureux d'avoir fait *Guillaume Tell*.

Sans cela, nous le disons hardiment, nous craindrions fort pour sa gloire, malgré son éclat de rire du *Barbier*.

Mais le premier et le second acte de *Guillaume* le sauveront.

Quant à son répertoire italien, malgré les pages remarquables, les beautés de premier ordre qui font passer sur les négligences, les banalités et l'insouciance de la couleur dramatique, nous sommes persuadé qu'avant cinquante ans ce ne sera plus qu'un répertoire de concert.

On chantera *la Romance du Saule* et on oubliera les triolets tout à fait ridicules d'Otello; on écoutera la prière de *Moïse*, mais on ne supportera plus certains chœurs grotesques des Hébreux, d'une gaieté extravagante, pendant que ceux qui les chantent sont soi-disant plongés dans la plus profonde tristesse.

En un mot, Rossini est une magnifique organisation musicale, Meyerbeer est la musique dramatique même, le digne héritier du grand Glück.

Telles étaient nos réflexions en entendant la reprise de *l'Étoile du Nord*.

Si nous devions donner notre opinion sur les deux ouvrages que Meyerbeer a écrits pour l'Opéra-Comique, *l'Étoile* et *le Pardon*, nous n'hésiterions pas à nous prononcer pour le dernier. Il y a dans cette partition une adorable couleur, une sorte de saveur âcre et pénétrante comme l'odeur des foins ; c'est la nature reproduite avec une fidélité étonnante, et jamais l'art n'en a plus approché, excepté peut être dans l'*andante* de la *Symphonie pastorale* de Beethoven. Et quelle admirable entente de l'orchestre! quels effets de timbre! comme chaque instrument est compris et traité dans la gamme qui lui est propre et dans les meilleures conditions de sonorité! Il y a là, pour les raffinés, un monde de surprises merveilleuses.

L'Étoile est peut-être moins exquise dans son ensemble, mais que de délicieux détails et de morceaux achevés, depuis la splendide ouverture jusqu'au bel air de Peters, au troisième acte! Tout ce rôle de Pierre le Grand, bien fait pour inspirer Meyerbeer, est écrit avec une profondeur étonnante, une sauvagerie bizarre. Puis, tout à coup, un éclair, un rayon, une romance d'une mélodie pénétrante. L'homme du Nord est là tout entier, avec ses éclats terribles et ses soudains apaisements.

A côté de ces grandes pages où se révèle tout entier le génie du maître, mille choses charmantes dans les rôles de Danilowitz et des cantinières, dont les moindres morceaux sont écrits avec une distinction incomparable et une harmonie des plus distinguées.

Cet ouvrage, qui n'est pas le meilleur de Meyerbeer, suffirait donc encore à la gloire de plus d'un, et nous sommes heureux de le voir remis au répertoire de l'Opéra-Comique, espérant qu'il ne le quittera plus.

Les artistes, sans être tout à fait à la hauteur de ceux de la création, sont néanmoins remarquables.

M. Bataille a une voix superbe, mais le rôle est écrit trop bas pour lui, ce qui fait considérablement perdre à certains morceaux. Il a très-bien chanté son air et s'est montré comédien suffisant, sans cependant faire oublier son prédécesseur Bataille 1er.

Capoul est un très-agréable Danilowitz.

Beckers, dans le rôle du caporal Gritzenko, ne manque ni de bonhomie ni de rondeur.

Mme Cabel, qui seule restait de la distribution primitive, a été très-applaudie. Elle a un peu plus d'embonpoint, hélas! mais elle a tout autant de crânerie et de virtuosité.

Maintenant, cette reprise fera-t-elle de l'argent? Nous l'espérons, bien que le goût public soit tout à fait à la *Grande-Duchesse*, cette *Étoile du Nord* de carnaval.

Ernest DUBREUIL.

COURRIER DE LA MODE

Par ce soleil de juin, trop beau et surtout beaucoup trop chaud, on ne saurait parler d'une robe de soie sans recourir à son éventail, d'une confection sans éprouver les premiers symptômes d'une congestion cérébrale. Nous avons la mousseline et le foulard, à la bonne heure, parlons-en, au moins il nous sera permis de respirer.

La maison de la Compagnie des Indes, rue de Grenelle-Saint-Germain, a reçu de nouveaux envois, un choix immense de foulards d'un dessin et d'un coloris ravissants. Je ne saurais assez engager ces dames à aller admirer ces jolies choses, quitte à les voir succomber à la tentation et faire un pas de plus dans la voie de perdition qu'a signalée M. Dupin à ses jolies contemporaines. Mais parlons foulards, ce qui est aussi amusant au moins que le mémorable discours de M. Dupin, voire même ceux que beaucoup d'autres ont prononcés avant et après lui.

Ce que j'ai remarqué de plus nouveau et de plus charmant rue de Grenelle, 42, c'est une étoffe parsemée de bouquets bleus, roses ou mauves, sur un de ces fonds blancs dont les teintes onctueuses s'harmonisent admirablement avec la peau. Disposées en robe relevée et un peu bouffante, ces étoffes blanches aux dessins délicats appelés dessin anémone, font une parure digne d'une bergère, de Watteau parée de sa houlette et de ses dix-huit ans.

En voyant tous ces produits que nous envoie l'Orient, j'ai été frappée d'une nouveauté originale et élégante, une arabesque très-simple, imitant un large anneau de forme étrange, dont les couleurs vives et brillantes tranchent sur un fond gris de fer très-clair, havane, maïs, ou encore d'un gris teinté d'opale. Ce genre est aussi joli que le dessin anémone, aussi distingué et plus sérieux.

La supériorité de la Colonie des Indes est aussi dans son tissus *chaîne double* : c'est de là que provient le brillant de ses étoffes moelleuses et leur solidité à toute épreuve. Une robe de foulard a plus qu'une autre besoin d'être soutenue. Le jupon-cage impérial s'élargissant et se rétrécissant à volonté, spécialité de la maison Bailly, 107, boulevard Sébastopol, est ce qui a été inventé de plus gracieux, depuis que ces messieurs les fabricants ont juré de remplacer avantageusement la crinoline, ou plutôt de la faire renaître de ses cendres.

Nous sommes heureuse de l'hommage rendu par les visiteuses de très-haute distinction aux produits de M. Violet, le parfumeur des élégantes, dont depuis très-longtemps nous avons apprécié l'exquise finesse. M. Violet est un habile et savant chimiste qui est parvenu à donner à toutes ses essences, à ses pâtes, à ses eaux de toilette, un parfum suave et une action bienfaisante incontestable ; aussi ses magasins du boulevard des Capucines et ceux de la rue Saint-Denis ne désemplissent-ils pas, et dans ce moment-ci il pourrait se dire avec raison fournisseur de toutes les cours de l'Europe.

Quant aux autres renseignements que je désirerais encore donner à mes lectrices, le manque de place m'oblige à les remettre au prochain numéro.

MARIE D'AULNAY.

L'HOMME
DE
QUARANTE ANS

CHAPITRE PREMIER

La dernière soirée de luxe d'un banquier.

(SUITE)

Cette dernière idée parut le ranimer, il essuya ses larmes avec le revers de sa main, prit sur une étagère une boîte en ébène, s'assit et l'ouvrit. Elle contenait deux pistolets : il en prit un qu'il arma et dirigea contre son cœur, son doigt pressa la détente, le coup partit. Au même instant, un cri perçant, terrible, se fit entendre, et Clémentine, en simple peignoir de nuit, les cheveux en désordre, le visage couvert d'une pâleur mortelle, se précipita aux genoux de son père.

Mais le coup ne l'avait pas atteint, un léger mouvement avait fait dévier la balle.

Il la regarda étonné, effaré, ne comprenant pas sa présence. Honteux d'avoir été surpris par sa fille au moment où il commettait un crime, il se couvrit le visage des deux mains et se mit à sangloter... Elle, émue et frissonnante, s'assit sur ses genoux, lui entourant le cou de son bras, et lui dit doucement :

« Tu ne m'aimes donc plus, tu ne nous aimes plus, petit père, que tu voulais nous quitter, sans songer au désespoir dans lequel tu allais nous plonger? » Et elle l'embrassa tendrement. « Écoute, petit père, continua la charmante enfant, je sais tout, j'ai tout deviné par quelques mots que j'ai surpris entre toi et ma mère : tu es ruiné. Eh bien!... »

A cet instant, Mᵐᵉ Marfeld et les domestiques entrèrent précipitamment, alarmés par le bruit de la détonation.

« Pas un mot, père, laisse-moi parler, » murmura Clémentine à l'oreille de M. Marfeld.

Et, s'avançant vers sa mère :

« Ne me gronde pas, petite mère, aucun malheur n'est arrivé... Ne pouvant dormir, inquiète d'avoir laissé mon père souffrant, craignant qu'il ne se rendît malade à travailler toute la nuit, je suis venue le trouver... Il finissait une lettre. Comme une vraie enfant, j'ai touché à tout, aux pistolets ; je ne les croyais pas chargés... Pauvre père ! il a eu bien peur, il m'a crue blessée... »

Mᵐᵉ Marfeld n'eut pas le courage de gronder ; trop heureuse d'en être quitte pour la peur, elle embrassa son enfant tendrement.

Le père lui jeta un regard reconnaissant. L'homme qui défie Dieu et l'opinion, et qui prend de sang-froid un pistolet pour attenter à ses jours, s'il se manque, il est humilié, honteux.

On congédia les domestiques... Clémentine s'assit auprès de ses parents.

« Je t'ai dit, ma mère, que j'étais venue par inquiétude pour mon père, c'est vrai, mais je venais aussi pour causer sérieusement, oui, très-sérieusement avec lui. Vous êtes là tous deux, écoutez-moi.

« Oh! je ne suis plus une petite fille. Hier j'étais encore une enfant, aujourd'hui je ne le suis plus. Je veux avoir voix au chapitre. Nous sommes ruinés complétement, je le sais.

« Eh bien, il n'y a pas là de quoi se désoler. Ne nous reste-t-il pas notre affection mutuelle? Tant que Dieu me conservera mes parents chéris, je serai contente, heureuse. Votre sollicitude, votre tendresse, ne valent-elles pas mieux que des millions?...

A vous, ne vous reste-t-il pas votre petite Clémentine, qui vous aime de tout son cœur et qui sera si heureuse de vous faire oublier cette fortune que vous regrettez tant?... »

Ses parents la prirent dans leurs bras et la couvrirent de baisers. Mais, secouant sa petite tête, elle continua :

« Causons sérieusement encore... Car enfin, voici ce qui se passe : vous vous désolez tous les deux, parce que vous vous dites : Notre pauvre fille va être sans dot! C'est cela, n'est-ce pas? Eh bien, c'est à moi d'avoir du courage pour trois. Je t'en prie, petit père, dis-moi, là, avec calme et franchement, ta position réelle. »

En prononçant ces mots, elle était si sérieuse, si décidée, qu'on vit bien qu'elle n'était plus une enfant... Rien ne donne du courage comme d'en voir aux autres. En entendant sa fille parler de la sorte, M. Marfeld se sentit moins abattu, la fermeté de Clémentine lui imposa. Il expliqua sa situation nettement.

La dot de Mme Marfeld sacrifiée, l'hôtel vendu ainsi que les bijoux et l'argenterie, tous les créanciers pourraient être payés.

« Eh bien, dit gaiement Clémentine, il n'y a pas de quoi se désoler — tu le vois, petit père; tu ne seras pas réduit à manquer à tes engagements, puisque tu as de quoi payer tout le monde.

— Oui, mais il ne nous restera plus rien, répondit-il tristement.

— Qu'importe! j'ai mon petit plan pour l'avenir, mais ceci est mon secret. Écris un mot à tous ceux à qui tu dois, et donne-leur rendez-vous pour demain à deux heures. »

M. Marfeld, brisé par toutes les émotions de la nuit, obéit machinalement.

Mme Marfeld, elle aussi, semblait avoir perdu la conscience de sa position ; à demi couchée sur un grand fauteuil, elle ne disait rien et regardait d'un œil terne son mari et sa fille.

Quand les lettres furent écrites, Clémentine les mit dans sa poche. A force d'instances, elle décida ses parents à aller prendre quelques heures de repos, et, embrassant son père, elle lui dit tout bas :

« Jure sur ma tête que tu ne songeras plus à ton vilain projet, que tu n'essayeras plus d'attenter à tes jours. »

Pour toute réponse elle sentit deux larmes brûlantes tomber

sur son front, et elle rentra dans sa chambre presque joyeuse : ne venait-elle pas de sauver la vie de son père?

Voici comment il s'était fait qu'elle était arrivée dans le cabinet de son père au moment où celui-ci exécutait son funeste dessein.

Sous son apparence frivole, Clémentine avait une nature sérieuse et aimante. En voyant le front soucieux de ses parents, qu'elle aimait avec idolâtrie, elle avait cherché à deviner leur chagrin. Comme elle l'avait dit, quelques mots de leur conversation qu'elle avait saisis au vol l'avaient mise au courant de tout; alors elle s'était fait cette réflexion : « C'est à cause de moi surtout qu'ils sont malheureux; depuis que je suis au monde, ils m'ont entourée de soins, de tendresse. Leur tâche est finie, c'est à moi de commencer la mienne. A moi à présent de leur rendre l'affection qu'ils m'ont témoignée depuis dix-huit ans ; à moi de les soutenir, de les consoler, dans la triste épreuve qu'ils traversent ! »

Son courage était grand, car son amour, sa reconnaissance pour ses parents étaient sans bornes. Devant cette noble tâche, l'enfant avait disparu, il ne restait plus que la jeune fille forte et dévouée.

Cachée derrière une portière, elle avait tout entendu. Malgré cela, pendant toute la soirée, elle s'était montrée rieuse, prévenante envers tous, désirant soulager sa mère dans son rôle de maîtresse de maison, au-dessus de ses forces. Si elle avait insisté pour entrer chez son père, c'est qu'elle devinait qu'un nouveau malheur l'accablait; ses élans de tendresse, sa pâleur, tout fut remarqué par elle. Elle était rentrée dans sa chambre tourmentée par un sombre pressentiment. Après avoir défait sa toilette et passé un peignoir de nuit, elle ne put résister au désir d'aller retrouver son père : elle était résolue à lui dire qu'elle savait tout; elle espérait le consoler par quelques bonnes paroles. Nous avons vu comment elle arriva à temps pour prévenir un affreux malheur. Son cœur se déchira en voyant combien elle avait été près de perdre son père bien-aimé. Elle comprit alors qu'il lui fallait du courage pour trois, et que l'insouciance de la jeune fille devait faire place à un sentiment plus élevé.

Ce soir là, elle pria longuement la Vierge Marie, et lui demanda de la soutenir et de l'inspirer. Elle la remercia aussi d'avoir empéché la mort de son père. La religion est un baume divin qui ranime, fortifie et soutient dans l'adversité : heureux ceux qui croient et qui cherchent dans la prière la force et la consolation!

Toute la nuit elle ne put dormir, car sa petite tête mignonne et gracieuse roulait mille projets. Pauvre enfant! Enfin elle s'arrêta à un plan très-sage, quoique sortant d'une aussi jeune tête. Comme elle était très-forte pianiste, elle se dit : « Je ferai vivre mes parents de mon talent. Oui, je donnerai des leçons, je jouerai dans des concerts. Nous nous logerons dans un modeste appartement, et je gagnerai assez, je l'espère, pour que nous ne manquions de rien. » Cette pensée, au lieu de l'attrister, fit briller sur son front un noble orgueil. Traitée jusqu'alors comme un enfant, elle allait acquitter sa dette de reconnaissance ; rien ne pouvait lui convenir mieux.

« Mais tout va être vendu, se dit-elle, pour payer les créanciers ; il faut même vendre l'argenterie. Comment allons-nous faire jusqu'à ce que je me procure des leçons? »

A cette pensée son front se rembrunit. A la voir tout enveloppée d'une robe de chambre en molleton blanc, couchée sur son lit, accoudée la tête dans sa main, on l'eût prise pour la statue de la Méditation. Mais tout à coup, gaiement, elle sauta de son lit et courut à son armoire à glace ; elle prit un petit coffret en bois des îles... Elle venait de se souvenir de ses épargnes de jeune fille, de ce qu'elle nommait sa tirelire. Elle l'ouvrit, et, assise sur son lit, elle vida le contenu de toutes les cases sur son drap blanc. Elle battit des mains en voyant que les pièces d'or étaient nombreuses : il y avait deux mille francs.

« Oh! mais je suis plus riche que je ne le croyais! Moi qui faisais si peu de cas de l'argent, qui m'eût dit qu'un jour sa vue me réjouirait tant? Il en est ainsi de tous les biens d'ici-bas, on ne les apprécie qu'alors qu'on est à la veille de les perdre!... »

Le sommeil la surprit en comptant son or, et le premier rayon du jour filtrant faiblement à travers ses épais rideaux la trouva dans cette position. Elle se réveilla engourdie par le froid. Elle allait sonner sa femme de chambre pour faire rallumer son feu, mais elle se dit : « Demain ne vais-je pas me trouver privée de tout ce luxe, n'ayant plus de domestiques à mes ordres? Autant vaut m'y habituer tout de suite. » Elle se mit donc à allumer son feu de ses blanches et mignonnes mains. Elle ne s'en acquitta pas trop mal ; aussi lui vint il à l'esprit cette pensée philosophique, que l'on n'est jamais aussi bien servi que par soi-même.

La jeunesse peut être comparée à une de ces liqueurs des anciens qui répandaient dans l'être maintes douces illusions et une chaleur fortifiante.

Celui qui possède la vraie jeunesse se sent fort contre l'adversité, il lui oppose un front serein, un cœur calme et confiant.

Telle était Clémentine. Cette nouvelle vie qui s'offrait à elle, vie de privations, de dévouement, de travail, au lieu de l'attrister, la rendait presque joyeuse. Elle allait pouvoir enfin rendre à ses parents l'affection dont ils l'avaient comblée jusqu'à ce jour. Après s'être réchauffée, elle s'habilla ; elle fut surprise de voir qu'il était à peine huit heures. Jamais elle ne s'était levée si matin... Elle s'assura que ses parents dormaient encore, descendit, fit appeler tous les domestiques et leur dit :

« Mes bons amis, vous nous avez servis tous fidèlement ; quelques-uns de vous sont depuis si longtemps dans la maison que, vraiment, ils font presque partie de la famille. Aussi c'est avec un serrement de cœur que je me vois forcée de vous renvoyer tous. »

Une exclamation de surprise répondit à cette phrase.

« Nous renvoyer ! mais pourquoi ? Qu'avons-nous fait ? dirent-ils tous en chœur.

— Rien, rien. La fortune capricieuse et volage est seule coupable, leur dit la charmante enfant avec un triste sourire. Écoutez, mes amis, je vous l'ai dit, vous nous avez tous servis avec zèle ; je vous demande un dernier service : donnez-moi vos comptes, je vais les régler, je vous payerai même un mois de plus dans le cas où vous ne trouveriez pas tout de suite à vous placer. Mais quittez tous l'hôtel immédiatement, avant que mes parents descendent. Ils sont tristes, faibles contre l'adversité, je veux leur éviter le chagrin de vous voir partir. »

La valetaille s'inclina, quelques-uns pensant qu'un mois d'avance leur suffirait pour se replacer, qu'ils ne perdraient rien. Les uns faisaient partie de cette catégorie de domestiques ne voyant dans leur maître qu'un maître, ne s'y attachant jamais, quittant le maître le plus bienveillant, le meilleur, pour un franc d'augmentation. Les autres étaient tristes et émus; une larme perla même sur les cils d'un ancien valet de chambre de M. Marfeld.

Une demi-heure après, ils furent tous payés. Clémentine dit un mot d'affection ou de regret à chacun d'eux. Quand je dis que tous étaient payés, je me trompe; il restait Jacques, domestique attaché au service de la jeune fille. Jacques était le fils d'un fermier de la famille Marfeld. C'était un grand et gros garçon fort laid, ayant une tête large et carrée, des mains taillées sur le modèle des battoirs dont se servent les blanchisseuses pour frapper leur linge, un front bas, des cheveux couleur de chanvre qui lui tombaient en grosses mèches sur le cou; en un mot, il avait une remarquable laideur, tempérée par un air doux, cet air de chien de berger regardant son maître et attendant, la larme à l'œil, un morceau de pain.

Le pauvre Jacques, plein de bonne volonté pour le travail, n'était pas adroit; il était d'un petit secours pour ses parents, qui, pour cette raison, ne l'aimaient pas et le maltraitaient souvent. Tandis que ses frères avaient des vestes neuves et des gros sous à dépenser le dimanche au village, lui devait porter des vestes et des pantalons rapiécés et en lambeaux. Jamais il n'avait un rouge liard dans son gousset. Rudoyé par ses parents, en butte à la moquerie méchante des gars de son âge, il était devenu misanthrope; on le voyait souvent, assis dans un coin, pleurer en regardant avec distraction devant lui. Un jour, Clémentine était venue pour boire du lait à la ferme, elle avait alors douze ans. Jacques, à qui son père ordonna d'aller traire une vache pour servir mademoiselle, arrivant près d'elle avec son bol de lait, trébucha contre une pierre, et le lait tomba moitié sur la robe, moitié par terre. Son père, furieux, l'envoya rouler à dix pas d'un vigoureux coup de pied.

OLYMPE AUDOUARD.

(*A continuer.*)

REVUE FINANCIÈRE & INDUSTRIELLE

FINANCES. — BANQUE. — ASSURANCES. — COMMERCE. — INDUSTRIE.

S'adresser, pour ce qui concerne la Revue financière et industrielle, à M. de Yalom, 2, rue Ménars.

13 Juin.

La rente française 3 0/0, que nous avons laissée jeudi dernier au cours de 70 fr. 50 c., nous la retrouvons aujourd'hui absolument à ce même cours de 70 fr. 50 c.; ce qui décrit bien la situation, car nous avons eu un temps de stagnation dans les affaires. Le marché a été lourd, et même nul par moments. Outre les nombreuses fêtes en l'honneur des souverains à Paris, et qui ont quelque peu distrait les habitués de la Bourse, il faut bien dire que le soleil brûlant qui vient de régner a décidé quelques-uns à prendre les congés habituels de cette saison.

En tout cas, et malgré les affaires très-restreintes, le marché a montré beaucoup de solidité et les cours se sont bien maintenus; cette fermeté peut s'attribuer à l'exemple donné de Londres, dont les consolidés sont venus constamment en hausse, ont retrouvé le cours de 95 fr., et ne restent même qu'à 1/8 au-dessous de ce cours, à 94 fr. 7/8.

Les seules valeurs dont on s'est quelque peu occupé sont les espagnoles, vu les changements annoncés et le retour à de meilleurs sentiments signalé par la nouvelle direction que le gouvernement paraît vouloir donner à la partie financière. Ainsi, la discussion du budget au congrès a été des plus favorables, et on peut espérer une amélioration dans l'administration économique du pays.

Aussi l'on paraît assez bien disposé pour le nouvel emprunt espagnol dont il est question, lequel emprunt a cependant subi un retard par suite d'un incident survenu avec la Société générale qui devait le négocier.

Le ministre des finances espagnol a cependant déclaré qu'une part déterminée du produit de la soulte résultant du règlement de la dette passive et des certificats serait consacrée à favoriser les chemins de fer, et l'on évalue cette part à 100 millions environ. Cette fois il faut donc croire que c'est la bonne, et qu'on veut bien réellement relever le crédit de l'Espagne et exécuter les engagements en souffrance.

Quant à l'emprunt italien et à tout ce qui concerne les combinaisons financières de ce gouvernement, on ne sait plus rien.

Aussi, et tout naturellement, la rente italienne est devenue plus faible, plus délaissée, et, quoiqu'elle ait monté au-dessus de 53 fr., elle est retombée à 52 fr. 55 c., avec une amélioration seulement de 17 c. 1/2.

Le Crédit mobilier a été assez tranquille et bien tenu pendant toute la semaine. Son dernier cours est de 402 fr. 50 c., ce qui est une hausse de 7 fr. 50 c.

Son confrère le Crédit mobilier espagnol gagne 3 fr. 75

au cours de 273 fr. 75, tandis que le Crédit foncier perd 1 fr. 25 à celui de 1,485 fr.

Le Comptoir d'escompte et la Société générale ont monté chacun de 2 fr. 50 aux prix respectifs de 777 fr. 50 et 562 fr. 50.

Le marché des chemins de fer, tout en montrant beaucoup de solidité, a été également des plus nuls. Néanmoins les cours se trouvent être en hausse sur jeudi dernier ; ainsi l'Orléans a été avantagé de 2 fr. 50, le Nord de 1 fr. 25 ; mais le Lyon a reculé de 2 fr. 50.

En fait de chemins étrangers, l'Autrichien a monté de 7 fr. 50, et le Lombard de 1 fr. 25 ; mais le principal mouvement d'affaires a eu lieu, comme nous le disions plus haut, sur les chemins espagnols ; aussi le Nord de l'Espagne reste-t-il à 105 fr., en hausse de 15 fr.

Les recettes des chemins français continuent à être bonnes, mais nous remarquons que pendant que les recettes provenant des voyageurs augmentent énormément, celles des marchandises, par contre, diminuent sensiblement.

Voici, pour la semaine du 28 mai au 3 juin, l'augmentation obtenue pour les Compagnies suivantes : l'Ouest, 242,563 fr. ancien réseau, et 111,000 fr. nouveau réseau ; Nord, 250,798 fr. ancien réseau, 43,694 fr. nouveau réseau ; Lyon, 148,680 fr. ancien réseau, 161,207 fr. nouveau réseau ; Est, 190,096 fr. ancien réseau, 62,016 fr. nouveau réseau ; Orléans, 76,406 fr. ancien réseau, 32,000 fr. nouveau réseau.

Le Midi contraste par une diminution sur les deux réseaux. Elle est de 44,281 fr. pour l'ancien et de 345 fr. pour le nouveau réseau.

En fait de valeurs diverses, nous remarquons une petite réaction de 5 fr. sur le Gaz parisien, et de 1 fr. 25 sur l'Immobilière.

D'un autre côté, nous voyons les Omnibus très-bien tenus à 1,047 fr. 50 c.

Les recettes de cette Compagnie présentent, pour la vingt-troisième semaine, une augmentation de 97,000 fr., portant à 784,838 fr. l'augmentation obtenue depuis le commencement de l'année.

Toutes les obligations ont été très-fermes et demandées pendant toute la semaine.

Dernier cours :

Rente 3 p. 0/0.	70 fr.	50 c.
Italien 5 p. 0/0.	52	55
Crédit foncier.	1,485	»
Crédit mobilier.	402	50
— espagnol. .	273	75
Comptoir d'escompte. . . .	777	50
La Générale.	560	»
Compagnie immobilière. .	201	25
Gaz parisien.	1,595	»
Orléans.	896	25
Lyon.	907	50
Nord.	1,225	»
Autrichien.	478	75
Lombard.	406	25

DE YALOM.

MAISONS RECOMMANDÉES

Par la REVUE COSMOPOLITE.

COMPAGNIE DES INDES, rue de Grenelle-Saint-Germain, 42. — Grand choix de foulards dans toutes les nuances, faisant des toilettes charmantes. Le foulard est très en vogue cet été.

BAILLY, boulevard Sébastopol, 107. — Jupon impérial pour remplacer le jupon-cage; il n'a rien de sa laideur disgracieuse, il se resserre à volonté, au moyen d'une tirette. Ce jupon a obtenu l'approbation de toutes nos élégantes.

CONSTANTIN, rue d'Antin, 7. — Grand choix de magnifiques fleurs défiant la nature par leur fraîcheur, pour robes de bal et coiffures.

AUX STATUES DE SAINT-JACQUES, rue Saint-Denis, 191-193. — Maison réputée par son honorabilité et la façon consciencieuse dont elle fait les affaires, la seule qui fasse 2 p. 100 d'escompte sur tout achat de 100 fr. — Soie, étoffes de tou genres. — Riches confections.

VIOLET, Parfumeur, rue Saint-Denis, 317. — Là se trouvent réunies toutes ces choses ravissantes, ces parfums exquis qui prêtent à nos élégantes tant de charmes. — Assortiment complet de savons de toilette, odeurs pour le mouchoir, etc., etc. SUCCURSALE : *Boulevard des Capucines, en face du Jockey-Club.*

PARIS, IMPRIMERIE JOUAUST, RUE SAINT-HONORÉ, 338.

PRIX DE L'ABONNEMENT :

Paris. . . 25 francs. — Province. . . 30 francs.

Allemagne	35 fr.	Espagne	35 fr.
Amérique	37	Italie	32
Belgique	31	Russie	38
Brésil	40	Turquie	35
Égypte	33	Suisse	32

La *Revue cosmopolite* se trouve chez les principaux libraires et, par une permission spéciale du préfet de police, se vend dans toutes les gares de chemins de fer et dans les kiosques des boulevards.

PARIS, IMPRIMERIE JOUAUST, RUE SAINT-HONORÉ, 338.

www.ingramcontent.com/pod-product-compliance
Lightning Source LLC
Chambersburg PA
CBHW071419150426
43191CB00008B/975